綱鑑易知錄

第一册

三皇紀　五帝紀　夏紀　商紀
周紀　秦紀　後秦紀　漢紀

卷一至
卷十四

盤古氏起
漢孝武帝征和二年（公元前九一年）止

中華書局

圖書在版編目(CIP)數據

綱鑑易知録/(清)吴乘權等輯;施意周點校.—北京:中華書局,1960.5(2025.6重印)
ISBN 978-7-101-00480-9

Ⅰ.綱… Ⅱ.①吴…②施… Ⅲ.中國-古代史-編年體 Ⅳ.K204.3

中國版本圖書館CIP數據核字(2006)第164493號

責任印製:管 斌

綱鑑易知録
(全八册)
〔清〕吴乘權等 輯
施意周 點校
*
中華書局出版發行
(北京市豐臺區太平橋西里38號 100073)
http://www.zhbc.com.cn
E-mail:zhbc@zhbc.com.cn
北京新華印刷有限公司印刷
*
850×1168毫米 1/32・94⅜印張・16插頁・1817千字
1960年5月第1版 2025年6月第19次印刷
印數:45801-46800册 定價:360.00元

ISBN 978-7-101-00480-9

點校者說明

北宋司馬光編成了從戰國到五代一千三百多年的編年史資治通鑑，南宋朱熹又根據通鑑的材料，另定體例，撰成資治通鑑綱目。綱目的體例是編年記事，有「綱」有「目」。所謂「綱」，一方面是史實的提綱，具有標題的作用；同時作者又通過精簡概括的文字，表達出自己對於歷史事件、歷史人物的看法，它的提法代表著作者的歷史觀。「目」是「綱」的詳細記述。明、清人用這種體裁來寫歷史的有不少家，他們的書往往在名稱上加上「綱鑑」字樣，像袁黃的歷史綱鑑補，王世貞的綱鑑會纂，以及這部綱鑑易知錄都是。這類的書都是簡明易讀的，不是什麽專著，所以流傳較廣。

綱鑑易知錄編成於清朝康熙年間（十八世紀初年）。主編者吳乘權，浙江山陰（今紹興）人。古文觀止也是他編的。據他自己說，有志讀史而苦無一種簡明易懂的歷史書。他的朋友周之炯、周之燦把他們輯錄的「綱目全編」給他看，他就約同他們一道編綱鑑易知錄，經過六個年頭才編成。從三皇紀到元紀共九十二卷，別有明紀十五卷（也叫明鑑易知錄），合起來一百零七卷。上起盤古，下迄明末。其中從戰國到五代這一千三百多年的史事，是根據通鑑綱目編的；從戰國以前直推到神話傳說時期，主要是根據劉恕的通鑑外紀和金履祥的通鑑前編編的。宋、元兩朝是根據商輅的續資治通鑑綱目編的。最後的十五卷明紀，是朱國標等先從谷應泰的明史紀事本末中按年分條節抄，稱爲「明紀鈔略」，再由吳乘權根據「鈔略」編成的。吳乘權他們編綱鑑易知錄的確付出了相當的勞力。專就删繁就簡一點來說，是很費過斟酌的。編者在「發凡」中說：「通鑑固須全讀，但……卷帙太煩，豈能一概記誦，勢不得不删。然信手删去，盡失頭緒，如何看得明白。玆則細加斟酌，事之原委，人之始末，起伏照應，明若觀火。」它的好處就在敍事簡明而頭緒清楚，讓人家「看得明白」，叫做「易知錄」，倒也名實相副的。過去許多初學歷史的人確是從這部書裏得到了一些知識。

「綱鑑」一類的歷史書中，政治觀點是極其反動的。編者抹殺人民羣衆的歷史，很少反映人民羣衆的政治鬬爭與生產鬬爭，偶有反映，也多加歪曲和誣蔑。如把歷史上大小數百次起義的農民及其領袖說成是「反寇」，是「叛賊」，並通過所謂「春秋筆法」來反對農民革命鬬爭。對於民族關係，他們也往往描寫得很不正確，不少地方，對於兄弟民族橫加詆毁。他們竭力把帝王將相提到最重要的地位而作爲歷史發展的動力，企圖通過所謂「辨名分，正綱常」來給封建統治者找鎭壓人民的「合法」根據，並用來「論證」封建制度的永久性和不變性。他們把封建帝王說成是受命于天，甚至于連自然現象的變化，如日蝕、地震、山崩以及水、旱、蟲災都說成是天意，用來麻醉人民。但是，它畢竟把我國幾千年的歷史大事有系統地删繁就簡地記下來了，這對我們還是有一定用處的。我們今天要學習祖國歷史，已經有若干種運用馬克思列寧主義的立場觀點寫的「通史」，供我們閱讀。但是，「通史」着重史事的分析，不可能把每件歷史大事都詳細寫出來，有時候只能夠概括地交代一下。如果對歷史大事知道得不多，讀起「通史」來會有困難。反之，如果對幾千年來歷史上發生過的大事都有些印象，並且對事之源委，人之始末，知道得比較淸楚，那麼讀起「通史」來就方便多了，並且更有利於通過「通史」的理論分析，進一步認識到歷史事件的本質和階級鬬爭的脈絡。所以在沒有一部更好的記錄幾千年歷史大事的專書以前，像綱鑑易知錄這樣一類書，只要能用批判的眼光去讀它，對我們學習祖國歷史還是有幫助的。

根據上述理由，我們認爲把綱鑑易知錄加以整理出版，在目前還有其必要。下面簡單地說一說對綱鑑易知錄作了哪些整理和加工。

（一）本書從帝堯陶唐氏起有干支紀年，爲使讀者有明確的時代概念，點校時又添注了公元年數。這兒需要說明一點：中國歷史有正確年代可紀是從公元前八四一年「周召共和」開始的，「周召共和」以前的紀年只憑干支推算，並不完全正確。

（二）原有的「書法」、「發明」、「廣義」和「批」，觀點反動；書首編者的叔父吳存禮寫的一篇序和目錄後面的「先儒姓氏」表，對今天的讀者都沒有什麼意義；編者的「發凡」與整理加工後的情況已不相適應：我們一併都删去了。書中的眉批大部分可當做提要式的小標題看，對讀者還有用處，我們保留了，並適當地加了一些。但帶有褒貶意義的眉批，就删去了。由于原書的注釋的體例較亂，對於重複的或者過於煩瑣的注釋，根據具體情況，有所删改。

(三)原書地名都有注釋，注的當然是清朝的地名。我們删去原注，改注今地名。這些地名新注，都加上括號，以資識别。爲了力求將今地名注得正確，作注時參考了一些關於地理沿革的書，但限於水平，不免有疏忽或錯誤的地方，希望讀者隨時指正。還得説明一點：全國行政區域的劃分常有變動，我們注的今地名，是以截至一九五九年三月爲止的全國行政區劃爲根據的。

(四)綱鑑易知錄自刊行以來，有各種翻刻本和翻印本。據了解，共有二十多種。這些本子大多校對不精，各有一些脱誤。這次校點是用脱誤較少的掃葉山房石印本作底本，跟其他的一些刻本互相參校的。易知錄原是從别的書中輯錄的，點校時還盡量對照原書，顯然錯誤的就給它校正。個别應改動的地方，爲慎重起見，給應删去的字加上個方括弧，增補上去的字加上個圓括弧。這樣做，有改錯了的地方可以由點校者負責。

點校者施意周 一九五九年十二月

原序

予童年有志讀史，然至老究未嘗一卒讀者何也？蓋予性最拙，讀時不能遽解，待解移時輒忘；又識字甚少，時須考證。且少以足疾廢，六經、諸子無心涉獵，都邑山川不一遊覽，縱有志讀史，亦猶聾者之無聞，盲者之無見，故讀未終篇輒生厭倦。此予所以究未嘗一卒讀也。雖然，予既有志讀史矣，而欲待博羣書以悉其所聞，歷名山大川以窮其所見，度必不能。然則予將作如何讀法而後可邪？常觀世之樂於讀史者，類多穎悟絶人之士，一目數行俱下，一覽終身不忘；讀時不求甚解，會心在牝牡驪黃之外。故觀史務求其詳，論史必歸於雅，而若予之拙者，欲求讀史之法寧簡毋詳，寧陋毋雅，庶乎其得之邪？

周子靜專、星若，予忘年友也。弱冠工舉子業，而尤邃史學。乙酉歲，攜其手輯綱目全編以示予讀史之法，予遂與二子復相編輯，不閒祁寒暑雨者殆六載。苦簡篇之汗漫，爲之摘要而刪繁；慮大義之不明，爲之提綱而挈領。典故則攟摭源流，詳箋細釋，不必腹具經笥，胸藏史鏡，而瞭若指掌。輿地則遡厥沿革，援古證今，不必南浮北過，西至東漸，而宛如在目。分涇別渭，辨淄知澠，則圈殊星列，妍媸爛然，而游移上下之見不設也。況奧屈曲之句，險怪奇澀之文，則點讀分明，鉤黈截然，而聱牙澀吶之苦不形也。迨夫字畫較毫釐，音聲辨纖悉，務絶譌以襲譌、謬以承謬之弊，則魯魚亥豕之誤，杖杜伏獵之羞，殆可免矣。至若覩此而失彼，記乙而忘甲，則注不勝注，解不勝解；失注則遺，復解仍晦，乃立見前見後法，如呼醉使醒，警夢使覺，則全部神理首尾貫穿，不猶全體血脈上下流通也哉。予乃今而知讀史之法，其在是乎？

予因之有感矣。向有志讀史而未能一卒讀，及欲求一讀史之法而不可得，得與二子共相編輯以迄成書，縱不能博羣書以悉其所聞，歷名山大川以窮其所見，以視予前日之耳無聞而目無見者，大有逕庭。然後知觀史之不欲，論史之不明者，非盡天資遲鈍，庸師誤人，亦由編輯成書者引導無方而致然也。

二子屬予鏤版行之世，予曰：「是書未可遽以問世也，姑以私便檢閱，自備遺忘，藏之家塾以課弟子已耳。」適予友朱子聖懷亦寄予明紀鈔略一編，遂續輯而幷付之梓，再閱歲工始竣。二子復謂予曰：「若得大人先生序引，則是書可行，且能及遠。」予謂既無卓絕千古之識，論定百代之興亡，復鮮著作辨論之才，品隲人事之得失，而徒沾沾於句櫛字比，審音訓義之末，是殆兔園學究之所爲，行且不能，何望及遠？顏曰「易知錄」。同予之拙者幾人，鮮不病予之簡而笑予之陋也。

康熙五十年秋七月十五日，山陰吳乘權楚材題於尺木堂。

綱鑑易知錄目錄

商紀　卷之二

周紀 卷之二至卷之七

秦紀 卷之七

後秦紀 卷之七至卷之八

漢紀 卷之九至卷十九 附王莽

南北朝

宋紀　卷三五至卷三六　附北魏

齊紀　卷三六至卷三七　附北魏

梁紀　卷三七至卷三九　附北魏、東魏、西魏、北齊、北周

陳紀 卷三九至卷四十　附北齊、北周、隋

隋紀 卷四十至卷四一

唐紀 卷四二至卷六十

五代 梁、唐、晉、漢、周

後梁紀 卷六十

後唐紀 卷六一

後晉紀 卷六二

後漢紀 卷六二

後周紀 卷六二至卷六三

宋紀 卷六四至卷七七

盤古首出御世

綱鑑易知錄卷一

三皇紀

胡一桂曰：「三皇之號昉於周禮『外史，掌三皇、五帝之書』，而不指其名。其次則見於秦博士有天皇、地皇、人皇之議。秦去古未遠，意者三皇之稱，此或庶幾焉。漢孔安國書序乃始以伏羲、神農、黃帝爲三皇，少昊、顓頊、高辛、堯、舜爲五帝，不知果何所本？蓋孔子於家語自伏羲以下皆稱曰帝，易大傳、春秋內外傳有黃帝、炎帝之稱，呂氏月令雖不可爲據，然有曰帝太昊、帝炎帝、帝黃帝，亦足以表先秦未嘗以伏羲、神農、黃帝爲三皇也。至宋五峰胡氏直斷以孔子易大傳，以伏羲、神農、黃帝、堯、舜爲五帝，不信傳而信經，其論始定。然三皇之號不可泯也，則亦以天皇、地皇、人皇言之，但此三者，本無所稽，意混茫初開，先有天而後有地，既有天地則氣化而人生焉。皇極經世書以元經會，所謂天開於子，地闢於丑，人生於寅，至寅始爲開物之初，意三皇之號由此而稱也。」

盤古氏

天地初分之時，盤古生於其中，能知天地之高低及造化之理，故俗傳曰「盤古分天地」。

綱 盤古氏首出御世。

紀 太極生兩儀，陰陽之所以變化者，有個理以爲之主宰，太極即理也。兩儀，陰、陽也。兩儀生四象，太陽、少陽、太陰、少陰。四象變化而庶類繁矣。相傳首出御世者曰盤古氏，又曰渾敦氏。

天皇氏

取天開於子之義。

綱 天皇氏，繼盤古氏以治。

天皇制干支以定歲

地皇以三十日爲一月

紀　一姓十三人，繼盤古氏以治。澹泊無爲而俗自化。始制干支之名，以定歲之所在，干，幹也，其名有十，亦曰十母，卽甲、乙、丙、丁、戊、己、庚、辛、壬、癸也。支，枝也，其名一十有二，亦曰十二子，卽子、丑、寅、卯、辰、巳、午、未、申、酉、戌、亥也。十干曰閼逢、甲。閼音謁。旃蒙、乙。柔兆、丙。彊圉、丁。圉音語。著雍、戊。屠維、己。上章、庚。重光、辛。玄黓、壬。黓音亦。昭陽。癸。十二支曰困敦、子。赤奮若、丑。攝提格、寅。單閼、卯。單音蟬。執徐、辰。大荒落、巳。敦牂、午。牂音臧。協洽、未。涒灘、申。音吞炭。作噩、酉。噩音諤。閹茂、戌。大淵獻。亥。兄弟各一萬八千歲。各，一作「合」。千，一作「百」。　余宗海曰：「『八千』之『千』當作『百』，蓋邵子以自有天地至於窮盡謂之一元，一元有十二會，一會有一萬八百年。子會生天，丑會生地，寅會生人，至戌會則閉物而消天，亥會則消天而消地，至子會則又生天，而循環無窮矣。自寅會箕一度至午會星一度，該四萬五千餘年，正唐堯起甲辰之時也。夫自開闢以來，固有民物帝王，第以書契未興，無從稽考，其曰天皇氏、地皇氏、人皇氏，蓋亦傳以其名而已，故作史者以生民以來若干年歲而羅派於三皇等氏之下，以足其數，豈眞有一萬八千歲之理哉！然不以四萬五千六百年錄之於唐虞之前，而置之於此，蓋亦誤矣。」

地皇氏

取地闢於丑之義。

綱　地皇氏，繼天皇氏以治。

紀　一姓十一人，繼天皇氏以治。爰定三辰，日、月、星也。是分晝夜，以三十日爲一月。兄弟各一萬八千歲。千，一作「百」。

人皇氏

取人生於寅之義。

人皇分山川爲九區

綱　人皇氏，繼地皇氏以治。

紀　一姓九人，繼地皇氏以治。相厥山川，分爲九區，人居一方，故又曰居方氏。當是時也，萬物羣生，淳風沕穆，沕音物。主不虚王，臣不虚貴，政教君臣所自起，飲食男女所自始。亦號九皇氏，兄弟合四萬五千六百年。

有巢氏

依胡宏皇王大紀，以有巢、燧人二氏繼人皇氏之後。

構木爲巢

綱　有巢氏構木爲巢。

紀　太古之民，穴居野處，與物相友，無有妎傷之心。妎音械，妒也。逮後人民機智，而物始爲敵，爪牙角毒慨不足以勝禽獸。有巢氏作，構木爲巢，構，架也。鳥在穴曰窠，在木曰巢。教民居之，以避其害。未知稼穡，食草木之實。未有火化，飲禽獸之血而茹其毛。茹，食也。先取其皮蔽前，後取而蔽後。號曰有巢氏之民。

燧人氏

鑽木取火

綱　燧人氏鑽木取火。

紀　自有巢氏教民巢居，然猶未知熟食也。燧人氏作，觀星辰而察五行，知空有火，麗木則明，於是鑽木取火，教民以烹飪，而民利之，故號燧人氏。以爲燧者，燧，取火之木。火之所生也，乃别五木以改火，春取楡柳之火，夏取棗杏之火，夏季取桑柘之火，秋取柞楢之火，冬取槐檀之火。順四時而遂天之意，由是火之功用洽矣。時未有文字，燧人氏始作結繩之政。大事則大結其繩，小

結繩之政

事則小結其繩以記之。立傳教之臺，師道始此。興交易之道，人情以遂，故又謂之遂皇。有四佐焉，曰明由、必育、成博、隕丘。

五帝紀 張時泰曰：「按外紀，自伏羲氏至舜三十一人，總爲五帝紀。考之經、傳，惟家語孔子與宰我問五帝德，而大戴禮有五帝德篇及帝世，適與宰我所問者相合。司馬作史記紀五帝，又與大戴禮者無異，所謂五帝，黃帝、顓頊、帝嚳、帝堯、帝舜是也。及孔子答季康子問五帝，則曰太昊配木，炎帝配火，黃帝配土，少昊配金，顓頊配水，與前答宰我者不同。而春秋內外傳黃帝之下，堯、舜之上，又有少昊、顓頊、帝嚳，則六帝矣，視前答季康子者又不同。至於易大傳，孔子之所作也，有曰『伏羲氏沒，神農氏作』。又曰『神農氏沒，黃帝、堯、舜氏作』。雖無五帝之稱，而爲之帝者則五人焉，此與向之答宰我、季康子者又不同。」

太昊伏羲氏

綱 太昊伏羲氏，以木德王。

紀 太昊之母居於華胥之渚，（華胥，在今陝西藍田縣。）小淵曰渚。生帝於成紀。（在今甘肅秦安縣北。）以木德繼天而王，古之王者易代改號，取法五行，更旺相生，先起於木。太昊首以木德王天下，蓋木爲四時之首也。故風姓。易（說卦）：「巽爲木爲風。」有聖德，象日月之明，故曰太昊。木之位在東方，故有日月之象。昊與皞同，明也。月令：「其帝太皞。」

綱 作都于陳。（卽今河南淮陽縣。）

教民佃漁畜牧

綱 教民佃漁畜牧。

紀　人生之始也，與禽獸無異，知有母而不知其父，知有愛而不知其禮。臥則呿呿，呿音區，臥聲。起則吁吁，吁，歎聲。飢則求食，飽則棄餘，茹毛飲血而衣皮革。太昊始作網罟，以佃以漁，佃，獵獸。漁，捕魚。以贍民用，故曰伏羲氏。養犧牲，牛、羊、豕曰牲。犧，色純者也。以充庖廚，庖，宰殺之所。廚，烹飪之所。故又曰庖犧氏。

畫八卦造書契

綱　畫八卦，造書契。

紀　太昊德合上下，天應以鳥獸文章，地應以龍馬負圖，於是仰觀象于天，俯觀法于地，中觀萬物之宜，始畫八卦。卦有三爻，因而重之爲卦六十有四，以通神明之德。作書契，以代結繩之政。書制有六：一曰象形；謂日、月之類，象日、月形體而爲之也。二曰假借；謂令、長之類，一字兩用也。三曰指事；謂上、下之類，人在一上爲上，人在一下爲下，各有其指，事得其宜也。四曰會意；謂武、信之類，止戈爲武，人言爲信，會合人意也。五曰轉注；謂考、老之類，建類一首，文意相受，左右相注也。六曰諧聲。謂形聲一也，如江、河之類，以水爲形，以工、可爲聲也。使天下義理必歸文字，天下文字必歸六書。丁奉曰：「論字學者皆謂始於倉頡而不謂始於伏羲。按倉頡爲黃帝之史官，或伏羲制字，至倉頡而大備，或倉頡即伏羲之臣而共成書契，皆無從稽考也。」

作甲曆定四時

綱　作甲曆，定四時。

紀　起於甲寅，支、干相配爲十二辰，六甲而天道周矣。歲以是紀而年不亂，月以是紀而時不易，晝夜以是紀而人知度，東西南北以是紀而方不惑。

制嫁娶

【綱】制嫁娶。

【紀】上古男女無別，太昊始制嫁娶，以儷皮爲禮。儷，偶數也。上古未有布帛，衣鳥獸皮，故以爲禮，後世納幣本此。正姓氏，通媒妁，以重人倫之本，而民始不瀆。

以龍紀官

【綱】以龍紀官。

【紀】太昊時有龍馬負圖出於河之瑞，因而名官，始以龍紀，號曰龍師。命朱襄爲飛龍氏，造書契；昊英爲潛龍氏，造甲曆；大庭爲居龍氏，治屋廬；渾沌爲降龍氏，驅民害；陰康爲土龍氏，治田里；栗陸爲水龍氏，繁滋草木，疏導泉源。又命五官：春官爲青龍氏，又曰蒼龍；夏官爲赤龍氏；秋官爲白龍氏；冬官爲黑龍氏；中官爲黃龍氏。於是共工爲上相，共音恭。柏皇爲下相，朱襄、昊英常居左右，栗陸居北，赫胥居南，昆連居西，葛天居東，陰康居下，分理宇內，而政化大洽。

造琴瑟

【綱】造琴瑟。

【紀】太昊作荒樂，歌扶徠，詠網罟，以鎮天下之人，命曰立基。歌名。斲桐爲琴，繩絲爲絃。絃二十有七，命之曰離徽，琴名。以通神明之貺，以合天人之和。絚桑爲三十六絃之瑟，絚音庚，約束也。以脩身理性，反其天眞，而樂音自是興焉。

【綱】帝崩，葬于陳，在位一百一十有五年。神農氏繼世踐位。張南軒曰：「按外紀，伏羲之後有女媧、柏皇、中央、大庭、栗陸、驪連、渾沌、赫胥、尊盧、昊英、有巢、朱襄、葛天、陰康、無懷，凡十有五氏，相繼爲天子，而後神農氏作。及考伏羲命官，十五氏多與焉，則是皆佐伏羲之臣也。或者又疑爲當時各君一方，如後世諸侯之國者，未知孰是？且聞多無稽不經之語，故姑闕之，唯依易大傳即以神農氏繼之云。」

炎帝神農氏

綱　炎帝神農氏，以火德王。

紀　少典氏之君娶于有蟜氏之女曰安登，蟜音皎。生二子焉，長曰石年，育于姜水，（即岐水，源出陝西鳳翔縣北岐山，東南流經姜氏城。）故以姜爲姓。以火德代伏羲氏治天下，故曰炎帝。

綱　都陳，（見上太昊伏羲氏「作都于陳」注。）遷于曲阜。（在今山東曲阜縣東北。）

綱　初蓺五穀。嘗百草，製醫藥。

蓺五穀製醫藥

紀　古者，民茹草木之實，食禽獸之肉，未知耕稼，炎帝因天時，相地宜，斲木爲耜，揉木爲耒，耒音類。始教民蓺五穀，而農事興焉。民有疾病，未知藥石，炎帝始味草木之滋，察其寒、溫、平、熱之性，辨其君、臣、佐、使之義，嘗一日而遇七十毒，神而化之，遂作方書以療民疾，而醫道自此始矣。復察水泉甘、苦，令人知所避就，由是斯民居安食力，而無夭札之患，夭死曰札。天下宜之，故號曰神農氏。

綱　始爲日中之市。

爲日中之市

紀　炎帝之世，其俗樸重端慤，不忿爭而財足，始列廛于國，日中爲市，致天下之民，聚天下之貨，交易而退，各得其所。

以火紀官

誅蚩尤於涿鹿

【綱】以火紀官。

【紀】因火德王，故以火紀官，爲火帝。春官爲大火，夏官爲鶉火，鶉音純，南方火星。秋官爲西火，冬官爲北火，中官爲中火。

【綱】帝崩於長沙茶鄉。（即今湖南茶陵縣。）帝在位百四十年。

傳八世，至榆罔而亡，有熊氏繼世而立。

黄帝有熊氏

【綱】黄帝有熊氏，以土德王。

【紀】初，神農氏母弟世嗣少典爲諸侯。帝榆罔之世，少典國君之妃曰附寶者，感電光繞斗而有娠，娠音震。生帝于軒轅之丘，（在今河南新鄭縣西北。）因名軒轅，姓公孫。軒轅生而神靈，弱而能言，幼而徇齊，徇音濬，深也。齊，肅也。長而敦敏，成而聰明。國于有熊，（在今河南新鄭縣西北。）故號有熊氏。長于姬水，故又以姬爲姓。

【綱】及炎帝戰于阪泉。（在今河北懷來縣西。）

【紀】神農氏衰，諸侯相侵伐，炎帝榆罔弗能征。於是軒轅習用干戈，以征不享，諸侯咸來賓從。榆罔欲侵陵諸侯，諸侯益叛之。軒轅脩德振兵，教熊、羆、貔、貅、貙、虎，六者猛獸，可以教戰。以與榆罔戰於阪泉之野。三戰，然後得其志。

【綱】誅蚩尤於涿鹿。

紀　蚩尤姜姓，炎帝之裔也。好兵喜亂，作刀戟大弩以暴虐天下。軒轅乃徵師諸侯，與蚩尤戰於涿鹿之野。（涿鹿，在今河北懷來縣西南。）蚩尤能作大霧，軍士昏迷。軒轅爲指南車，車上有樓，刻仙人於其上，車雖回轉，手常指南。以示四方，遂擒蚩尤戮之。

代神農氏

綱　諸侯尊帝爲天子，代神農氏以治天下。

紀　軒轅自涿鹿誅蚩尤還，天下諸侯共尊爲天子，以代神農氏治天下。因其有土德之瑞，故號曰黃帝。

以雲紀官

綱　以雲紀官。

紀　帝初受命，適有雲瑞之應，因以雲名官，號爲雲師。春官爲青雲，夏官爲縉雲，縉，赤色。秋官爲白雲，冬官爲黑雲，中官爲黃雲。

六相史官

綱　立六相暨史官。

紀　黃帝得六相而天地治，神明至。風后明乎天道，太常察乎地利，蒼龍辨乎東方，祝融辨乎南方，大封辨乎西方，后土辨乎北方。帝命倉頡爲左史，沮誦爲右史。沮音趨。

倉頡制字

倉頡見鳥獸之跡，體類象形而制字。

立占天官

綱　立占天官。

紀　帝受河圖，黃帝往河、洛，有大魚負圖上獻。得其五要，乃設靈臺，測候之所。立五官以敘五事。命鬼臾蓲占星，鬬苞授規，觀天之器。正日月星辰之象，於是乎有星官之書。命羲、和占日，羲氏、和氏。尙儀占月，車區占風。

作甲子

綱 命大撓作甲子。

紀 帝命大撓探五行之情，占斗綱所建，始作甲子。占斗柄初昏所指月建，而以十干配十二支，作爲六十甲子。

作蓋天調曆

綱 命容成作蓋天及調曆。

紀 帝命容成作蓋天，察天文之器，即渾天儀也。以象周天之形。綜六術，謂占日、占月、占星、造律呂、作算數、作甲子也。以定氣運。問鬼臾蓲上下周紀，以作調曆，歲紀甲寅，日紀甲子，而時節定。是歲己酉朔旦，日南至，而獲神策，蓍草也。得寶鼎。鬼臾蓲曰：「是謂得天之紀，終而復始。」乃迎日推策，策，數也。得神蓍以推算曆數，逆知節氣日辰之將來。造十六神曆，積邪分以置閏，配甲子而設蔀。造曆皆起於甲子，至朔同日謂之章，同在日首謂之蔀，蔀終六旬謂之紀。於是時惠而辰從矣。惠，順也。

作數

綱 命隸首作數。

紀 帝命隸首定數，算數也，即九章算法。以率其羨，餘也。要其會，而律、度、量、衡由是而成焉。度、量、衡俱受法於律，故律居先。

造律呂

綱 命伶倫造律呂。

紀 帝命伶倫取竹嶰谿之谷，（嶰谿在今甘肅酒泉市南祁連山。）以生空竅厚鈞者，斷兩節閒吹之，以爲黃鐘之宮。又制十二筩以象鳳凰之鳴，而別十二律，其雄鳴爲六，雌鳴亦六，以比黃鐘之宮，生六律、六呂，候氣之應，以立宮、商、角、徵、羽之聲，徵音紙。治陰陽之氣，節四時之變，推律曆之數，起消息，正閏餘。律者候氣之管，以竹爲之，陰陽各六，陽爲律，陰爲呂。總謂之律者，陽統陰也。十二月陰陽之氣，距地面各有淺深，故律之長短如其數。律管入地，以葭灰實其端，其月氣至則灰飛而管通，以此吹之而成聲，以節五音之上下。黃鐘、太蔟、姑洗、蕤賓、夷則、無射爲陽，大呂、夾鐘、仲呂、林鐘、南呂、應鐘爲陰也。諸律皆有宮音，而黃鐘之宮乃八十四調之首，其聲最尊而大，餘音皆自此起也。筩卽管也。蔟音湊，洗音選，蕤音誰，射音亦。

作十二鐘

綱 命榮猨作十二鐘。

紀 帝命榮猨鑄十二鐘，協月筩以和五音，立天時，正人位焉。

作咸池之樂

綱 命大容作咸池之樂。

紀 帝命大容作承雲之樂，是爲雲門、大卷，俱樂名。卷音權。命曰咸池。言其德象池水周遍也。

作冕旒正衣裳

綱 作冕旒，正衣裳。

紀 帝作冕，垂旒充纊。冕後仰前俯，主於恭也。旒以絲繩貫玉垂之。纊音曠，綿也。前有垂旒所以蔽目，示不視邪也；旁有充纊所以塞耳，示不聽讒也。爲玄衣黃裳，以象天地之正色。易「天玄而地黃」，上衣法天，下裳法地。旁觀翬翟、草木之華，翬音揮。翬翟，雉名，其羽五色皆備。乃染五采爲文章，以表貴賤，

作器用　作舟車　作合宮　作貨幣　作內經

於是袞冕衣裳之制興。

綱　作器用。

紀　帝命甯封爲陶正，赤將爲木正，以利器用。揮作弓，夷牟作矢，以威天下。

綱　作舟車。

紀　帝命共鼓、化狐刳木爲舟，刳音枯，虛其中也。剡木爲楫，剡，削也。以濟不通；邑夷法斗之周旋，斗，北斗。作大輅以行四方，大輅，天子車名。由是車制備。服牛乘馬，引重致遠，而天下利矣。

綱　作合宮。

紀　帝廣宮室之制，遂作合宮，卽周明堂。祀上帝，接萬靈，布政教焉。

綱　作貨幣。

紀　范金爲貨，范同範，以模鑄金也。貨，化也，變化交易之物。制金刀，貨寶於金，利於刀。名錢爲刀，以其利於民也。立五幣，珠、玉爲上，黄金爲中，刀、布爲下。以制國用，而貨幣行矣。

綱　作內經。

紀　帝以人之生也，負陰而抱陽，食味而被色，寒暑盪之於外，喜怒攻之於內，夭昏凶札，君民代有。乃上窮下際，察五氣，溫、涼、寒、燥、溼。立五運，甲己土、乙庚金、丙辛木、丁壬水、戊癸火。洞性命，紀陰陽，咨於岐伯，而作內經。復命俞跗、岐伯、雷公察明堂，究脈息；巫彭、桐

教民蠶　分州設井　屈軼生庭　鑄鼎荆山

君處方餌，而人得以盡年。

【綱】命元妃西陵氏教民蠶。

【紀】西陵氏之女嫘祖爲帝元妃，始教民育蠶，治絲繭以供衣服，而天下無皴瘃之患，皴音村。瘃音竹。皴瘃，手足中寒瘡。後世祀爲先蠶。

【綱】畫野分州，經土設井。

【紀】帝畫野分州，得百里之國萬區。命匠營國邑，置左右太監監于萬國，萬國以和。遂經土設井以塞爭端，立步制畝以防不足。使八家爲井，井開四道，而分八宅。井一爲鄰，鄰三爲朋，朋三爲里，里五爲邑，邑十爲都，都十爲師，師十爲州。分之於井而計於州，則地著而數詳。地著，謂安土而有常居也。

【綱】屈軼生于庭，鳳凰巢于閣，麒麟遊于囿。

【紀】有草生于庭，佞人入則指之，名曰屈軼。鳳凰巢于阿閣，麒麟遊于苑囿焉。

【綱】帝崩于荆山之陽，(荆山在今河南靈寶縣西，閿鄉鎮南，一名覆釜山。)帝在位百年，壽百十有一歲。葬橋山。(在今陝西黃陵縣西北。)子玄囂踐位。

【紀】帝採首山之銅，(首山即首陽山，在今河南偃師縣西北，接孟津縣界。)鑄三鼎於荆山之陽。鼎成，崩焉；其臣左徹取衣、冠、几、杖而廟祀之。

少昊金天氏

綱 少昊金天氏，以金德王。

紀 名摯，姓己，黃帝之子玄囂也。母曰嫘祖，感大星如虹下臨華渚之祥而生帝。華渚，華胥之渚。黃帝之世降居江水，在蜀。邑于窮桑，（在今山東曲阜縣東北。）故號窮桑氏。國于青陽，（今安徽青陽縣，爲唐置縣，少昊國或說在此。）因號青陽氏。以金德王天下，遂號金天氏。能脩太昊之法，故曰少昊。

綱 徙都于曲阜。自窮桑徙曲阜。

以鳥紀官

綱 鳳鳥來集，以鳥紀官。

紀 少昊之立也，鳳鳥適至，因以鳥紀官。鳳鳥氏，曆正也；玄鳥氏，司分者也；伯趙氏，司至者也；伯趙卽伯勞，夏至鳴，冬至止。青鳥氏，司啓者也；丹鳥氏，司閉者也；祝鳩氏，司徒也；雎鳩氏，司馬也；鳲鳩氏，司空也；爽鳩氏，司寇也；鶻鳩氏，司事也。五鳩，鳩民者也。鳩，聚也。五雉，爲九工正，利器用，正度量，夷民者也。夷，平也。九扈，爲九農正，扈民無淫者也。九扈，鳥名。扈，止也。

作大淵之樂

綱 作大淵之樂。

紀 時諸福之物畢至，作大淵之樂以諧人神，和上下，是曰九淵。

綱 帝崩，葬于曲阜，在位八十四年，壽百歲。高陽氏踐位。

紀 葬于雲陽，山名。（在今山東曲阜縣西南。）故又曰雲陽氏。

命五官

以建寅月爲曆元

作承雲之樂

顓頊高陽氏

綱 顓頊高陽氏以水德王，色尚赤。

紀 帝姬姓，祖黃帝，父昌意。初，昌意娶蜀山氏女曰昌僕，是爲女樞，感瑤光貫月之祥生帝于若水。（即今鵶礱江，在今四川滎經縣。）年十歲佐少昊，年二十卽帝位，以水德紹金天氏政。初國高陽，（在今河南杞縣西。）故號高陽氏。

綱 都于帝丘。（在今河南濮陽縣西南。）

綱 命五官。

紀 以少昊之四子重、該、脩、熙實能金、木及水，乃俾重爲木正，曰句芒；句音鉤。該爲金正，曰蓐收；脩、熙相代爲水正，曰玄冥；又以炎帝之子句龍爲土正；而帝之孫黎爲火正，曰祝融：是爲五官。

綱 改作曆象，以建寅月爲曆元。

紀 帝制曆，以孟春爲元。是歲正月朔旦立春，五星會于天，歷營室，宿名。冰凍始泮，蟄蟲始發，雞始三號，鳥獸萬物，莫不應和，故帝爲曆宗。

綱 作承雲之樂。

紀 帝命飛龍氏會八風之音，八方之風：東明庶，東南清明，南景，西南涼，西閶闔，西北不周，北廣莫，東北條。爲圭水之曲。釋義：「圭水曲，未詳。」以召氣而生物，浮金劾珍，水出金，山出珍。於是鑄爲之鐘，作五基、六英之樂以調陰陽，享上帝，朝羣后，名曰承雲。

綱　帝崩，葬于濮陽，帝在位七十八年，壽九十七歲。（濮陽，即今河南濮陽縣。）高辛氏踐位。

帝嚳高辛氏

綱　帝嚳高辛氏，以木德王，色尚黑。

紀　帝姬姓，名夋。祖曰少昊，父曰蟜極。生而神靈。年十五，佐顓帝，受封于辛。年三十，以木德代高陽氏爲天子。以其肇基于辛，故號高辛氏。

代高陽氏

綱　都于亳。（亳，此指西亳，又名殷，亦名尸鄉，在今河南偃師縣西。）

綱　作六英之樂。

作六英之樂

紀　帝命咸黑典樂，爲聲歌，名曰六英。言天、地、四時之英華也。

綱　帝崩，葬于頓丘，（在今河南清豐縣西南。一說在今河南濬縣西。）在位七十年，壽九十有九歲。子摯踐位。

紀　帝普施利物，不私其身。聰以知遠，明以察微。順天之義，知民之急。仁而威，惠而信，脩身而天下服。其色郁郁，猶穆穆也。其德嶷嶷。嶷音疑，言德高也。其動也時，舉動應天時。其服也士。衣裳如士服。帝既執中而徧天下，日月所照，風雨所至，莫不服從。帝元妃有邰氏女曰姜嫄，與帝禋祀上帝而生棄，精意以享曰禋。爲舜后稷，其後爲周。次妃有娀氏女曰簡狄，祈于高禖，禖音枚。高禖，求子祭所。有飛燕之祥而生契，爲舜司徒，其後爲商。三妃陳鋒氏女曰慶都，有赤龍之祥而生堯，是爲陶唐氏。四妃娵訾氏女曰常儀，生摯。帝崩，子摯嗣立。

綱 帝摯尸位九年而廢，諸侯尊弟放勳踐位。是爲帝堯。

紀 摯在位九年，荒淫無度，不脩善政，諸侯於是廢之，而推尊堯爲天子。

帝堯陶唐氏

綱 甲辰，唐帝堯元載，（前二三五七）帝自唐侯踐天子位於平陽，（即今山西臨汾縣。）以火德王。

堯十四月生

紀 帝姓伊耆，名放勳，帝嚳高辛氏之子，帝摯之弟，黃帝軒轅氏之曾孫也。帝母陳鋒氏女，曰慶都，爲高辛氏妃，感赤龍之祥，孕十有四月而生堯于丹陵，育于母家伊侯之國，後徙者，（在今山西祁定縣。）故曰伊耆氏。年十有三佐帝摯封植，受封於陶；（今山東菏澤縣南舊定陶縣西南陶丘。）年十有五復封於唐，（在今河北唐縣西北。）爲唐侯，故又號陶唐氏。摯在位九年，天人厭棄，諸侯尊帝爲天子。年十有六，踐天子之位于平陽。以火德王，以建寅之月爲歲首。

作曆象

綱 命羲、和作曆象，以授民時。曆，紀數之書。象，觀天之器。

置閏法

綱 乙巳，二載，（前二三五六）命羲、和置閏法，定四時成歲。

綱 戊申，五載，（前二三五三）南夷越裳氏來朝，獻大龜。

龜曆

紀 南夷有越裳氏，重譯來朝，通夷夏之言者曰譯。獻神龜，蓋千歲，方三尺餘，背有科斗文，記開闢以來；堯命錄之，謂之龜曆。

兒童歌
老人歌
華封祝
虞舜以孝聞

堯之庭有草生焉，曰蓂莢，十五之前日生一葉，十五之後日落一葉，小餘則一葉厭而不落，觀之可以知旬朔，故又名曆草。

綱　庚戌，七載，（前二三五一）麒麟遊于郊藪，鳳凰巢于阿閣。

綱　乙卯，十有二載，（前二三四六）巡狩方嶽。

綱　癸巳，五十載，（前二三〇八）遊於康衢，觀于華。（山名。在今陝西渭南縣東南，一名太華山。）

紀　帝治天下五十載，遊於康衢，路五達曰康，四達曰衢。兒童歌曰：「立我烝民，莫匪爾極，不識不知，順帝之則。」有老人擊壤而歌於路曰：壤，土塊也。「日出而作，日入而息，鑿井而飲，耕田而食，帝力何有於我哉！」觀于華，華封人祝曰：封人，掌封疆之官。「使聖人富、壽、多男子。」帝曰：「辭，多男子則多懼，富則多事，壽則多辱。」封人曰：「天生萬民，必授之職。多男子而授之職，何懼之有？富而使人分之，何事之有？天下有道，與物皆昌；天下無道，脩德就閒。千歲厭世，去而上仙，乘彼白雲，至於帝鄉，何辱之有？」

綱　癸卯，六十載，（前二二九八）虞舜以孝聞。

紀　舜母死，瞽瞍更娶妻而生象，象傲。瞽瞍愛妻後子，常欲殺舜，舜避逃；及有小過，則受罪。順適不失子道，孝而慈於弟，日以篤謹。年二十，以孝聞。耕歷山，（在今山西芮城縣西北，即中條山，一名雷首山。）歷山之人皆讓畔。田界。漁雷澤，（在今山西芮城縣北。）雷澤之人皆讓居。陶河濱，河濱之器不苦窳。陶，燒瓦器也。苦，粗也。器中空曰窳，音與。作什器於壽丘，日用之器非一，故曰什器。（壽丘，在今山東曲阜縣東，泗水南岸。）就時於負夏。（即今山東夏津縣。）所居一年成聚，二年成邑，三年成都。

洪水爲患

【綱】甲辰，六十有一載，（前二二九七）洪水爲患，咨四岳，舉鯀，咨，訪問也。四岳，官名，一人而總四方諸侯之事也。命爲司空，俾乂。俾，使；乂，治也。

【綱】壬子，六十有九載，（前二二八九）鯀治水，績用弗成。

徵虞舜登庸

【綱】癸丑，七十載，（前二二八八）徵虞舜登庸，徵，召也。庸，用也。二女嬪于虞。嬪，婦也。言爲婦於虞也。

【紀】堯之子丹朱不肖，乃求賢自代，訪諸四岳，岳曰：「有鰥民曰虞舜，鰥，無妻之名。虞，氏也。舜，名也。瞽瞍之子。父頑，心不則德義之經。母嚚，音銀，口不道忠信之言。弟傲，舜以孝道諧其家，諧，和也。使不至于惡。」帝曰：「我其試哉。」乃召用，命以位，職位也。以二女妻舜。二女，娥皇、女英。金履祥曰：「按史稱黃帝之曾孫嚳，嚳之子堯，則堯黃帝之玄孫也。又稱黃帝生昌意，昌意生顓頊，歷窮蟬、敬康、句望、橋牛以至瞽瞍而生舜，則舜黃帝八世孫也。堯、舜俱出於黃帝，則二女之妻，不亦亡宗瀆姓亂序無別已乎？世系之傳，史記之失考也。」

堯試舜事

【綱】帝試舜以事。

【紀】堯將遜位于舜，先試之以事，以觀其才德。乃使之愼徽五典，五典克從。徽，美也。五典，五常也。從，順也，左氏所謂「無違教」也。此蓋使爲司徒之官也。納于百揆，百揆時敘。百揆，揆度庶政之官，猶周之冢宰也。時敘，以時而敘，左氏所謂「無廢事」也。**賓于四門，四門穆穆。**四門，四方之門。古者以賓禮親邦國，諸侯各以方至，而使主焉，故曰賓。穆穆，和之至也，左氏所謂「無凶人」也。此蓋又兼四岳之官也。**納于大麓，烈風雷雨弗迷。**麓，山足也。烈，迅；迷，錯也。洪水爲害，堯使舜入山林相視原隰，雷雨大至，衆懼失常而舜不迷，其度量有絕人者。

舉十六族

綱　**舜舉十六族。**

紀　**高陽氏有才子八人，曰蒼舒、隤敳、檮戭、大臨、尨降、庭堅、仲容、叔達，**隤音頹。敳音皚。戭音衍。尨音茫。**天下謂之「八愷」。高辛氏有才子八人，曰伯奮、仲堪、叔獻、季仲、伯虎、仲熊、叔豹、季貍，天下謂之「八元」。此十六族也，世濟其美，不隕其名。舜舉「八愷」，使主后土，以揆百事；舉「八元」，使布五教于四方。**

流四凶族

綱　**甲寅，七十有一載，**（前二二八七）**舜流四凶族。**

紀　**帝鴻氏有不才子，**帝鴻氏，黃帝。不才子，驩兜。**號曰「渾沌」；少昊氏有不才子，**共工。**號曰「窮奇」；顓頊氏有不才子，**鯀。**號曰「檮杌」；縉雲氏有不才子，**三苗。**號曰「饕餮」：**饕音滔，餮音鐵。渾沌、窮奇、檮杌、饕餮，皆惡獸也，能爲人害。**天下謂之「四凶」。舜皆投之四裔。**裔，遠也，四遠之地。虞書舜典：「流共工于幽州，放驩兜于崇山，竄三苗于三危，殛鯀于羽山。」（幽州，北裔之地，今北京市密雲縣。崇山，南裔之山，在今湖南慈利縣。或謂崇山在交、廣之間。三危，西裔之地，在今甘肅敦煌縣。羽山，東裔之山，在今山東蓬萊縣。）

舜受終于文祖

制五刑

作大章樂

神龜負文出洛

定九州貢賦

肇十有二州

綱 乙卯，七十有二載，(前二二八六)舜使禹平水土，益掌火，棄教民播種，契爲司徒，敷五教。

綱 丙辰，七十有三載，(前二二八五)春正月，帝薦舜於天。舜受終于文祖。受終者，堯於是終帝位之事而舜受之也。文祖，堯始祖之廟。

綱 己未，七十有六載，(前二二八二)制五刑。墨、劓、剕、宮、大辟。墨，黥面。劓音異，截鼻。剕音廢，刖足。宮，割勢。辟音闢，大辟，死刑。

綱 庚申，七十有七載，(前二二八一)作大章樂。

綱 辛酉，七十有八載，(前二二八〇)舜巡狩方嶽。

綱 神龜負文出於洛。禹治水時，神龜負文列於背，有數自一至九。洛，水名。(在今河南洛陽市。)

綱 癸亥，八十載，(前二二七八)禹治水成功，因定九州貢賦，荆、梁、雍、豫、徐、揚、青、兗、冀。秉玄圭入覲告成。水土既平，禹秉玄圭告成功於舜也。水色黑，故圭以玄云。

綱 甲子，八十有一載，(前二二七七)肇十有二州，肇，始也。禹治水後，舜以冀、青地廣，分冀州爲幽州、并州，分青州爲營州，合爲十二州。封十有二山，每州封表一山以爲一州之鎮。濬川。濬導十二州之川。

綱 癸未，一百載，(前二二五八)帝崩於陽城。(在今河南登封縣東南。)帝壽百十有八歲。

紀 帝之爲君也，其仁如天，其智如神，就之如日，望之如雲，富而不驕，貴而不舒。黃收純衣，收，冠名，取斂髮之義。彤車白馬，彤音同，赤也。茅茨不剪，以茅蓋屋，不剪齊之。樸桷不斵，椽方曰桷。斵，削也。素題不枅，題，榱題。枅，音雞，柱上橫木承棟者，橫之似笄也。大路不畫，大路，祀天車，朴素無文采。越席不緣，越席，結草爲席也。緣音願，飾也。太羹不和，太羹，太古之羹，肉汁也。無鹽梅之和。粢食不毇。黍稷曰粢。毇音毁，米一斛舂爲八斗。藜藿之羹，飯於土簋，飲於土鉶。鉶，羹器。金銀珠玉不飾，錦繡文綺不展，奇怪異物不視，玩好之器不寶，淫泆之樂不聽，宫垣室屋不堊色。堊音惡，白土也。堊色，先泥之，次以白土飾之也。布衣掩形，鹿裘禦寒，衣履不敝盡不更爲也。

【綱】乙酉，一百有一載，（前二二五六）舜避堯之子居于南河之南，天下不歸堯之子而歸舜，舜於是踐天子位。

帝舜有虞氏

帝格于文祖

【綱】丙戌，虞帝舜元載，（前二二五五）春正月元日，帝格于文祖，格，至也。前受終告攝，此告即位也。踐天子位于蒲阪，（在今山西芮城縣西北。）以土德王。

【紀】帝姚姓，名重華，瞽瞍之子。帝堯登庸而禪以帝位，攝政二十有八載。堯崩，喪畢，始踐天子之位于蒲阪。以土德王，仍以建寅之月爲歲首。

齊七政

【綱】在璿璣玉衡，以齊七政。在，察也。美珠謂之璿。璣，機也。以璿飾機，所以象天體之轉運也。衡，橫也。謂橫簫也，以玉爲管橫而設之，所以窺機而齊七政之運行，猶後世之渾天儀也。七政，日、月、五星也。舜初即位，首察璣衡，以齊七政，蓋曆象授時所當先也。

命九官

綱 命九官。

紀 禹爲司空，宅百揆。棄爲后稷，教稼穡。契爲司徒，敷五教。皋陶爲士，理五刑。垂爲共工，治百工。益爲虞，掌山澤。伯夷爲秩宗，典禮。秩，敘也。宗，祖廟也。主敘次百神。后夔典樂，教胄子，和神人。龍作納言，出納君命。是所謂九官也。

綱 封朱于丹，以奉先祀。謂之虞賓，示弗臣也。

綱 帝朝于瞽瞍，封弟象于有庳。

綱 禹、皋陶、益、稷相與陳謨。虞書有大禹、皋陶、益稷三謨。

綱 巡狩四岳八伯。

立誹謗木

綱 丁亥，二載，(前二二五四)求賢才，納諫，立誹謗木。

紀 帝廣視聽，求賢才以自輔。欲納諫，以聞其失。立誹謗之木，使天下得攻其過。置敢諫之鼓，使天下得盡其言。

造五絃琴

綱 造五絃琴。

南風之詩

紀 帝彈五絃之琴，歌南風之詩曰：「南風之薰兮，可以解吾民之慍兮。南風之時兮，可以阜吾民之財兮。」

三載考績

綱 戊子，三載，(前二二五三)考績。人情在寬則肆，過嚴則拘，故三載考績以作其怠。

作箾韶樂

綱 庚寅，五載，(前二二五一)作箾韶樂九成，鳳凰來儀。箾，書作「簫」。箾韶，舜樂之總名。九成者，樂之九成也。來儀，來舞而有容儀也。

帝以夔爲樂正，命夔爲二十三絃之瑟。夔脩九招、六列、六英以明帝德，招同韶。正六律，和五音，以通八風。（見上顓頊高陽氏「會八風之音」注。）重、黎欲益求人，帝曰：「一夔足矣。」

三考黜陟幽明

綱 甲午，九載，（前二二四七）三考，黜陟幽明。三考，九載也。九載則人之賢否、事之得失可見，於是陟其明而黜其幽，賞罰明信也。

卿雲歌

綱 己亥，十有四載，（前二二四二）帝庸作歌。

紀 時景星出，卿雲興，百工相和而歌。帝乃歌之曰：「卿雲爛兮，糺縵縵兮，縵縵，寬貌。日月光華，旦復旦兮。」八伯咸進稽首曰：「明明上天，爛爛星陳，日月光華，弘於一人。」

綱 丁巳，三十有二載，（前二二二四）帝命禹攝政總師。

禹受命于神宗

綱 戊午，三十有三載，（前二二二三）春正月朔旦，禹受命于神宗，率百官，若帝之初。神宗，堯廟也。禹受攝帝之命於堯廟，總率百官，一如帝舜受終之初也。

禹敍洪範九疇

綱 帝命禹敍洪範九疇。天與禹神龜，負文而出列於背，有數至九，禹第之以爲洪範九疇。洪，大；範，法；疇，類也。洪範九疇，治天下之大法，其類有九：一、五行；二、五事；三、八政；四、五紀；五、皇極；六、三德；七、稽疑；八、庶徵；九、五福六極。

復九州

綱 復九州。禹以十二州仍爲九州。

禹征有苗

綱 庚申，三十有五載，（前二二二一）命禹征有苗。

紀　時有苗弗率，不循教令。帝命禹徂征。三旬，十日曰旬。苗民逆命，猶不聽服。禹班師。班，還也。帝乃誕敷文德，舞干、羽于兩階，七旬有苗格。誕，大也。文德，文命德教也。干、羽皆舞者所執，兩階，賓主之階。格，至也。言班師七旬而有苗來格也。

綱　癸酉，四十有八載，（前二二〇八）帝南巡狩，崩于蒼梧之野。（蒼梧山即九疑山，在今湖南寧遠縣東南。）帝壽百有十歲。

綱　乙卯，五十載，（前二二〇六）禹避舜之子，居於陽城。（見上帝堯一百年「帝崩于陽城」注。）天下不歸舜之子而歸禹，禹於是踐天子位。

夏紀

大禹

綱　丙子，夏后禹元歲，（前二二〇五）春正月，禹踐天子之位于韓。以金德王，仍以寅月爲歲首，改「載」曰「歲」。唐、虞曰載，夏曰歲，商曰祀，周曰年。蓋載以始一歲而終，歲以星一歲而周，祀以祭一歲而徧，年以禾一歲而熟，是四者名異而實同也。

紀　帝姒姓，名文命，崇伯鯀之子，黄帝軒轅氏之玄孫也。母有莘氏女，曰脩己，生禹。長九尺二寸。帝舜舉禹，使續父業。居外八年，陸行乘車，水行乘船，泥行乘橇，橇音吹，去聲。橇以板爲之，其狀如箕，擿行泥上。山行乘檋。檋音菊，謂以鐵如錐，頭長半寸，施之履下，以上山不蹉跌也。以開九州，（見上帝堯陶唐氏「因定九州貢賦」注。）通九道，九州之道。陂九澤，九州之澤。陂音卑，障也。度九山。九州之山。至是受帝舜之禪，踐天子之位于安邑，（今山西運城縣東北安邑鎮。）即韓國也。以金德王，仍有虞以建寅之月爲歲首。色尚黑，牲用玄，以黑爲徽號。徽號，旌旗之屬。

會諸侯于塗山

綱　巡狩，會諸侯于塗山。（亦名當塗山，在今安徽懷遠縣東南淮河東岸，與鳳陽縣西北荆山夾淮對峙。相傳荆、塗本一山，禹鑿以通淮。）

紀　禹南巡狩，會諸侯于塗山，執玉帛者萬國。玉，五玉，五等諸侯所執者，即五瑞也。帛，三帛，所以薦玉。諸侯世子執纁，公之孤執玄，附庸之君執黃。

初，禹娶塗山氏女，名曰憍，生子啓，辛、壬、癸、甲，啓呱呱而泣，禹弗子，惟荒度土功。辛、壬、癸、甲，四日也，禹娶塗山甫及四日即往治水也。呱呱，泣聲。弗子，弗念其子也。荒，大；度音鐸，相也。土功，治水土之功也。言娶妻生子皆有所不暇顧，惟以大相水土之功爲急也。

作大夏樂

綱　作大夏樂。建旗、旐以辨等級。

紀　禹命皋陶爲夏籥九成，大夏之樂曲以籥吹之也。昭其成功也。

初，黃帝作車，少昊加牛，奚仲加馬，禹命奚仲爲車正，建旌旗、斿旐，析羽爲旌，熊虎爲旗。斿，旌旗之末垂者。龜蛇爲旐。以別尊卑等級。

懸鐘、鼓、磬、鐸、鞀，鞀音陶，有柄搖鼓。以待四方之士，曰：「導以道者擊鼓，諭以義者擊鐘，告以事者振鐸，啓以憂者擊磬，有獄訟者搖鞀。」常曰：「吾不恐四海之士留於道路，恐其留吾門也。」一饋而十起，一沐三握髮，以勞天下之民。

絕旨酒

古有醴酪，（甘酒曰醴，乳漿曰酪。）禹時儀狄作酒，禹飲而甘之，遂疏儀狄，絕旨酒，曰：「後世必有以酒亡其國者。」

天雨金

是時天雨金三日。

綱　丁丑，二歲，（前二二〇四）皋陶薨。帝薦益于天。

綱　己卯，四歲，（前二二〇二）鑄九鼎。

鑄九鼎

紀　禹收九牧之金鑄九鼎，象九州。（左傳宣公三年王孫滿曰：「昔夏之方有德也，遠方圖物，貢金九牧，鑄鼎象物，百物而爲之備，使民知神姦，故民入川澤山林不逢不若，螭魅罔兩莫能逢之，用能協于上下以承天休。」）

綱　庚辰，五歲，（前二二〇一）巡狩。

紀　禹出，見罪人，下車問而泣之。左右曰：「罪人不順道，君王何爲痛之？」禹曰：「堯、舜之人皆以堯、舜之心爲心。寡人爲君，百姓各自以其心爲心，是以痛之。」

鑄幣贖民

禹以歷山之金鑄幣，（歷山，見上帝堯陶唐氏「耕歷山」注。幣，錢也。）贖民之無饘賣子者。（饘，厚粥。）

禹濟江，黃龍負舟，舟中人懼。禹仰天歎曰：「吾受命於天，竭力以勞萬民。生，寄也；死，歸也；予何憂於龍焉？視龍猶蝘蜓！」（蝘蜓一名守宮。）須臾，龍俛首低尾而逝。

綱　癸未，八歲，（前二一九八）巡狩江南，會諸侯，戮防風氏。帝崩于會稽。

會諸侯於會稽

紀　初，禹到大越，（今浙江紹興縣。）上茅山，（即會稽山，在今浙江紹興縣東南。）大會計，爵有德，封有功，更名茅山曰會稽。會稽者，會計也。至是禹巡狩江南，致羣臣于會稽之山，防風氏

禹崩

後至，禹殺而戮之。禹崩于會稽，壽一百歲。因葬焉。

帝啓

綱　甲申，夏后啓元歲，（前二一九六）諸侯奉嗣子踐天子位。

綱　乙酉，二歲，（前二一九五）伯益歸政就國。帝親政，大饗于諸侯。

紀　伯益歸政就國於箕山之陰，（箕山，在今河南登封縣東南。）啓親政，乃即鈞臺以饗于諸侯。（鈞臺一名夏臺，在今河南禹縣南。）

綱　丙戌，三歲，（前二一九五）有扈氏大戰于甘。（有扈，國名，在今陝西鄠縣北。甘，地名，在今陝西鄠縣西南。）

大戰于甘

紀　時有扈氏無道，威侮五行，威，暴殄之也。侮，輕忽之也。五行，水、火、木、金、土。怠棄三正，謂不用正朔也。三正，子、丑、寅之正也。夏正建寅。啓召六卿征之，六卿，六鄉之卿也。周禮每鄉卿一人，平居無事，則各掌其鄉之政教禁令而屬於大司徒；有事出征，則各率其鄉之一萬二千五百人而屬於大司馬，所謂軍將皆卿者是也。大戰于甘。不勝，六卿請復之。啓曰：「今茲不勝，是吾德薄而教不善也。」於是班師，班，還也。琴瑟不張，鐘鼓弗考，考，擊也。不因席，不仍味，因、仍皆重也。親親長長，尊賢委能，隱神期月，而有扈服，遂滅之。

綱　壬辰，九歲，（前二一八九）王崩，子太康踐位。

太康

太康都陽夏

綱 癸巳，夏太康元歲，（前二一八八）王尸位，居其位而不爲其事。不脩先王之政。

綱 辛亥，十有九歲，（前二一七〇）王畋于洛表，羿拒于河。五弟御母以從，遂都陽夏。（今河南太康縣。）

五子之歌

紀 太康畋獵於洛水之表，十旬弗歸。言其遠則至於洛水之南，言其久則十旬而弗反，太康自棄其國矣。有窮后羿，因民弗忍，拒之於河，不得歸國。窮，國名。羿，窮國君之名也。說文「羿，帝嚳射官」，故其後善射者皆謂之羿。有窮之君亦善射，故以羿目之也。厥弟五人，御其母以從，徯于洛之汭。徯，待也。汭音瑞，水北曰汭。五子咸怨，述大禹之戒以作歌。太康既失國，不得歸，遂都陽夏。

綱 辛酉，二十九歲，（前二一六〇）王崩于陽夏，后羿立太康弟仲康。

仲康

命胤侯掌六師

綱 壬戌，夏仲康元歲，（前二一五九）命胤侯掌六師。胤侯，胤國之侯。命掌六師，命爲大司馬也。

綱 秋九月朔，辰弗集于房。謂日食也。辰，日月會次之名。房，所次之宿也。言日月會次，不相和輯，而掩食於房宿也。

命胤侯征羲和

綱 癸亥，二歲，（前二一五八）命胤侯征羲和。

紀 惟時羲和沉亂于酒，羲氏、和氏，堯時主曆象授時之官，至夏合爲一官也。遐棄厥司，至於日食大變，尙罔聞知；王命胤侯往征之。

綱 甲戌，十有三歲，（前二一四七）王崩，子相踐位。

帝相居商丘

寒浞殺羿

寒浞弒帝相

后緡歸有仍

靡奔有鬲氏

帝相

綱　乙亥，夏后相元歲，（前二一四六）徙都商丘。（即今河南商丘市。）

紀　時權歸后羿，相爲羿所逐，居商丘，依同姓諸侯斟灌、斟鄩氏。二斟，二國名，與商丘相近，故相依之。

綱　壬午，八歲，（前二一三九）寒浞殺羿。（寒，國名，即今山東濰坊市東北寒亭店。）

紀　有窮后羿因夏民以代夏政。羿恃其善射，不脩民事，淫于原獸。棄武羅、伯因、熊髡、尨圉音茫語。而用寒浞。浞行媚于內，施賂于外，娛羿于畋，外內咸叛。羿歸自畋，家衆殺而烹之。羿篡夏自立凡八歲，至是浞復殺羿而代之，不改有窮之號。浞因羿室，生澆及豷。豷音戲。

綱　壬寅，二十有八歲，（前二一一九）寒浞弒王于商丘。

紀　浞使澆滅斟灌、斟鄩而弒帝相。后緡方娠，后緡，帝相后，有仍國之女。娠，懷身也。逃出自竇，歸于有仍。夏遺臣靡奔有鬲氏。遺臣，舊臣。靡，名。有鬲，國名。（在今山東德州市北。）

綱鑑易知錄卷二

夏紀

少康

少康元歲

綱　癸卯，夏少康元歲，（前二一一八）相后緡生少康于有仍。寒浞簒位，夏統中絕者凡三十九年，而胡宏皇王大紀即以少康生之年爲元歲。蓋少康既生，則夏統不絕也。

少康奔虞

綱　甲子，二十有二歲，（前二〇九七）夏少康自有仍奔虞。舜後封國。

紀　少康爲仍牧正，牧官之長。澆使椒求之。椒，澆臣。逃奔有虞，爲之庖正，掌膳羞之官。虞思妻之二姚而邑諸綸。虞君名思。以二女妻之。姚，虞姓。（綸，即今山西萬榮縣西榮河鎮。一說在今河南虞城縣東南。）有田一成，十里。有衆一旅，五百人。能布其德而兆其謀，以收夏衆，夏遺民。撫其官職。夏遺臣。

綱　辛巳，夏少康三十有九歲。（前二〇八〇）寒浞僭據天位凡三十九年，今仍書夏少康者，蓋與元歲係少康之義同，亦以見夏統不絕云爾。

靡討寒浞

夏道復興

綱　壬午，四十歲，（前二〇七九）夏遺臣靡興師討浞，伏誅，奉王踐天子位。王命誅澆及豷，復禹舊績，夏道復興，諸侯畢朝。

封無餘於越

紀　夏之舊臣靡，自有鬲氏收二國之燼，二國，斟灌、斟鄩。火餘木曰燼，謂二國之遺衆也。以滅浞而立少康。使女艾滅澆于過，女艾，少康臣。過，澆封國。（在今山東掖縣北。）使季杼滅豷于戈。季杼，少康子。戈，豷封國。有窮由是遂亡，少康乃歸故都。於是夏道復興，諸侯來朝。

綱　癸巳，五十有二歲，（前二〇六八）封庶子無餘於越，以奉先王墓祀。於越之先始此。

紀　少康恐禹墓之絕祀，乃封其庶子於越，號曰無餘，春、秋祀禹墓於會稽。

綱　癸卯，六十有一歲，（前二〇五八）王崩，子季杼踐位。

帝杼

杼可謂能帥禹者，戡定寒氏之亂，佐其父少康成中興之功，故夏后氏報焉。

綱　甲辰，夏后杼元歲。（前二〇五七）

綱　庚申，十有七歲，（前二〇四一）王崩，子槐踐位。

帝槐

綱　辛酉，夏后槐元歲。（前二〇四一）

綱　丙戌，二十有六歲，（前二〇一五）王崩，子芒踐位。

帝芒

綱　丁亥，夏后芒元歲。（前二〇一四）

綱　甲辰，十有八歲，（前一九九七）王崩，子泄踐位。

帝泄

命東夷西羌

采鐵鑄劍

湯生

綱 乙巳，夏后泄元歲，(前一九九六)命東夷，命西羌。時六夷來王，於是始加爵命。

綱 庚申，十有六歲，(前一九八一)王崩，子不降踐位。

帝不降

綱 辛酉，夏后不降元歲。(前一九八〇)

綱 己未，五十有九歲，(前一九二二)王崩，弟扃立。

帝扃

綱 庚申，夏后扃元歲。(前一九二一)

綱 庚辰，二十有一歲，(前一九〇一)王崩，子廑踐位。

帝廑

綱 辛巳，夏后廑元歲。(前一九〇〇)

綱 辛丑，二十有一歲，(前一八八〇)王崩，不降之子孔甲立。

帝孔甲

綱 壬寅，夏后孔甲元歲。(前一八七九)

綱 甲辰，三歲，(前一八七七)采鐵鑄劍。

綱 戊辰，二十有七歲，(前一八五三)商主癸生子履。

紀 主癸之妃扶都，見白氣貫月而生湯。堯時封契于商，賜姓子氏。主癸，其十二世孫也。

綱　壬申，三十有一歲，（前一八四九）王崩，子皋踐位。

帝皋

綱　癸酉，夏后皋元歲。（前一八四八）

綱　癸未，十有一歲，（前一八三八）王崩，子發踐位。

帝發

綱　甲申，夏后發元歲，（前一八三七）諸夷賓于王門。

綱　壬寅，十有九歲，（前一八一九）王崩，子癸踐位。是爲桀。

桀癸

綱　癸卯，夏后癸元歲。（前一八一八）

綱　甲子，二十有二歲，（前一七九七）公劉遷國于豳。（在今陝西邠縣東北。）

公劉遷豳

紀　后稷封邰，（在今陝西興平縣西。）別姓姬氏，至公劉遷于豳。公劉雖在戎、狄之閒，復脩后稷之業，務耕種，行地宜，（行，巡視也。）自漆、沮渡渭，（漆、沮二水，亦合稱漆沮水。漆水出陝西銅川市北大神山，西南流會沮水。沮水出陝西銅川市舊耀縣北分水嶺，東南流合漆水入渭。渭水出甘肅隴西縣西鳥鼠山，東流至陝西渭南縣入河。）取材用，行者有資，居者有畜積，民賴其慶，百姓懷之，多從而保歸焉。周道之興自此始。

有施氏獻妹喜

綱　乙亥，三十有三歲，（前一七八六）伐蒙山，國名。有施氏獻妹喜，王嬖之。

紀　桀能申鉤索鐵，負恃其力，不務德而武傷百姓。尙武勇而傷害百姓。有趙梁者，教爲無道，勸以貪狼。伐蒙山有施氏，有施氏進女妹喜，桀嬖之，所言皆聽。爲之爲瓊室、象廊、瑤臺、玉牀，行淫縱樂。爲肉山、脯林，酒池可以運舟，一鼓而牛飲者三千人，以爲戲劇。

綱　丁丑，三十有五歲，（前一七八四）商主癸薨，子履嗣位。是爲成湯。

湯始居亳

綱　商湯始居亳。（今河南商丘市。）

紀　自契封商至于成湯凡八遷，湯始居亳，從先王所居。

綱　戊寅，三十有六歲，（前一七八三）商湯元祀。商湯始用師征葛。（嬴姓國，在今河南寧陵縣北。）

綱　己卯，三十有七歲，（前一七八二）商湯遣使以幣聘伊尹于有莘。（在今山東曹縣北，一說在今陝西韓城縣東南。）

湯進伊尹于桀

綱　商湯進伊尹于夏王桀。

紀　伊尹適夏，告以堯、舜之道，桀不聽。

綱　壬午，四十歲，（前一七七九）伊尹復歸于亳。伊尹凡五適夏，告以堯、舜之道，桀終不聽。

囚湯夏臺

綱　甲申，四十有二歲，（前一七七七），商湯七祀。夏王桀囚商湯于夏臺，夏獄名。（在今河南禹縣境。）既而釋之。

紀　是時田者張網，田，獵也。四面合圍，以殄天物，於是成湯出田，命去網三面，曰：「欲左者左，欲右者右，惟不用命者乃入吾網。」漢南諸侯聞之曰：「湯仁及禽獸，而況於人乎？」

皆歸心焉。桀疾其大得諸侯和也，召之，囚於重泉夏臺，已而釋之。

終古奔商

綱　癸巳，五十有一歲，（前一七六八）太史令終古出奔商。

紀　夏桀鑿池爲夜宮，男女雜處，三旬不朝。太史令終古執其圖法泣諫，不聽；終古出奔商。

費昌歸湯

大費之裔曰費昌，見二日東出，焰西沈。問於馮夷，夷曰：「西夏東商。」費昌乃歸湯。史記秦本紀，伯翳舜時賜姓嬴氏，生子二人，次曰若木，實費氏。其裔孫曰費昌，去夏歸商，故嬴姓多顯，遂爲諸侯，秦祖始此。伯翳即伯益，秦聲以入爲去，故謂「益」爲「翳」。

殺關龍逄

綱　甲午，五十有二歲，（前一七六七）商湯十有七祀。殺諫臣關龍逄。逄音旁。

紀　關龍逄進諫曰：「人君謙恭敬信，節用愛人，故天下安而社稷宗廟固。今王侈靡嗜殺，民惟恐君之後亡矣！人心已去，天命不祐，盍少悛乎？」悛音詮，改也。不聽。龍逄立而不去，桀怒，遂殺之。

夏亡

綱　夏亡。

是時，兩日鬬，衆星殞，泰山崩，地震，伊、洛竭。（伊水出今河南盧氏縣熊耳山，東北經偃師縣南入洛水。洛水出今陝西洛南縣冢嶺山，東南流入河南境，至鞏縣入河。）

右夏十七主，計四百三十九年。

商紀

成湯

綱　乙未，商王成湯十有八祀。（前一七六六）正位而不改元。

放桀於南巢

綱　王誓師伐夏桀，放之于南巢。（在今安徽巢縣東北臥牛山北。）

紀　桀暴戾不悛，王乃誓師伐桀。伊尹相湯，費昌爲御，與桀戰于鳴條，地名。（在今山西運城縣北。）桀師敗績，大崩曰敗績。湯遂放桀于南巢。桀曰：「吾悔不遂殺湯于夏臺！」

仲虺作誥

綱　仲虺作誥以告王。奚仲爲夏車正，封於薛，至仲虺爲湯左相。誥，告也。湯之伐桀，雖順天應人，然承堯、舜、禹授受之後，於心終有所不安，故仲虺作誥以告王，非特釋湯之慙，而且以曉其臣民衆庶也。語詳商書仲虺之誥。

誕告萬方

綱　王歸自夏，誕告萬方。誕，大也。湯伐夏歸亳，諸侯率職來朝，湯作誥以與天下更始。語詳商書湯誥。

綱　三月，商王踐天子位于亳，定都，建國號曰商。改正朔，易服色，改歲曰祀。

紀　三月，湯歸於亳，踐天子位，定都焉。以建丑冬十二月爲歲首。色尚白，牲用白牡，以白爲徽號。旌旗之屬。

立禹後

綱　王至東郊，論諸侯功罪，立禹後與古聖賢有功者之後，封孤竹等國各有差。差音雌。（孤竹國，約在今河北昌黎縣至遼寧省朝陽縣一帶地。）

綱　是歲大旱。

綱　丙申，十有九祀，（前一七六五）大旱。

綱　丁酉，二十祀，（前一七六四）大旱。夏桀卒於亭山。（即今安徽和縣西北歷陽山。或謂即南巢所

鑄幣賑民　桑林禱雨　作大濩樂　作器用銘

在之巢縣臥牛山。）

綱　戊戌，二十有一祀，（前一七六三）大旱，發莊山之金鑄幣賑民。（莊山，相傳在今四川滎經縣北。）

綱　己亥，二十有二祀，（前一七六二）大旱。

綱　庚子，二十有三祀，（前一七六一）大旱。

綱　辛丑，二十有四祀，（前一七六〇）大旱。禱于桑林，以六事自責，雨。

紀　時大旱七年，湯以身禱於桑林之野，祝曰：「無以予一人之不敏傷民之命。」以六事自責曰：「政不節歟？民失職歟？宮室崇歟？女謁盛歟？婦人請託。苞苴行歟？裹曰苞，藉曰苴，以物相遺者必苞苴之。讒夫昌歟？」昌，盛也。言未已，大雨方數千里。

綱　作大濩樂。

紀　時天雨歲則大熟，天下讙洽，遂作桑林之樂名曰大濩。言救護民也。作諸器用之銘以爲警戒。如盤銘之類。

綱　祀棄爲稷。舊以炎帝子柱爲稷，因旱，故遷社，以周棄代爲稷祠。

綱　丁未，三十祀，（前一七五四）王崩，壽一百歲。嫡孫太甲踐位。成湯娶有莘氏，生子太丁，蚤卒，太丁之子曰太甲，爲世嫡孫。湯崩，伊尹奉太甲即位。

太甲

伊尹作書訓王

咎單訓伊尹事

【綱】戊申，商王太宗太甲元祀，（前一七五三）冬十有二月，伊尹祠告于先王，奉嗣王祗見厥祖，百官總己以聽冢宰。伊尹乃明言烈祖之德以訓于王。語詳商書伊訓。

【綱】王徂桐宮居憂。桐，湯墓所。（在今山西萬榮縣西。）

【紀】王不明厥德，顛覆湯之典刑。伊尹營宮于桐，俾王居憂于桐宮，乃自攝政當國以朝諸侯。

【綱】己酉，二祀，（前一七五二）王在桐宮。

【綱】庚戌，三祀，（前一七五一）冬十有二月朔，伊尹奉王歸于亳。

【紀】太甲居桐三年，自怨自艾，艾音乂。處仁遷義，伊尹乃以冕服奉太甲歸于亳。奉，迎也。喪既除，以袞冕吉服奉迎以歸也。太甲增脩厥德，諸侯咸歸，保惠庶民，不敢侮鰥寡。

【綱】伊尹既復政，將告歸，乃陳戒于王。復政，還政太甲也。告歸，告老而歸私邑也。語詳商書咸有一德。

【綱】庚辰，三十有三祀，（前一七二一）王崩，廟號太宗，子沃丁踐位。

沃丁

【綱】辛巳，商王沃丁元祀。（前一七二〇）

【綱】戊子，八祀，（前一七一三）阿衡伊尹薨，阿衡，伊尹官號。阿，倚；衡，平也。言天下之所倚平也。葬于亳。咎單訓伊尹事。咎音高。訓伊尹事，述伊尹之事以訓戒王也。伊尹卒年百有餘歲，大霧三日，沃丁葬之以天子之禮，祀以太牢，親臨喪，以報大德。

綱 己酉，二十有九祀，(前一六九二)王崩，立弟太庚。兄終弟及，自太庚始。

太庚

綱 庚戌，商王太庚元祀。(前一六九一)

綱 甲戌，二十有五祀，(前一六六七)王崩，子小甲踐位。

小甲

綱 乙亥，商王小甲元祀。(前一六六六)

綱 辛卯，十有七祀，(前一六五〇)王崩，弟雍己立。

雍己

綱 壬辰，雍己元祀，(前一六四九)商道衰，諸侯或不朝。

綱 癸卯，十有二祀，(前一六三八)王崩，弟太戊立。

太戊

脩成湯之政

綱 甲辰，商王中宗太戊元祀，(前一六三七)亳有祥。伊陟相王，伊陟，伊尹子。大脩成湯之政。

桑穀生朝

紀 太戊立，伊陟爲相。亳有祥，桑、穀共生于朝，一暮大拱。祥，災異也。桑、穀，二木名。二木合生，不恭之罰。兩手合持曰拱。太戊懼，問於伊陟。陟曰：「妖不勝德。王之政其有缺與？王其脩德。」太戊從之，大脩先王之德，三日而祥桑枯死。

綱 丙午，三祀，(前一六三五)諸侯畢朝。

紀 太戊側身脩行，明養老之禮，早朝晏退，問疾弔喪，三年而遠方重譯來朝者七十六國。(重譯，見卷一帝堯陶唐氏「越裳氏重譯來朝」注。)又有賢臣巫咸、臣扈共輔佐之，商道復興。命中衍爲車正。 中衍，伯益裔孫。

綱 戊午，七十有五祀，(前一五六三)王崩，廟號中宗，子仲丁踐位。

仲丁

綱 己未，商王仲丁元祀。(前一五六二)

綱 甲子，六祀，(前一五五七)遷都于囂。 囂音敖。是時亳都有河決之患，故遷于囂。(或作「隞」，一作「敖」，今河南滎陽縣敖山。)

綱 藍夷作寇。

綱 辛未，十有三祀，(前一五五〇)王崩，國內亂，弟外壬立。

外壬

綱 壬申，商王外壬元祀。(前一五四九)

綱 丙戌，十有五祀，(前一五三五)王崩，國內復亂，弟河亶甲立。

河亶甲

徙都于相

綱 丁亥，商王河亶甲元祀，（前一五三四）徙都于相。是時囂都有河決之患，遂遷于相。（地在今河南內黃縣東南。）商道寖衰。

綱 乙未，九祀，（前一五二六）王崩，子祖乙踐位。

祖乙

徙都于耿

綱 丙申，商王祖乙元祀，（前一五二五）圮于相，圮音痞，相都又爲河決所圮。徙都于耿。（耿城，在今山西稷山縣西南。）

徙都于邢

綱 甲辰，九祀，（前一五一七）圮于耿，耿都又爲水所圮。徙都于邢。（在今河北邢臺縣。或謂邢在今山西稷山縣。）巫賢作相，巫賢，巫咸子。商道復興，諸侯賓服。

綱 甲寅，十有九祀，（前一五〇七）王崩，子祖辛踐位。

祖辛

綱 乙卯，商王祖辛元祀。（前一五〇六）

綱 庚午，十有六祀，（前一四九一）王崩，弟沃甲立。

沃甲

綱 辛未，商王沃甲元祀。（前一四九〇）

綱 乙未，二十有五祀，（前一四六六）王崩，國亂，祖辛之子祖丁立。

祖丁

遷都于殷
作書告諭
臣民

綱 丙申，商王祖丁元祀。（前一四六五）

綱 丁卯，三十有二祀，（前一四三四）王崩，國亂，沃甲之子南庚立。

南庚

綱 戊辰，商王南庚元祀。（前一四三三）

綱 壬辰，二十有五祀，（前一四〇九）王崩，國亂，祖丁之子陽甲立。

陽甲

綱 癸巳，商王陽甲元祀，（前一四〇八）商道復衰，諸侯莫朝。

綱 己亥，七祀，（前一四〇二）王崩，弟盤庚立。

盤庚

綱 庚子，殷王盤庚元祀，（前一四〇一）遷都于殷，（即西亳，在今河南偃師縣西。）改國號曰殷。

紀 時商道寖衰，乃謀遷都于殷。臣民皆安土重遷，安於故土而不肯遷。盤庚作書以告諭臣民，商書盤庚上、中、下三篇。諭以遷都之利，不遷之害。遂歸于亳。改商曰殷。盤庚行湯之政，商道復興。

綱 丁卯，二十有八祀，（前一三七四）王崩，弟小辛立。

小辛

綱 戊辰，殷王小辛元祀，（前一三七三）殷道復衰。

古公遷岐

說命三篇

綱　戊子，二十有一祀，（前一三五三）王崩，弟小乙立。

小乙

綱　己丑，殷王小乙元祀。（前一三五二）

綱　甲寅，二十有六祀，（前一三二七）古公亶父自豳遷于岐，（豳，在今陝西邠縣東北。岐，在今陝西鳳翔縣東北。）改國號曰周。

綱　丙辰，二十有八祀，（前一三二五）王崩，子武丁踐位。

武丁

綱　丁巳，殷王高宗武丁元祀，（前一三二四）王宅憂，宅，居也。甘盤爲相。

紀　武丁居喪，弗言。以甘盤爲相，百官總己以聽。武丁免喪，甘盤復政告老。

綱　己未，三祀，（前一三二二）免喪，弗言。得傅說，說音悅。爰立作相，總百官。資學于說。

紀　武丁既免喪，猶弗言，恭默思道。夢上帝賚以良弼，賚，予也。乃使人以形旁求於天下。形，圖其形象。旁求，求非一方。說爲胥靡，築于傅巖，（在今山西平陸縣東。）胥靡，聯繫相從服役，囚徒之名。傅巖常有澗水壞道，使胥靡築之。說賢而隱，代築以供食。求得之，命以爲相，以總百官。又置諸左右，朝夕納誨，以受學焉。說乃陳說命三篇，說命，尚書篇名。上篇記得說命相之辭，中篇記說爲相進戒之辭，下篇記說論學之辭。用訓于王。

綱　壬戌，六祀，（前一三一九）重譯來朝者六國。

祖己訓王

紀 武丁祭成湯，當依商書作「祭禰廟」。有飛雉升鼎耳而雊。雊音姤，雉鳴也。祖己訓諸王，語詳商書高宗肜日。武丁內反諸己以思王道，蠻夷重譯來朝者六國，自是章服多用翟羽。山雉曰翟，尾長，五色皆備。

伐鬼方

綱 戊子，三十有二祀，(前一二九三)伐鬼方。北胡種落不一，歷代名稱各異，夏曰獯鬻，殷曰鬼方，周曰玁狁，秦、漢曰匈奴，唐曰突厥，宋曰契丹。(鬼方，傳說不一。王國維觀堂集林謂與玁狁、匈奴等皆同種，其地當在汧、隴之間，即今甘肅、陝西兩省邊界上。)

紀 鬼方無道，武丁伐之，三年乃克，自是內外無患，而殷道復興。

綱 丁酉，四十有一祀，(前一二八四)周古公亶父生子季歷。

綱 乙卯，五十有九祀，(前一二六六)王崩，廟號高宗，子祖庚踐位。

祖庚

綱 丙辰，殷王祖庚元祀。(前一二六五)

綱 壬戌，七祀，(前一二五九)王崩，弟祖甲立。

祖甲

綱 癸亥，殷王祖甲元祀。(前一二五八)

昌生

綱 庚寅，二十有八祀，(前一二三一)周世子季歷生子昌。

紀 古公之妃太姜生少子季歷，季歷娶太任，皆賢婦人。太任生子昌，有聖瑞，古公曰：「我後世當有興者，其在昌乎？」

綱　周古公亶父薨，少子季歷嗣立。

紀　古公三子：長曰太伯；次曰仲雍，一名虞仲；少曰季歷。太伯、虞仲知古公欲立季歷以傳昌。古公病，二人託名採藥，遂之荆蠻，（此爲太伯所居城，在今江蘇常熟市東北。）國民君事之，號爲句吳。

綱　乙未，三十有三祀，（前一二三六）王崩，子廩辛踐位。

廩辛

綱　丙申，殷王廩辛元祀。（前一二三五）

綱　辛丑，六祀，（前一二三〇）王崩，弟庚丁立。

庚丁

綱　壬寅，殷王庚丁元祀。（前一二二九）

綱　壬戌，二十有一祀，（前一一九九）王崩，子武乙踐位。

武乙

遷都于河北

綱　癸亥，殷王武乙元祀，（前一一九八）遷都于河北。（武乙都，即今河南汲縣。）

綱　丙寅，四祀，（前一一九五）王出畋，崩于河、渭之閒，子太丁踐位。

紀　武乙無道，爲偶人，土木人。謂之天神；與之博，令人爲行。天神不勝，乃僇辱之。

武乙爲暴雷震死

命周公爲侯伯

爲革囊，盛血，仰射之，命曰「射天」。畋獵于河、渭之閒，爲暴雷震死。

太丁

【綱】丁卯，殷王太丁元祀，（前一一九四）周公季歷伐燕京之戎。

【綱】己巳，三祀，（前一一九二）王崩，子帝乙踐位。

帝乙

【綱】庚午，殷王帝乙元祀，（前一一九一）命周公季歷爲牧師。

【紀】周公季歷伐始呼、翳徒之戎，二戎名。王賜之圭瓚秬鬯，爲侯伯。瓚，宗廟祼器。圭瓚，以大圭爲瓚之柄。秬，黑黍；鬯，香草，合釀酒以降神者，皆諸侯用之也。

【綱】丙子，七祀，（前一一八五）周公季歷薨，壽百歲。世子昌嗣立。是爲文王。

【綱】丁丑，八祀，（前一一八四）周西伯昌元年。

【綱】辛巳，十有二祀，（前一一八〇）周西伯治岐，（卽岐周，周初國於岐山，卽以岐或岐周爲周代稱。）發政施仁。見孟子。

【紀】西伯行於野，見枯骨，命瘞之。瘞音意，埋也。吏曰：「此無主矣。」西伯曰：「有天下者天下之主，有一國者一國之主。吾卽其主。」遂葬之。天下聞之曰：「西伯澤及枯骨，況於人乎！」西伯篤仁、敬老、慈少，禮下賢者，日中不暇食以待士，士以此歸之。太顛、閎夭、散宜生、鬻子、名熊。辛甲，事紂，七十五諫而不聽，去至周。皆往歸焉。

綱　鳳凰鳴于岐山。（在今陝西鳳翔縣東北。）

綱　甲申，十有五祀，（前一一七七）岐周地震。（岐周即岐，見上「周西伯治岐」注。）

紀　西伯寢疾，五日而地震，東西南北不出郊圻。西伯曰：「天之見妖以罰有罪，率德改行，其可免乎？」未幾疾愈。

綱　壬辰，二十有三祀，（前一一六九）西伯昌十有六年。周西伯昌生子發。

紀　初昌爲世子，娶于有莘氏，曰太姒。太姒不妒忌，生十子，長曰伯邑考，蚤卒；次曰發，性慈和，有聖德，西伯以爲世子；次曰旦，旦師于虢叔，仁聖多材藝，西伯任以政事。

綱　癸巳，二十有四祀，（前一一六八）命西伯昌距昆夷，備玁狁。（見上武丁三十二年「鬼方無道」注。）

綱　丙午，三十有七祀，（前一一五五）王崩，子辛踐位。是爲紂。

紀　帝乙妾生微子，又生仲衍，已而爲后，生辛。帝乙及后以微子賢，欲立為太子。太史據法爭曰：「有妻之子，不可立妾之子。」乃立紂爲後。

紂辛

綱　丁未，殷王紂辛元祀，（前一一五四）王拒諫、崇侈、嗜酒色。

紀　紂資辯捷疾，聞見甚敏；材力過人，手格猛獸；格，擊也。智足以拒諫，言足以飾非；矜人臣以能，高天下以聲，以爲皆出己之下。

岐周地震

發生

箕子歎象箸

紂性汰侈，好酒色，始爲象箸，箕子歎曰：「今爲象箸，必爲玉杯。玉杯、象箸，必將食熊蹯、蹯音煩。獸掌曰蹯。豹胎，他又將稱是。王求足欲，天下殆哉！」

綱 甲寅，八祀，（前一一四七）伐有蘇氏，獲妲己，嬖之。縱淫樂，重刑辟，百姓顫怨。

靡靡之樂

鹿臺之財　鉅橋之粟

紀 紂伐有蘇氏，有蘇氏以妲己女焉。妲己有寵，其言是從，所好者貴之，所惡者誅之。於是使師涓作朝歌北鄙之音，涓亦作延。朝歌，紂都。（即殷墟，在今河南汲縣東北朝歌鎮。）北里之舞，靡靡之樂。靡靡，相順從之意。造鹿臺，（在今河南汲縣東北朝歌鎮附近。）爲瓊室玉門，臺廣三里，高千尺，七年乃成。厚賦歛以實鹿臺之財，盈鉅橋之粟。鉅橋，倉名。（在今河南汲縣北朝歌鎮。一說在今河北曲周縣東北。）益收狗馬、奇物，充牣宮室。充牣，滿也。益廣沙丘苑臺。南距朝歌，北距邯鄲，皆爲離宮別館。（沙丘在今河北鉅鹿縣東南。）大聚樂戲於沙丘，以酒爲池，懸肉爲林，男女裸相逐其閒，宮中九市，爲長夜之飲。諸侯有叛者，妲己以爲罰輕誅薄，故威不立。乃重爲刑辟，爲熨斗以火燒熱，使人舉之，手爛。更爲銅柱，以膏塗之，加於炭火之上，使有罪者緣之，循柱而過。足滑墜火中，與妲己觀之，大樂，名曰炮烙之刑。天下顫怨。顫，四肢寒掉也。

炮烙之刑

綱 丁巳，十有一祀，（前一一四四）醢九侯。醢音海。鄂侯諫，脯之。囚西伯于羑里。羑音有。羑里，殷獄名。（在今河南湯陰縣北。）

剖胎斮脛

紀 紂以西伯昌、九侯、鄂侯爲三公。太師、太傅、太保。九侯有女入之紂，女不喜淫，紂怒殺之，而醢九侯。鄂侯爭之強，辯之疾，幷脯鄂侯。又剖孕婦視其胎，斮朝涉之脛，視其髓。

斮，斬也。紂冬月見早旦涉水者，謂其足脛耐寒，斮而視其髓。西伯聞之竊歎；崇侯虎知之以告紂，紂乃囚西伯於羑里。

文王演易

綱　戊午，十有二祀，（前一一四三）周西伯演易於羑里。演易之六十四卦，各爲彖。

西伯請除炮烙之刑

西伯得專征伐

綱　己未，十有三祀，（前一一四二）釋西伯。西伯因獻洛西之地，請除炮烙之刑，從之。遂賜西伯弓矢鈇鉞，使得專征伐。

紀　西伯之臣散宜生、閎夭之徒患之，乃求有莘氏美女、驪戎之文馬、有熊之九駟及奇怪之物，因殷嬖臣費仲而獻之。紂大悅曰：「此一物足以釋西伯，況其多乎！」一物，指美女。乃赦西伯。西伯因獻洛西之地，請除炮烙之刑。紂大喜，許之，賜之弓矢鈇鉞，使專征伐。

虞芮質成

綱　庚申，十有四祀，（前一一四一）虞、芮質成于周。（虞、芮，二國名。虞，在今山西平陸縣東北。芮，在今山西芮城縣西。）

紀　虞、芮之君相與爭田，久而不平，乃相與朝周。入其境，耕者讓畔，畔，田界也。行者讓路。入其邑，男女異路，班白者不提挈。入其廟，士讓爲大夫，大夫讓爲卿。二國之君感而相謂曰：「我等小人，不可以履君子之庭！」乃相讓，以其所爭之田爲閑田而退。天下聞之而歸者，四十餘國。

文王得呂尙

綱　辛酉，十有五祀，（前一一四〇）周西伯得呂尙，立爲師。

紀　呂尙者，其先祖嘗爲四岳，（見卷一帝堯陶唐氏六十一年「咨四岳」注。）佐禹平水土，虞、夏之

文王徙都豐
文王立靈臺
文王薨
西伯東觀兵

際封於呂，姓姜氏，尙其苗裔也。西伯將出獵，卜之曰：「非龍，非彲，非熊，非羆，非虎，非貔，彲，瑞獸。熊，似豕。羆，似熊。貔，猛獸。所獲霸王之輔。」果遇呂尙於渭水之陽，（水北曰陽，此云「渭水之陽」，當在渭水北岸；或謂呂尙垂釣以干文王，在凡谷茲泉，在今陝西鳳翔縣東南，乃渭水之陽。）與語，大悅。曰：「自吾先公太公曰：『當有聖人適周，周因以興。』子眞是耶！吾太公望子久矣！」故號之曰「太公望」，載與俱歸，立爲師，謂之「師尙父」。

綱 乙丑，十有九祀，（前一一三六）西伯伐崇，（在今陝西鄠縣東。）因作豐邑，（在今陝西鄠縣豐水西。）徙都之。詩大雅：「既伐于崇，作邑于豐。」

綱 周西伯立靈臺。文王之爲臺，所以候日景，占星象，望雲物，故謂之「靈臺」。

綱 丙寅，二十祀，（前一一三五）周西伯昌薨。在位五十年，壽九十七歲。世子發嗣。是爲武王。

紀 西伯寢疾，謂世子曰：「見善勿怠，時至勿疑，去非勿處：此三者，道之所以止也。」世子再拜受教。西伯薨，葬于畢。（即畢原，在今陝西西安市南。）

綱 丁卯，二十有一祀，（前一一三四）周西伯發元年。

綱 癸酉，二十有七祀，（前一一二八）周西伯發生元子誦。

紀 西伯納呂尙之女曰邑姜，邑姜賢，立未嘗倚，坐未嘗倨，怒未嘗厲，是年生子誦。

綱 丁丑，三十有一祀，（前一一二四）周西伯東觀兵，觀，示也，謂示兵威。戡黎。戡，勝也。黎，國名。（西伯戡黎之所，在今山西長治市西南黎侯嶺下。）

紀　西伯上祭于畢。東觀兵于盟津。（亦作「孟津」，在今河南孟縣南。）書泰誓言武王觀政于商，未有觀兵于商之事。渡河中流，河即盟津也。白魚躍入王舟中，魚，介鱗之物，兵象也。白者殷家所尚色，乃殷命歸周之兆也。王俯取以祭。既渡，有火自上復於下，至於王屋，王所居屋。流爲烏，其色赤，其聲魄。流，變化之意。赤，周所尚色。魄，安定之意。烏爲孝烏，武王卒父大業，故烏瑞臻。是時諸侯皆畔殷歸周，不期而會盟津者八百。皆曰：「紂可伐矣！」王曰：「汝未知天命，未可也。」乃引師還。

西伯戡黎

黎爲不道，西伯舉兵伐之。既戡黎，前編曰：「西伯戡黎，武王也，傳、註皆以爲文王，失之矣。」祖伊恐，祖伊，祖己之後。奔告于王。祖伊知周德日盛，勢必及殷，故恐懼奔告于王，庶幾王之改之也。王曰：「我生不有命在天！」弗聽。

綱　戊寅，三十有二祀，（前一一二三）西伯發十有二年。微子諫，不聽，去之。箕子諫，被囚，因佯狂爲奴。比干固爭，死之。

殺梅伯

紀　紂有賢臣梅伯，性忠直，數諫諍；數音朔。紂怒，殺而醢之。醢音海。有雷開者，阿佞進諛言；紂賜金玉而封之，賞以夏田。

拒微子箕子諫

微子數諫不聽，遂去。箕子諫，亦不聽。人或曰：「可以去矣！」箕子曰：「爲人臣諫不聽而去，是彰君之惡而自說於民，吾不忍爲也！」乃被髮佯狂而爲奴，遂隱而鼓琴以自悲，傳之曰箕子操。

殺比干

比干極諫，陳先王艱難，天命不易，國家將亡之明徵，請王洗心易行；伏于象魏之門。（象魏，見卷五周顯王十九年「衞鞅築冀闕宮廷」注。）紂大怒曰：「比干自以爲聖人，吾聞聖人之心有七竅。」遂剖視之。

商亡　武王伐商　紂自燔死　封墓表閭　發粟散財

綱 商亡。

右商二十八主，計六百四十四年。

周紀

武王 諡法：「克定禍亂曰武。」

綱 己卯，周武王十有三年，（前一一二二）冬一月癸巳，周王發帥師會諸侯伐商，告于皇天后土、所過名山大川。

紀 王聞紂暴虐滋甚，殺王子比干，囚箕子，微子抱其祭器奔周，於是徧告諸侯曰：「殷有重罪，不可以不伐！」遂東伐紂。

綱 春正月，周王大會諸侯于孟津，誓師伐商。二月癸亥，周王陳師于商郊。甲子，商受帥其旅會戰于牧野。（在今河南汲縣北朝歌鎮。）

綱 商師潰，受反奔鹿臺自燔死。王即位，國號周，復商舊政。

紀 紂聞武王來，亦發兵七十萬人拒武王。武王使師尚父與百夫致師，古者將戰，先使勇力之士犯敵，謂之致師。以大卒馳紂師。紂師雖衆，皆無戰心，倒兵以戰，反自攻其後。以開武王。武王馳之，紂兵皆崩畔。同叛。紂反走，登鹿臺之上，衣珠玉，自燔而死。武王斬妲己。於是封比干之墓，聚土曰封。表商容之閭，商容，殷賢人，爲紂所貶。發鉅橋之粟，散鹿臺之財，歸傾宮之女。殷人咸喜曰：「王之於仁人也，死者封其墓，況於生者乎？王之於賢人也，亡者表其閭，況於在者乎？王之於財也，聚者散之，況於復籍乎？籍，稅也。王之於色也，在者歸其父母，況於復徵乎？」徵，召也。

封紂子武庚

綱　封紂子武庚爲殷侯，使管叔、蔡叔、霍叔監殷。

綱　夏四月，王來自商，諸侯受命于周。

紀　諸侯尊王爲天子，王始改正朔，夏以建寅月爲正，平旦爲朔。殷以建丑月爲正，雞鳴爲朔。周以建子月爲正，夜半爲朔。以建子月爲歲首，改祀曰年。色尙赤，服以冕。

歸馬放牛

歸馬華山之陽，（華山在今陝西渭南縣東南，亦名太華山。）放牛桃林之野，（今黃河及渭水南岸河南靈寶縣閿底鎮以西，至陝西渭南縣一帶皆其地。）倒載干戈，包之虎皮，車甲衅而藏之府庫，示天下不復用。

封建諸侯

綱　大封建諸侯于天下。

紀　王追思元聖，封神農之後於焦，（在今河南陝縣南。）黃帝之後於祝，（即祝其，在今江蘇贛榆縣南。）帝堯之後於薊，（在今北京市德勝門外。）帝舜之後於陳，（今河南淮陽縣。）大禹之後於杞。（即雍丘，今河南杞縣。）於是封功臣謀士，而師尙父爲首，封於營丘，（在今山東昌樂縣東南。）曰齊；封周公於曲阜，（今山東曲阜縣東泗水南岸舊曲阜縣。）曰魯；召公奭於北燕，（北燕即薊，與薊爲一地。）畢公高於畢，（今陝西咸陽市，即渭北畢原。）叔鮮於管，（今河南鄭州市。）叔度於蔡，（今河南上蔡縣。）叔振鐸於曹，（今山東菏澤縣。）叔武於郕，（在今山東寧陽縣北。）叔處於霍，（在今山西洪洞縣北。）康叔封於衞。（今河南汲縣。）兄弟之國十有五人，同姓者四十餘人。班賜宗彝，宗彝，酒尊，盛鬱鬯者，有三品：上曰彝，中曰卣，下曰罍。分殷之器物於諸侯。

定謚法

綱 祀于周廟，追王太王、王季、文王，因定謚法。謚音示。

紀 祀于太廟，始定祀先之禮。諱名立謚，謚者，誄行立號以易名也。賤不誄貴，誄音磊，累也，累列生平實行，若今之行狀，誄之將以作謚。幼不誄長，惟天子稱天以誄之，天子至尊無二，故讀誄制謚於南郊，若云受之於天耳。諸侯不得相誄。追王古公亶父曰太王，季歷曰王季，文考曰文王。

告武成

綱 柴于上帝，燔柴以祭。望于山川，望而祭之。大告武成。周書有武成篇。

尚父陳丹書

綱 王受丹書之戒，爲銘以自警。

紀 王踐阼三月，踐阼，即位也。召士大夫而問焉，曰：「惡有藏之約，行之博，萬世可以爲子孫恒者乎？」師尚父對曰：「在丹書，尚書帝命驗云：「季秋之月，甲子，赤爵銜丹書入于酆，止于昌舍。」有之曰：『敬勝怠者吉，怠勝敬者滅，義勝欲者從，欲勝義者凶。』凡事不強則枉，弗敬則不正；枉者滅廢，敬者萬世。藏之約，行之博，可以爲子孫恒者，此言之謂也。」

聞言書銘

王聞書之言，惕然恐懼，退而爲戒，書於席之四端及几、鑑、盥盤、楹、杖、帶、履屨、觴豆、戶牖、劍、弓、矛，盥音管，牖音有。各爲銘焉。警戒之辭曰銘。

箕子陳洪範

綱 王訪道于箕子，箕子陳洪範。（洪範，周書篇名，詳卷一帝舜有虞氏三十二載「帝命禹敘洪範九疇」注。）漢志曰：「禹治洪水，錫洛書，法而陳之，洪範是也。」史謂武王克殷，訪問箕子以天道，箕子以洪範陳之。蓋洪範發之於禹，箕子推衍增益以成篇歟？

紀 王克殷，釋箕子之囚，訪問以天道，箕子以洪範陳之，乃封於朝鮮而不臣。

夷齊隱於首陽

綱 殷故臣伯夷、叔齊去周，隱於首陽山，（即雷首山，又名歷山，在今山西芮城縣西北。）不食而死。

叩馬以諫

紀 伯夷、叔齊，孤竹君之二子也。（孤竹，見上成湯十八祀「封孤竹等國各有差」注。）父欲立叔齊；及父卒，叔齊遜伯夷。伯夷曰：「父命也。」遂逃去。叔齊亦不肯立而逃之，國人立其中子。及武王伐紂，夷、齊乃相與叩馬陳君臣以諫。牽馬曰叩。左右欲兵之，太公曰：「此義人也！」扶而去之。武王已平殷亂，天下宗周，而夷、齊恥之，隱於首陽山，義不食周粟，採薇而食之。薇，山菜，蕨也。及餓且死，作歌曰：「登彼西山兮，采其薇矣，以暴易暴兮，以暴臣易暴君。不知其非矣。神農、虞、夏忽焉沒兮，我安適歸矣？適音的，從也。吁嗟徂兮，命之衰矣！」遂餓死於首陽山。古史考曰：「夷、齊采薇，野有婦人曰：『子義不食周粟，此亦周之草木也。』於是餓死。」

立徹法

綱 立徹法。

遷都于鎬

綱 遷都于鎬。鎬音豪。（在今陝西西安市西南，即宗周，又名西都。）周家自后稷居邰，公劉居豳，太王邑岐，文王遷于豐，至武王遷于鎬。

建學養老作大武樂

綱 建學養老。作大武樂。

綱 肅慎氏來貢。肅慎氏，東北夷。（居今黑龍江寧安縣以北，至混同江南岸等地。）

紀 時九夷、八蠻，各以方物來貢。肅慎氏貢楛矢、楛音戶，木名，可爲矢。石砮，砮音奴，石，可爲矢鏃。其長尺有咫。八寸曰咫。王欲昭令德之致遠，銘其括曰「肅愼氏之貢矢。」箭受弦處曰括。

召公作旅獒

綱 庚辰，十有四年，（前一一二二）西旅獻獒，西旅，西夷。犬高四尺曰獒。召公奭作書戒王。

紀 西旅底貢厥獒，召公以獒非常貢，易啓人主異好，不可以示諸侯，乃作書名曰旅獒，用訓于王。

綱 王有疾，周公旦祝告三后，求以身代王。

紀 武王有疾，周公以王室未安，殷民未服，根本易搖，故請命太王、王季、文王，欲以身代王死。史錄其册祝之文，史，史官。藏於金縢之匱。周書有金縢篇。金縢，以金緘之也。匱，藏祝册之匱也。王翼日乃瘳。翼日，公歸之明日。瘳音抽，愈也。

綱 辛巳，十有五年，（前一一二〇）春，巡狩方岳，祀百神，朝諸侯。

綱 壬午，十有六年，（前一一一九）夏，箕子來朝。

麥秀歌

紀 箕子朝周，過故殷墟，傷宮室毁圮，圮音痞。禾黍生焉，欲哭不可，欲泣則爲近婦人，故作麥秀之歌曰：「麥秀漸漸兮，漸漸，麥芒之狀。禾黍油油兮，油油，光悅之貌。彼狡童兮，狡童，指紂。不與我好兮！」殷之遺民聞之，莫不流涕。

綱 乙酉，十有九年，（前一一一六）冬十有二月，王崩，在位七年，壽九十三歲。世子誦踐位。周公旦位冢宰，正百工。

綱鑑易知錄卷三

周紀

成王

名誦，武王之子。年十三嗣位，在位三十七年。謚法：「安民立政曰成。」

綱　丙戌，周成王元年，（前一一一五）魯公禽父元年。周公旦相王，踐阼而治。

紀　成王幼，不能涖阼，周公攝政，踐阼而治，南面負扆，負，背也。扆，畫斧屏風。高八尺，東西當戶牖之閒，以絳爲質，畫爲斧文，天子南嚮而立於其中。以朝諸侯。

抗世子法於伯禽，抗，舉也，舉爲世子之法以教伯禽，使成王有所觀感。欲令成王之知父子、君臣、長幼之道也。成王有過，則撻伯禽，所以示成王世子之道也。

綱　周公旦作誥以告召公奭。

紀　時召公爲三公，自陝以西召公主之，（陝，即今河南陝縣。）自陝以東周公主之。成王既幼，周公攝政，當國。召公疑之，周公作君奭，周書篇名。君者尊之之稱；奭，召公名也。於是召公乃說。史記（燕召公世家）謂召公疑周公攝政當國，周公作君奭。按書君奭之篇，乃召公告老而去，周公留之耳。

綱　夏六月，葬武王于畢。（地在今陝西西安市南。）

綱　王冠。

周公負扆以朝諸侯

抗世子法於伯禽

周公作誥告召公

王冠

周公戒伯禽

周公居東繫易爻辭

周公作詩貽王

王迎周公于東

紀　既葬武王，冠成王，而朝于祖以見諸侯。周公命祝雍作頌，祝雍，祝史名雍。曰：「祝王辭達而已，勿多也。」祝雍辭曰：「使王近於民，遠於佞，嗇於時，嗇，愛也。惠於財，親賢而任能。」其頌曰：「令月吉日，令，善也。王始加元服，冠也。去王幼志服袞職。欽若昊天，欽，敬也。若，順也。六合是式，六合，天地四方。式，法也。率爾祖考，永永無極！」

綱　命周公元子伯禽代就封於魯。

紀　伯禽就封於魯，周公謂伯禽曰：「我文王之子，武王之弟，今王之叔父，吾於天下不賤矣。然我一沐三握髮，一飯三吐哺，哺音步。食在口曰哺。起以待士，猶恐失天下之賢人。子之魯，愼無以國驕人！」

綱　管叔及蔡叔、霍叔流言，周公居東。

紀　管叔及其羣弟流言於國曰：流言，浮浪不根之言。「公將不利于孺子！」指成王。王疑周公，周公乃避位居東，居國之東也。取易之三百八十四爻，各繫以辭。

綱　丁亥，二年，(前一一一四)王聽政。周公居東，罪人斯得。方流言之起，成王未知罪人爲誰。二年之後，王始知流言之爲管、蔡。斯得者，遲之之辭也，是時成王之疑十已去其四五矣。

綱　戊子，三年，(前一一一三)周公居東，作詩以貽王，名之曰鴟鴞。鴟鴞，詩豳風篇名。鴟鴞，惡鳥，以其破巢取卵，比武庚之害管、蔡而欲毀王室也。

綱　秋，大雷風。王迎周公于東，出郊，雨，反風。

紀　秋，大熟，未穫，刈禾曰穫。天大雷電以風，禾盡偃，大木斯拔。王大恐，與大夫盡弁，弁音便，冠也。以啓金縢之匱，見周公請代武王之事，執書以泣。乃出郊迎周公，天乃雨，反風，禾盡起，歲則大熟。

管叔與武庚叛

綱　管叔及蔡叔、霍叔與武庚叛，奄、淮夷、徐戎皆叛。

紀　成王既迎周公歸，三叔懼，遂與武庚及淮夷等叛。

周公東征作大誥

綱　命周公東征，周公作大誥于天下。周書有大誥篇。

伐淮夷徐戎

綱　魯侯伯禽帥師伐淮夷、徐戎。

綱　討武庚誅之，封微子啓於宋，（在今河南商丘市西南。）以紹殷後。

綱　致辟管叔于商，致辟，誅戮之也。囚蔡叔于郭鄰，中國之外地名。降霍叔于庶人。遂定奄及淮夷，東土以寧。

周公凱還作詩

綱　周公東征凱還，還，旋也。作詩以勞士卒。語詳詩豳風東山篇。

綱　己丑，四年，（前一一一二）王免喪，朝先王廟，延訪于羣臣。

周公歸政

綱　周公歸政於王，王中立聽政，而四聖維之。周公常立於前，導天子以道；太公常立于左，輔天子之意；召公常立於右，拂天子之過；拂同弼。史佚常立於後，承天子之遺忘：是以慮無失計而舉無過事。

周公制禮樂

綱　辛卯，六年，（前一一一〇）董正百官，制禮樂。

越裳獻白雉

都東都

營成周

紀　周公相成王，六卿制禮、作樂、頒量，六卿，冢宰、司徒、宗伯、司馬、司寇、司空。天下大治。

綱　越裳氏來朝。

紀　交趾南有越裳氏，（交趾，在今越南民主共和國。周初交趾，或謂在五嶺以南一帶。）重三譯而來獻白雉。周公曰：「德澤不加，君子不饗其贄。政令不施，君子不臣其人。」譯曰：「吾國之黃耇曰：黃，老人髮白復黃也。耇音苟，老人面凍梨色如浮垢也。『天無烈風淫雨，海不揚波，三年矣，意中國有聖人乎？』於是來朝。」周公致薦於宗廟。使者迷其歸路，周公錫以軿車五乘，軿車，四面有屏蔽。皆爲指南之制，使者載之，由扶南、林邑海際，扶南、林邑，南蠻二國。期年而至其國，故指南車常爲先導，示服遠人以正四方。

綱　壬辰，七年，（前一一〇九）春二月，王命太保召公相宅。三月，周公至洛，興工營築。王至新邑，命周公留後治洛。

紀　初，武王作邑於鎬京，（在今陝西西安市西南。）謂之宗周，以王業所由起。是爲西都。將營成周，謂王業所由成。居於洛邑，（即今河南洛陽市。）而未果。至是王欲如武王之志，定鼎於郟鄏，鼎，禹所鑄九鼎。（郟鄏，東周王城，在今河南洛陽市西。）卜曰：「傳世三十，歷年七百。」其後傳世三十七，歷年八百餘，故曰「周過其曆」。二月，使召公先相宅。召公先周公行相視洛邑。三月，周公至洛，興工營築，謂之王城，是爲東都。曰：「此天下之中，四方入貢道里均也。」周公又營成周。王至洛邑，遷殷頑民於成周，留周公治洛，王復還歸西都。王居西都，而朝會諸侯於東都。

建明堂

綱　設南郊，建明堂，立大社。逸周書（作雒解）曰：「設丘兆于南郊，以祀上帝，配后稷、日、月、星、辰、先王皆與食。又宗祀文王於明堂，以配上帝。諸侯受命於周，乃建大社于國中，其壝東青土，南赤土，西白土，北驪土，中央黄土。將建諸侯，鑿取其方一面之土，苞以黄土，苴以白茅，以爲土封，故曰『受削土于周』。」

周公分正東都

綱　癸巳，八年，（前一一〇八）周公分正東都。

綱　王命蔡仲復封之蔡。

紀　蔡仲，蔡叔之子也。叔沒，周公以仲賢，命諸成王，復封之蔡。

桐葉封弟

綱　甲午，九年，（前一一〇七）封弟叔虞爲唐侯。（叔虞所封之唐，當在今山西翼城縣南。）

紀　王與叔虞戲，削桐葉爲珪以與叔虞曰：「以此封若。」汝也。史佚因請擇日立叔虞。王曰：「吾與之戲耳。」史佚曰：「天子無戲言，言則史書之，禮成之，樂歌之。」於是遂封叔虞於唐，故曰唐叔虞。

周公作無逸

綱　丙申，十有一年，（前一一〇五）周公在豐，（邑名，在今陝西鄠縣豐水西。）作無逸以戒王。周書有無逸篇。周公懼成王知逸而不知無逸也，故作是書以訓之。

綱　周公薨于豐，葬周文公于畢。（在今陝西西安市南。）

紀　周公在豐，前編曰：「按周公治洛或此時，獨以朝覲在豐耳。」病將殁，曰：「必葬我成周，以明吾不敢離王。」周公既卒，成王亦讓，葬周公於畢，從文王，以明其不敢臣周公也。成王以周公有勳勞於天下，賜魯公世世祀周公以天子之禮樂。是以季夏六月，以禘禮祀周公於太廟，以文王爲所出之帝，而周公配之。

君陳分正東郊

綱 命君陳分正東郊成周。

紀 周公既沒，命君陳分正東郊成周。語詳周書君陳篇。

綱 丁酉，十有二年，（前一一〇四）巡狩，朝諸侯于方嶽，因行黜陟之典。

作九府圜法

綱 戊戌，十有三年，（前一一〇三）作九府圜法。九府：大府、王府、內府、外府、泉府、天府、職內、職金、職幣。圜法，錢也。

紀 初，唐、虞、夏、商之世，幣金有三品，至是太公望乃立九府圜法。錢圓函方，輕重以銖，銖音殊，二十四分兩之一。通九府之用。布帛廣二尺二寸爲幅，長四丈爲匹。

顧命

綱 壬戌，三十有七年，（前一〇七九）夏四月，王命太保奭及羣臣受顧命。顧命，周書篇名。成王將崩，命羣臣立康王，史序其事爲篇，謂之顧命。顧命者，臨死回顧而發命也。

綱 王崩，太子釗卽位。

康王

名釗，成王之子，在位二十六年。諡法：「溫柔好樂曰康。」

作康誥

綱 癸亥，周康王元年，（前一〇七八）徧告諸侯朝於酆宮。（酆同豐，注見上。）

紀 諸侯來朝，王作康誥徧告之，周書康王之誥。宣示文、武之功業，乃朝見諸侯於酆宮，由是諸侯率服。

畢公保釐東郊

綱 甲戌，十有二年，（前一〇六六）夏六月，命畢公保釐東郊。保，安也。釐音離，理也。

綱　戊子，二十有六年，（前一〇五三）太保召公奭薨。謚曰康公。

紀　初，召公治西方，甚得民和。有司請召民，召民至庭聽斷。召公曰：「不勞一身而勞百姓，非吾先君文王之志也。」乃巡行鄉邑，聽斷於棠樹之下。至是卒，人思其政，不忍伐棠樹，作甘棠之詩歌詠之。甘棠，詩國風篇名。

甘棠之詩

綱　王崩，子瑕踐位。

紀　成、康之際，天下安寧，刑錯四十年不用。錯，置也。

昭王名瑕，康王之子，在位五十一年。謚法：「儀容恭美曰昭。」

綱　己丑，周昭王元年。（前一〇五二）

綱　壬寅，十有四年，（前一〇三九）魯侯弟濆，濆音沸。弑其君幽公而自立。是爲魏公。前編曰：「按弑君爭國之禍自是始，而昭王不能討，失政甚矣。」

綱　己卯，五十有一年，（前一〇〇二）有光五色貫紫微。星名，天帝室，太乙之精。井水溢。王巡狩至漢，（漢水出今陝西寧強縣嶓冢山，東流入湖北，至武漢市入長江。）崩，子滿踐位。

紀　時周道漸衰，王南巡狩，反濟漢，漢濱之人以膠船進王，以膠黏成船也。至中流，膠液船解，液，流也。王及祭公皆溺死。祭音蔡，畿內國，周公之後，爲王卿士。（祭國，在今河南鄭州市東北。）

膠舟溺王

穆王名滿，昭王之子，在位五十五年。謚法：「布德執義曰穆。」

綱　庚辰，周穆王元年。（前一〇〇一）

君牙冏命　穆王西征　伐徐克之　造父封趙　謀父諫征犬戎

綱　壬午，三年，（前九九九）命君牙爲大司徒，伯冏爲太僕正。周書有君牙、冏命二篇，蓋命君牙爲大司徒，伯冏爲太僕正之誥命也。太僕，僕御侍從之官；正，其長也。

綱　丙申，十有七年，（前九八五）王西征。徐戎作亂，（古徐國，在今安徽泗縣北。）王歸征徐戎，克之。

紀　有造父者，造父，蜚廉六世孫。以善御幸於王，得八駿馬，列子，八駿：驊騮、綠耳、赤驥、白義、渠黃、踰輪、盜驪、山子。西巡狩，樂而忘反。

徐子，嬴姓，地方五百里。行仁義，得朱弓矢，自以爲天瑞，乃稱偃王，四方諸侯朝於徐者三十六國。王聞徐子僭號，造父爲御，長驅而歸以救亂。與楚連謀伐徐。徐子不忍鬭其民，北走彭城，（即今江蘇徐州市。）百姓隨之以萬數。徐子將死，曰：「吾賴於文德，而不明武備，故至此！」王乃以趙城封造父，（趙城，今山西洪洞縣北趙城鎮。）其族由此爲趙氏。即戰國趙之祖。

綱　甲寅，三十有五年，（前九六七）征犬戎。犬戎，西戎也。欲征其不享之罪。（犬戎居今陝西鳳翔縣北，甘肅平涼市南境。）

紀　王將征犬戎；祭公謀父諫曰：祭音蔡。「不可！先王耀德不觀兵。耀，明也。觀，示也。夫兵，戢而時動，動則威；觀則玩，玩則無震。戢，聚也。時動，如三時務農，一時講武之謂。威，可畏也。玩，黷也。震，懼也。是故，先王之制：邦內甸服，邦內，天子畿內。甸，田也。服，事也。以皆田賦之事，故謂之「甸服」。王城之外，四面皆五百里也。邦外侯服，邦外，邦畿之外。侯服者，侯國之服，甸服外四面又各五百里也。

侯衞賓服，侯，侯圻；衞，衞圻，中國之界也。謂之賓者，漸遠王畿而取賓見之義，侯服外四面又各五百里也。蠻夷要服，蠻夷去王畿已遠，謂之要者，取要約之義，特羈縻之而已，賓服外四面又各五百里也。戎翟荒服。戎翟去王畿益遠，以其荒野，故謂之「荒服」，要服外四面又各五百里也。甸服者祭，祭於祖考。侯服者祀，祀於高曾。賓服者享，享於二祧。要服者貢，貢於壇墠。荒服者王。王，入朝也。世一見，各以其所貴瑤爲贄。此言五服佐天子宗廟之供者不同。日祭，祭以日至。月祀，祀以月至。時享，享以時至。歲貢，貢以歲至。終王。王以終世至，謂朝嗣王及即位而來見。此言五服之地有遠近，故其供職有疏密。先王之訓也，不祭、不祀、不享、不貢、不王，於是乎有刑罰之辟，刑不祭。辟，法也。有攻伐之兵，伐不祀。有征討之備，征不享。有威讓之令，讓不貢，責其過也。有文告之辭；告不王，諭以理也。布令、陳辭而又不至，則又增脩於德，無勤民於遠。單說要、荒二服，明遠國非近者可比；惟有益自脩德，不可加兵致勞吾民也。是以近無不聽，甸、侯、賓無不至。遠無不服。要、荒無不至。今犬戎氏以其職來王，而必以不享征之，且觀之兵，其無乃廢先王之訓，而王幾頓乎？」頓，壞也。既廢先王待荒服之訓，恐終王之禮亦自此壞。王不聽，遂征之，得四白狼、四白鹿以歸。所得止此。自是荒服者不至。終王之禮壞矣。

作呂刑

綱 己巳，五十年，（前九五二）作呂刑誥四方。呂刑，周書篇名。穆王用呂侯爲司寇，命作刑書，史錄其辭，因以呂刑名篇。

綱 甲戌，五十有五年，（前九四七）王崩于祇宮，祇宮，離宮名。年百有四歲。子繄扈踐位。

祈招之詩

紀 初，穆王欲肆其心，周行天下，將皆必有車轍馬跡焉。欲無所不到。祭公謀父作祈招

密康公母

徙都于槐里

之詩以止王心，祈，祈父，周司馬之官，招其名也。祭公方諫遊行，故借司馬而作詩，以止遏王之欲心。其詩曰：「祈招之愔愔，式昭德音，愔愔，安和貌。式，用也。言祈父之性安和，用能自著令聞矣。思我王度，式如玉，式如金。亦當思我王之常度，出入起居，用如玉之堅，用如金之重。形民之力，而無醉飽之心！」若用民力，當隨其所能，如冶金制玉，隨器象形，而不可存醉飽過度之心。王以是獲沒於祗宮。聞詩改過，而得善終。

共王

名繄扈，穆王之子，在位十二年。謚法：「既過能改曰共。」共音恭。

綱　乙亥，周共王元年。（前九四六）

綱　丁丑，三年，（前九四四）王游于涇上。（涇水出今甘肅固原縣南笄頭山，東南流至涇川縣入陝西境。）

紀　王游于涇上，密康公從，（密，即密須，姞姓國，在今甘肅涇川縣南。）有三女奔之。其母曰：「必致之於王。夫獸三爲羣，人三爲衆，女三爲粲。粲，美物也，汝何德以堪之？王猶不堪，況爾小醜乎！小醜備物，終必亡！」康公私而不獻。一年，王滅密。

綱　丙戌，十有二年，（前九三五）王崩，年八十有四歲。子囏踐位。囏同艱。

懿王

名囏，共王之子，在位二十五年。謚法：「溫柔賢善曰懿。」

綱　丁亥，周懿王元年，（前九三四）徙都于槐里。（即廢丘，在今陝西興平縣東南。）

綱　戊子，二年，（前九三三）王室衰微，詩人作刺。

綱　辛亥，二十有五年，（前九一〇）王崩，年五十歲。共王之弟辟方立。

孝王

名辟方，共王之弟，在位十五年。謚法：「慈惠愛親曰孝。」

非子封秦

綱 壬子，周孝王元年。（前九〇九）

綱 甲子，十有三年，（前八九七）封非子爲附庸，邑之秦。（在今陝西隴縣。）

紀 惡來革之後有非子者，惡來革，蜚廉之子。好馬，善養息之。王命主馬汧、渭之閒，汧、渭，二水名。（汧水出今陝西隴縣岍山，東南流至寶雞市入渭。渭水出今甘肅隴西縣西北鳥鼠山，東南流入陝西境，又東流至大荔縣東南入黄河。）馬大蕃息。王封爲附庸之君，邑於秦，使續伯翳後。伯翳即伯益，秦之祖。

綱 大雨雹，牛馬死，江、漢冰。（漢水見上周昭王五十一年「王巡狩至漢」注。按古時江、漢並稱，江乃指嘉陵江。）

綱 丙寅，十有五年，（前八九五）王崩，年六十有五歲。諸侯復立懿王太子燮。

夷王

名燮，懿王之子，在位十六年。謚法：「安心好靜曰夷。」

天子下堂見諸侯

綱 丁卯，周夷王元年，（前八九四）天子始下堂見諸侯，覲禮廢。曲禮：「天子當宁而立，諸公東面，諸侯西面，曰朝。天子當依而立，諸侯北面而見天子，曰覲。」又（周禮春官大宗伯）「春見曰朝，秋曰覲。」

綱 己巳，三年，（前八九二）命虢公伐太原之戎。（太原，即今山西太原市。）

紀 時荒服不至，命虢公帥六師以伐太原之戎，至俞泉，（地名，在今山西太原市。）獲馬千匹。

綱 甲戌，八年，（前八八七）楚子熊渠伐庸、揚粵，鬻熊之孫熊繹，成王時封於楚蠻，姓芉氏，居丹陽，熊渠其五世孫也。揚、粵皆江上楚蠻之地。（丹陽，在今湖北秭歸縣東。庸，在今湖北房縣西。揚粵或作揚越，古種

烹齊哀公

伐淮夷

齊徙臨淄

芮良夫諫用榮夷公

族名，在今廣東地。）至于鄂。（即今湖北武漢市武昌城。）

綱 壬午，十有六年，（前八七九）王崩，年六十歲。子胡踐位。

綱 殺齊侯不辰，齊侯，齊哀公。紀侯譖哀公於厲王，王烹哀公。立其弟靜。是爲胡公。王暴虐，詩人作刺。

厲王

名胡，夷王之子，在位五十一年。謚法：「殺戮無辜曰厲。」

綱 癸未，周厲王元年，（前八七八）楚子自去其僭號。畏厲王伐，去其所僭王號。

綱 癸巳，十有一年，（前八六八）淮夷入寇，命虢仲帥師征之。

綱 辛丑，十有九年，（前八六〇）齊公子山弒其君胡公而自立。山，哀公同母少弟。是爲獻公。

綱 齊侯徙治臨淄。（今山東益都縣西北。）

綱 壬子，三十年，（前八四九）以榮夷公爲卿士。

紀 王好利，近榮夷公，大夫芮良夫諫曰：「榮公好專利而不知大難。夫利，百物之所生也，天地之所載也，而或專之，其害多矣。夫王人者，將導利而布之上下者也，上，神。下，人物。使神人百物無不得其極，極，中也。猶日怵惕懼怨之來也。今獨專利，其可乎？匹夫專利，猶謂之盜，王而行之，其歸鮮矣。榮公若用，周必敗！」王不聽，卒以榮公爲卿士，諸侯不享。

綱 乙卯，三十有三年，（前八四六）使人監謗，殺言者。

召公諫弭謗

紀 厲王虐，國人謗王。召公告曰：召音邵。召公，召康公之後穆公虎也。「民不堪命矣！」王怒，得衞巫，衞國之巫。使監謗者；監，察也。以巫有神靈，有謗輒知之。以告，則殺之。國人莫敢言，道路以目。以目相眄而已。王喜，告召公曰：「吾能弭謗矣。」弭音米，止也。召公曰：「是障之也！障，防也。防民之口，甚於防川。川壅而潰，水勢橫暴四出曰潰。傷人必多，民亦如之。是故，爲川者決之使導，爲，治也。導，通也。爲民者宣之使言。宣，放也。夫民慮之於心而宣之於口，成而行之，當成其美而見之施行。胡可壅也？若壅其口，其與能幾何！」其與，民之與我。能幾何，言敗亡即至。王弗聽，於是國人莫敢出言。

綱 丙辰，三十有四年，（前八四五）召公作詩諷王。詩，大雅民勞篇。

綱 凡伯作詩，詩，大雅板篇。切責僚友，因以諷王。

綱 丁巳，三十有五年，（前八四四）王暴虐滋甚，芮伯作詩刺之。詩，大雅桑柔篇。

綱 國人作詩刺王。詩，大雅蕩之什。

王出居彘

綱 己未，三十有七年，（前八四二）國人叛，王出居彘。（彘音值，在今山西洪洞縣東北霍山下。）太子靖匿于召公家。

紀 王心戾虐，萬民弗忍，乃相與叛，襲王；掩其不備曰襲。王出奔於彘。太子靖匿于召公之家，國人乃圍之。召公曰：「昔吾驟諫王，王不從，以及此難也。今殺王太子，使國人殺太子。王其以我爲讎而懟怒乎？讎，報也。懟音兑，怨也。以我爲怨怒王之不聽諫而讎報之。夫事君者，謂事諸侯。險而不懟，險，危難也。怨而不怒，危難之中，不敢懟怒。況事王乎！」乃以其子代王太子，太子竟得脱。

共和

綱　庚申，三十有八年，（前八四一）春，王在彘，召公、周公行政，周公，周公旦之後。號共和。

紀　召公、周公二相，以太子靖幼，相與和協，共理國事，號曰「共和」。

綱　癸酉，五十有一年，（前八二八）王死于彘。周公、召公奉太子靖即位。

宣王

名靖，厲王之子，在位四十六年。謚法：「聖善周聞曰宣。」

周召輔政

綱　甲戌，周宣王元年，（前八二七）周公、召公輔政。

紀　周公、召公輔王脩政，法文、武、成、康之遺風，任申伯、仲山甫、張仲，諸侯復宗周。

討西戎

綱　命秦仲爲大夫，討西戎。

伐玁狁

綱　命尹吉甫帥師北伐玁狁。（見卷二殷高宗武丁三十二年「伐鬼方」注。）詩人作六月之詩以美王。六月，小雅篇名。

綱　乙亥，二年，（前八二六）旱。

征荆蠻

綱　命方叔將兵南征荆蠻。（見卷二殷祖甲二十八年「遂之荆蠻」注。）詩人賦采芑以美王。采芑，小雅篇名。

伐淮南之夷

綱　遣召穆公虎帥師伐淮南之夷。詩人作江漢以美王。江漢，大雅篇名。

征徐夷

側身脩行

虢公諫不藉千畝

姜后脫簪珥諫王

綱　王自將親征淮北徐夷。詩人作常武以美王。常武，大雅篇名。

綱　己卯，六年，（前八二二）大旱，王側身脩行。

紀　宣王承厲王之烈，內有撥亂之志，遇災而懼，側身脩行，欲消去之。天下喜於王化復行，百姓見憂，故仍叔作詩以美之。詩，大雅雲漢篇。

綱　乙酉，十有二年，（前八一六）魯侯來朝，魯侯，魯武公。以其二子括、戲見王，括，長子。戲，小子。王命戲爲魯世子。

綱　王不藉千畝。藉同籍。天子藉田千畝。（藉，蹈也，言親自蹈履於田而耕之。）

紀　王不藉千畝。虢文公諫曰：「夫民之大事在農，上帝之粢盛於是乎出，民之蕃庶於是乎生，事之共給於是乎在，和協輯睦於是乎興，輯音集，亦和也。財用蕃殖於是乎始，敦庬純固於是乎成。庬音茫，厚也。是故，稷爲大官，農爲大事，故后稷爲大官。惟農是務，無有求利於其官以干農功。干，犯也。三時務農，三時，春、夏、秋。而一時講武，一時，冬。故征則有威，守則有財。若是則能媚於神而和於民，享祀時至而布施優裕也。今天子欲脩先王之緒而棄其大功，匱神乏祀而困民之財，將何以求福用民？」王弗聽。

綱　乙未，二十有二年，（前八〇六）王后姜氏脫簪珥諫王，簪，笄也。珥，瑱也，充耳之珠。王勤政中興。

紀　王嘗晏起，姜后脫簪珥待罪於永巷，宮中獄名。使其傅母通言於王曰：傅母，女師也。

伐姜戎

仲山甫諫料民

「妾不才，至使君王樂色而忘德，失禮而晏朝。夫苟樂色必好奢，好奢必窮樂。窮樂者亂之所興也，原亂之興自婢子始，敢請罪！」王曰：「寡人不德，實自生過，非夫人之罪也。」自是勤於政事，早朝晏罷，卒成中興之名。

綱 癸卯，三十年，（前七九八）有馬化爲人。

紀 時有馬化爲人，有兔舞於鎬京。

綱 壬子，三十有九年，（前七八九）伐姜戎，西夷別種，四岳之後。戰于千畝，（在今山西介休縣南千畝原。）王師敗績。

綱 癸丑，四十年，（前七八八）料民于太原。料民，清理民數多少。

紀 王既喪南國之師，乃料民于太原。仲山甫諫曰：「民不可料也！夫古者不料民而知其多少，司民協孤終，司民，掌萬民之數。協，合也，考也。孤，幼也。終，死也。司商協民姓，司商，掌賜族授姓之官。司徒協旅，協民衆爲師旅。司寇協姦，協姦民，以知死刑之數。牧協職，司牧，知物色之數。工協革，司工，知牛馬羊之皮革。場協入，司場，知穀入之數。廩協出。司廩，知穀出之數。是則少多死生出入往來者，皆可知也。於是又審之以事，王治農於籍，藉田。蒐於農隙，春獵曰蒐。仲春既耕之後爲農隙。耨穫亦於籍，獮於既烝，秋獵曰獮。烝，升也，孟秋升穀之時也。狩於畢時。冬獵曰狩。農時畢也。是皆習民數者也，又何料焉？且無故而料民，天所惡也，害於政而妨於後嗣！」王弗聽。

綱 丙辰，四十有三年，（七八五）殺大夫杜伯；左儒爭，死之。

左儒諫殺杜伯

紀　王將殺杜伯而非其罪，伯之友左儒爭之於王，九復之而王不許。王曰：「汝別君而異友也。」儒曰：「君道友逆，則順君以誅友；友道君逆，則順友以違君。」王怒曰：「易而言則生，而，汝也。不易則死！」儒曰：「士不枉義以從死，不易言以求生。臣能明君之過，以正杜伯之無罪。」王殺杜伯，左儒死之。

綱　己未，四十有六年，（前七八二）王崩，太子涅立。涅音孽。

幽王

名涅，宣王之子，在位十一年，爲犬戎所弒。謚法：「動靜亂常曰幽。」

綱　庚申，周幽王元年。（前七八一）

嬖寵褒氏

綱　壬戌，三年，（前七七九）王嬖寵褒氏。褒，姒姓國。（今陝西沔縣東北褒城鎭。）

紀　初，褒人有罪，請入女子於王以贖罪，是爲褒姒。幽王三年，之後宮，見而愛之，生子伯服。史記（周本紀）：「昔自夏后氏之衰也，有二神龍止於夏帝庭而言曰：『余，褒之二君。』夏帝卜殺之、與去之、與止之，莫吉；卜請其漦而藏之，乃吉。於是布幣而策告之，龍亡而漦在，櫝而藏之。夏亡，傳此器殷。殷亡，又傳此器周。比三代，莫敢發之。至厲王之末，發而觀之。漦流於庭，不可除。厲王使婦人裸而譟之。漦化爲玄黿，以入王後宮。後宮之童妾既齔而遭之，既笄而孕，無夫而生子，懼而棄之。宣王之時，童女謠曰：『檿弧、萁服，實亡周國。』於是宣王聞之，有夫婦賣是器者，宣王使執而戮之。逃於道，而見鄉者後宮童妾所棄妖子出於路者，聞其夜啼，哀而收之。夫婦遂亡奔於褒。褒人有罪，請入童妾所棄女子者於王以贖罪。棄女子出於褒，是爲褒姒。當幽王三年，王之後宮，見而愛之，生子伯服。」漦音時。齔音襯。笄音雞。檿音掩。弧音胡。萁音雞。漦，龍所吐涎沫。齔，毀齒也。笄，簪也，女子年十五而笄。檿，山桑，可爲弓幹。弧，木弓也。萁，草名，似荻而細，可結爲服以盛箭。

伯陽父論周亡

綱 西周三川皆震。（西周，西都也，即長安。以在洛邑西，故曰西周。）涇、渭、洛竭，岐山崩。（涇水出今甘肅固原縣南笄頭山，東南流至陝西三原縣東南舊高陵縣入渭水。渭水出今隴西縣西北鳥鼠山，東南流入陝西境，東流會涇水，又東會洛水入黃河。洛水出今陝西洛南縣冢嶺山，東南流入河南境，至鞏縣入河。岐山在今陝西鳳翔縣東北。）

紀 西周涇、渭、洛三川皆震。伯陽父曰：伯陽父，柱下史老子也。「周將亡矣！夫天地之氣不失其序，若過其序，民亂之也。言民，不敢斥王也。陽伏而不能出，陰迫而不能烝，烝，升也。陽氣在下，陰氣迫之，使不能升。於是有地震。今三川實震，地震，故三川亦震。是陽失其所而鎮陰也。爲陰所鎮。陽失而在陰，在陰下。川源必塞。源塞，國必亡。夫水土演而民用足也；水土氣流通爲演，演猶潤也。土無所演，民乏財用，不亡何待！昔伊、洛竭而夏亡，河竭而商亡。今周德若二代之季矣，其川源又塞，塞必竭。夫國必依山川；山崩、川竭，亡之徵也。川竭山必崩，若國亡，不過十年，數之紀也。夫天之所棄，不過其紀。」是歲也，三川皆竭，岐山崩。十一年幽王乃滅，周乃東遷。

綱 癸亥，四年，（前七七八）衛侯和作詩悔過，和，武公。詩，小雅賓之初筵篇。因以諷王。

綱 羣臣作詩刺讒，詩，小雅何人斯、巧言、巷伯三篇。因以諷王。

綱 詩人傷時之亂，征役不息，作詩以刺時政。詩，小雅苕之華及何草不黃篇。

綱　乙丑，六年，(前七七六)冬十月朔，日有食之。語詳詩小雅十月之交篇。

綱　丙寅，七年，(前七七五)用尹氏，家父作詩刺之。詩，小雅節南山篇。

綱　丁卯，八年，(前七七四)以鄭伯友爲司徒。友，鄭桓公，厲王少子，宣王庶弟。

綱　戊辰，九年，(前七七三)夏六月，隕霜。語詳詩小雅正月篇。

廢申后及太子宜臼

綱　王廢申后及太子宜臼，以褒姒爲后，其子伯服爲太子。宜臼奔申。申，姜姓國。(在今河南南陽市北。)

紀　王廢申后及太子宜臼，宜臼奔申。太史伯陽曰：「禍成矣，無可奈何！」褒姒不好笑。王欲其笑，萬方，故不笑。王與諸侯約，有寇至，舉烽火爲信，邊火曰烽，有急則於高處舉之以爲號。則舉兵來援。援，救也。王欲褒姒笑，乃無故舉火，諸侯至而無寇，褒姒大笑。褒姒好聞裂繒聲，繒，帛也。王發繒裂之以適其意。虢石父爲人佞，善諛，好利，王以爲卿，用事，國人皆怨。

犬戎弒幽王

綱　庚午，十有一年，(前七七一)伐申。申侯與犬戎入寇，戎弒王于驪山下，(驪山，古麗戎之山，在今陝西臨潼縣東南，與藍田山相連。)鄭伯友死之。晉、衞、秦以兵來援，平戎，與鄭世子掘突，掘音兀。掘突，是爲武公。共立故太子宜臼。

諸侯立宜臼

紀　王欲殺故太子宜臼，求之於申。申侯弗予，王伐之。申侯與鄫人召西夷犬戎伐王。(鄫，國名，在今山東嶧縣東北。)王舉烽火徵兵，兵莫至；犬戎遂殺王於驪山下，虜褒姒，并殺

西周亡

平王東遷

命秦襄公爲諸侯

命衛爲公賜晉侯命

秦作西畤

鄭桓公，盡取周寶賂而去。晉文侯、衛武公、秦襄公將兵救周，平戎，與鄭世子掘突即中國共立故太子宜臼，是爲平王，而西周遂亡。

平王 名宜臼，幽王之子，東遷洛邑，在位五十一年。諡法：「執事有制曰平。」

綱 辛未，周平王元年，（前七七〇）遷都于東都洛邑。

紀 平王立，東遷于洛邑，避戎寇也。是時周室衰微，諸侯強并弱，齊、楚、秦、晉始大，政由方伯。

綱 命秦襄爲諸侯，賜以岐、豐之地。（岐見卷二殷小乙二十六祀「自豳遷于岐」注。豐見卷二殷紂辛十九祀「因作豐邑」注。）

紀 王東徙洛邑，秦襄公以兵送王。王封襄公爲諸侯，賜之岐、豐之地。襄公於是始國，而與東諸侯通使聘享之禮。

綱 命衛侯和爲公，和，衛武公。錫晉侯仇命。仇音求，晉文侯。周書有文侯之命篇。呂祖謙曰：「文侯篇作於東遷之初，由此而上則爲成、康爲文、武，由此而下則爲春秋爲戰國，乃消長升降之交會也。」

綱 秦祀上帝于西畤。時音寺，封土積高之所，以祭天、地、五帝之基址。

綱 癸酉，三年，（前七六八）以鄭掘突爲司徒。鄭掘突，鄭武公。

綱 己卯，九年，（前七六二）秦東徙汧、渭之會。

綱 癸未，十有三年，（前七五八）衛武公薨，子揚嗣。是爲莊公。

衞武公箴儆於國

紀　初，武公年九十有五，猶箴儆於國，曰：「自卿以下，至於師長士，苟在朝者，無謂我老耄而舍我，必交戒訓導我。在輿有旅賁之規，旅賁，掌執戈盾，夾君車而趨。位宁有官師之典，宁，門屏之閒人君視朝所宁立處。官師，小師也。倚几有誦訓之諫，居寢有暬御之箴，暬音屑。暬御，近侍也。臨事有瞽史之道，瞽史，樂師。宴居有師工之誦。師工，樂工。史不失書，矇不失誦，有眸子而無見曰矇。以訓御之。」於是乎作懿戒以自警。即大雅抑篇。及其沒也，謂之叡聖武公。叡同睿，音胃。

秦作鄜畤

綱　乙酉，十有五年，（前七五六）秦作鄜畤。鄜音孚。（秦鄜畤即漢鄜縣，在今陝西洛川縣西北。）

紀　秦文公夢黃蛇自天下屬地，其口止於鄜衍。山陵閒爲衍。文公問史敦，敦曰：「此上帝之徵，君其祠之。」於是作鄜畤，用三牲郊祭白帝焉。

遣民戍申

綱　己丑，十有九年，（前七五二）遣畿內之民戍申。戍音恕，屯兵以守也。平王懷申侯全己之功，故爲遣戍以防戎。戍者怨思，作揚之水。揚之水，國風篇名。

秦收岐西之地

綱　辛卯，二十有一年，（前七五〇）秦伯大敗戎師，秦伯，文公。收岐西之地。自岐以東歸于王。

諸侯皆叛

綱　壬辰，二十有二年，（前七四九）王室衰微，諸侯背叛。

綱　甲午，二十有四年，（前七四七）宗周宮室圮，宗周，西都。圮音痞，毁也。詩人作黍離。王風黍離篇。

秦三族之罪

綱 秦初有三族之罪。

綱 丙申，二十有六年，(前七四五)晉侯封其叔父成師于曲沃。晉侯，昭侯。成師，是爲桓叔。(春秋晉曲沃，在今山西聞喜縣東。)

魯始用郊

綱 戊午，四十有八年，(前七二三)魯初請郊廟之禮。

紀 魯惠公使宰讓請郊廟之禮於天子，王使史角往魯，公止之，止，留也。其後在魯，於是有墨翟之學。墨子始此。魯之用郊始於此。

綱 魯惠公薨，國人立其子息姑。是爲隱公。左氏(隱元年)曰：「惠公元妃孟子卒，繼室以聲子生隱公。宋武公生仲子，有文在其手，曰『爲魯夫人』。故仲子歸于魯，生桓公，而惠公薨，是以隱公立而奉之。」

春王正月

綱 己未，四十有九年，(前七二二)魯隱公元年。春王正月。春秋隱公元年「春王正月」，公羊傳：「春者何？歲之始也。曷爲先言王而後言正月？王正月也。何言乎王正月？大一統也。」(何休)注：「王者受命改正朔，自甸、侯以至要、荒咸奉之，故曰大一統。」

孔子脩春秋

紀 是時天子微弱，諸侯放恣，賞罰不行。故孔子因魯史脩春秋，以寓王法，託始于此年，首書「春王正月」。

錫魯惠公仲子之賵

綱 秋七月，王使宰咺錫魯惠公仲子之賵。咺音宣，賵音風。賵，贈死之物。

綱 辛酉，五十有一年，(前七二〇)春二月己巳，日有食之。

綱 三月，王崩，孫林踐位。

武氏求賻

綱　秋，武氏如魯求賻。武氏，天子大夫。賻音附，以貨財助喪事也。

綱　鄭祭足帥師入寇。祭音蔡。

周鄭交質

紀　鄭武公、莊公爲平王卿士，父子俱秉周政。王貳于虢，欲分政於虢公。鄭伯怨王，王曰：「無之。」故周、鄭交質，王子狐爲質於鄭，鄭公子忽爲質於周。王崩，周人將畀虢公政。畀，與也。夏四月，鄭祭足帥師取溫之麥；（溫，在今河南溫縣西南。）秋，又取成周之禾。成周，東都也。

桓王

名林，平王之孫，在位二十三年。謚法：「克敬勤民曰桓。」

綱　壬戌，周桓王元年，（前七一九）春二月，衞州吁弒其君桓公而自立。州吁，桓公庶弟。衞人殺州吁立宣公晉。

綱　丙寅，五年，（前七一五）春三月，鄭伯使宛歸祊田于魯。鄭伯，莊公。祊音崩，鄭祀泰山之邑。鄭人請釋泰山之祀而祀周公，以泰山之祊易魯許田。許，周公湯沐之邑。祊近於魯，許鄰於鄭，各以其近者相易。（祊在今山東費縣，許田在今山東臨沂市西北，並見左傳隱八年杜預注。）

魯公子翬弒隱公

綱　己巳，八年，（前七一二）冬十一月，魯公子翬弒其君隱公而自立。是爲桓公。

紀　羽父請殺桓公，將以求太宰。隱公曰：「爲其少故也，吾將授之矣。使營菟裘，菟音徒。（菟裘，在今山東泗水縣北。）吾將老焉。」羽父懼，反譖公于桓公而請弒之。壬辰，羽父使賊弒公于寪氏，寪音委。寪氏，魯大夫。立桓公。

綱　庚午，九年，（前七一一）魯桓公元年。春三月，鄭伯以璧假魯許田。

【紀】桓公即位，脩好于鄭。鄭人請復祀周公，卒易祊田。魯雖已入祊田而猶未肯易許田，故鄭人復請祀周公，以卒成易許田之約。公許之，鄭伯以璧假許田，爲周公祊故也。許爲周公湯沐之邑，祊爲鄭人從祀泰山之邑，皆有關王制，不宜私易，故託辭璧假，以文其非禮，爲周公許田鄭祊田故也。

伐鄭

【綱】甲戌，十有三年，（前七〇七）秋，蔡人、衛人、陳人從王伐鄭。

【紀】初，王奪鄭伯政，鄭伯不朝。王以諸侯伐鄭，鄭伯禦之，戰于繻葛。繻音須。（即長葛，鄭地，在今河南長葛縣北。）蔡、衛、陳皆奔，王卒大敗。祝聃射王中肩，王亦能軍，祝聃請從之。請追王。鄭伯曰：「君子不欲多上人，況敢陵天子乎？苟自救也，社稷無隕多矣！」鄭伯使祭足勞王，且問左右。

家父求車

【綱】甲申，二十有三年，（前六九七）春二月，王使家父如魯求車。公羊傳（桓十五年）：「何以書？譏。何譏爾？王者無求，求車非禮也。」

【綱】三月，王崩，子佗踐位。

莊王

名佗，桓王之子，在位十五年。謚法：「武而不遂曰莊。」

【綱】乙酉，周莊王元年。（前六九六）

齊侯殺魯桓公

【綱】丁亥，三年，（前六九四）春正月，魯侯會齊侯于濼，魯侯，桓公。齊侯，襄公。（濼音洛，水名，在今山東歷城縣東北，即小清河。）魯侯與夫人姜氏遂如齊。夏四月，齊侯殺魯桓公，立其子同。是爲莊公。

齊無知弑襄公

紀　魯侯將有行，與姜氏如齊。申繻曰：「女有家，男有室，無相瀆也，謂之有禮。易此必敗。」公會齊侯于濼，遂及文姜如齊，齊侯通焉。詩人所爲賦南山之詩，鳥獸之行，淫乎其妹者也。南山，國風篇名。公謫之，責文姜。以告。文姜告齊侯。夏，享公，齊侯享燕桓公。使公子彭生乘公，與桓公共車。公薨于車。彭生拉公脅而殺之。拉音蠟，折也。齊人立其子同。

綱　秋，周公黑肩謀弑王，伏誅。王子克奔燕。克，桓王庶子，莊王之弟，即子儀也。

紀　周公黑肩欲弑莊王而立王子克，辛伯告王，辛伯，周大夫。遂與王殺周公。王子克奔燕。初，子儀有寵於桓王，王屬諸周公。屬音祝，託也。辛伯諫曰：諫周公。「並后匹嫡，妾如后，庶如嫡。兩政耦國，臣擅命，都如國。亂之本也！」周公弗從，故及。及於難。

綱　戊子，四年，（前六九三）魯莊公元年。夏，單伯送王姬。單音善。單伯，天子卿。王將嫁女於齊，命魯爲主，故單伯送王姬於魯。天子嫁女於諸侯，使同姓諸侯主之。不親昏，尊卑不敵也。秋，魯築王姬之館于外。以喪制未闋，恐齊侯當親迎，不忍便以禮接於廟，又不敢逆王命，故築舍於外。冬，王使榮叔如魯，榮叔，周大夫。錫桓公命，桓公弑君兄自立，不請命，而王追錫命，故春秋於王不稱「天」。王姬歸於齊。

綱　甲午，十年，（前六八七）夏四月，辛卯夜，恆星不見。恆星，常見之星。見音現。夜中，星隕如雨。

綱　乙未，十有一年，（前六八六）冬十一月，齊無知弑其君諸兒。諸兒，齊襄公名。

紀　僖公之母弟曰夷仲年，僖公，襄公父。生公孫無知，有寵於僖公，襄公絀之。絀同黜。公使連稱、管至父戍葵丘；戍，守也。（葵丘，在今山東益都縣北。此齊之葵丘。）瓜時而往，瓜熟時。曰「及瓜而代。」及明年瓜熟時。期戍，請代，弗許。二人遂因無知以作亂，弑襄公而立無知。初，襄公立，無常。鮑叔牙曰：「君使民慢，亂將作矣！」奉公子小白奔莒。小白，僖公庶子。（莒，姜姓國，今山東莒縣。）亂作，管夷吾、召忽奉公子糾奔魯。夷吾，管仲字。糾，小白庶兄。

小白奔莒

綱 丙申，十有二年，（前六八五）春，齊人殺無知。魯侯及齊大夫盟于蔇。魯侯，莊公。蓋欲迎子糾也。蔇音忌，魯地。（今山東嶧縣西有蔇亭。）

小白入齊

綱 夏，魯侯伐齊納糾。二公子各有黨，故雖盟而迎子糾，當須伐，乃得入。齊小白入于齊。小白自莒先入，是爲桓公。

乾時之戰

綱 秋八月，魯及齊師戰于乾時，魯師敗績。（乾時，在今山東博興縣南。）小白既定，而魯莊公猶不退師。歷時而戰，戰遂大敗。胡傳曰：「內不言敗，此其言敗者何？爲與讎戰，雖敗亦榮也。」

綱 九月，齊公子小白立。齊人取子糾于魯殺之。

紀 鮑叔帥師言於魯曰：「子糾，親也，請君討之。不忍自殺，請魯殺之。管、召，讎也，請受而甘心焉。」甘心，言欲快意戮之。鮑叔欲生得管仲，故託此以告魯。乃殺子糾于生竇。魯地。（史記齊世家作笙瀆，即句瀆，在今山東菏澤縣北。）召忽死之；管仲請囚。仲有相桓之志，故不死而請囚。

綱 齊侯以管夷吾爲相。

紀 初，桓公自莒反於齊，使鮑叔爲宰，宰，太宰。辭曰：「君加惠於臣，使不凍餒，則君之

鮑叔薦管仲

管仲至齊

管仲答桓公問

作內政而寄軍令

賜也。若必治國家，則非臣之所能也，其管夷吾乎！臣所不若夷吾者五：寬惠柔民，弗若也；治國家不失其柄，弗若也；忠信可結於百姓，弗若也；制禮義可法於四方，弗若也；執枹鼓立於軍門，枹音浮，與桴同，擊鼓槌也。使百姓加勇焉，弗若也。」桓公曰：「夫管夷吾射寡人中鉤，乾時之戰，管仲射中桓公帶鉤。是以濱於死。」濱，近也。鮑叔曰：「夫爲其君動也，夫，指管仲。君，指子糾。君若宥而反之，使之歸齊。夫猶是也。」桓公於是請諸魯。莊公以問施伯，對曰：「此非欲戮之也，欲用其政也。夫管子天下之才也，所在之國，則必得志於天下。令彼在齊，則必長爲魯憂矣！請殺而以其屍授之。」莊公弗聽，使束縛以予齊使。比至，桓公親逆於郊，逆，迎也。解其縛而與之坐，問焉。公曰：「成民之事若何？」對曰：「四民者勿使雜處，雜處則其言哤，哤音茫，語雜亂也。其事易。易，變易也。昔聖王之處士也，使就閒燕；清靜之所。處工，就官府；造作之所。處商，就市井；列廛之所。處農，就田野。稼穡之所。少而習焉，其心安焉，不見異物而遷焉。是故其父兄之教不肅而成，其子弟之學不勞而能。」公曰：「定民之居若何？」對曰：「制國以爲二十一鄉，工、商之鄉六，士、農之鄉十五。公帥十一鄉焉，是爲中軍。國子帥五鄉焉，高子帥五鄉焉。」國子、高子，皆齊上卿，各帥五鄉，爲左右軍。公曰：「吾何以富國？」對曰：「唯官山、海爲可耳。即山鑄錢，煮海爲鹽。謹鹽筴與鐵官之數，筴同策。其餘輕重準此而行，然則舉臂勝事，無不服籍者。」公曰：「吾欲從事於諸侯，爲之奈何？」對曰：「作內政而寄軍令，內政，內教也。寄，寓也。於是制國。五家爲軌，軌爲之長；十軌爲里，里置有司；

管仲相齊

四里爲連，連爲之長；十連爲鄉，鄉有良人焉。此言內政。以爲軍令，五家爲軌，故五人爲伍，軌長帥之。十軌爲里，故五十人爲小戎，里有司帥之。四里爲連，故二百人爲卒，連長帥之。十連爲鄉，故二千人爲旅，鄉良人帥之。五鄉一帥，故萬人爲一軍，五鄉之帥帥之。春以獀振旅，秋以獮治兵。獀音搜，春獵曰獀。獮音先，秋獵曰獮。入曰振旅，出曰治兵。此言軍令。是故卒伍整於里，內政。軍旅整於郊。軍令。內教既成，令勿遷徙。更改也。伍之人，祭祀同福，死喪同恤，禍災共之。人與人相疇，匹也。家與家相疇，世同居，少同游，故夜戰聲相聞，可以不乖；晝戰目相視，可以相識。其歡欣足以相死，所謂「作內政而寄軍令」也。居同樂，行同和，死同哀，是故守則同固，戰則同彊。複說一遍。君有此士也三萬人，以方行天下，方，橫也。以誅無道，以屛周室，天下大國之君莫之能禦也！」桓公悅，於是任管仲爲相，號曰「仲父」。

長勺之戰

綱　丁酉，十有三年，（前六八四）春正月，魯侯敗齊師于長勺。魯侯，莊公。長勺，魯地。

曹劌論戰

紀　齊師伐魯，戰于長勺。莊公將鼓之，欲鳴鼓以進兵。曹劌曰：劌音貴。「未可。」齊人三鼓，劌曰：「可矣。」齊師敗績，公將馳之，馳，逐也。劌曰：「未可。」下視其轍，登軾而望之，轍，車跡。軾，車前橫木。劌曰：「可矣。」遂逐齊師。既克，公問其故，對曰：「夫戰，勇氣也。一鼓作氣，再而衰，三而竭。彼竭我盈，故克之。夫大國，難測也，懼有伏焉。吾視其轍亂，望其旗靡，故逐之。」

綱　己亥，十有五年，（前六八二）冬十月，王崩，子胡齊踐位。

綱鑑易知錄卷四

周紀

釐王

名胡齊，莊王之子，在位五年。諡法：「有罰而還曰釐。」釐音禧。

北杏之會

綱　庚子，周釐王元年，（前六八一）春，齊侯、宋人、陳人、蔡人、邾人會于北杏。齊地。（在今山東茌平縣南。）夏六月，齊人滅遂。（遂，國名，今山東寧陽縣西北有遂城。）

紀　會于北杏，以平宋亂。宋萬弑閔公。遂人不至，齊人滅遂而戍之。戍音恕。

柯之盟

綱　冬，魯侯會齊侯盟于柯。（齊邑，在今山東壽張縣東北阿城鎮。）

紀　齊桓公伐魯，魯將師敗，魯莊公請獻遂邑以平。桓公許，與魯（會）柯而盟。魯將盟，曹沫以匕首劫桓公於壇上，匕首，短劍。曰：「反魯之侵地！」桓公許之。已而曹沫去匕首，北面就臣位。桓公後悔，欲無與魯地而殺曹沫。管仲曰：「許之而倍信殺之，愈一小快耳，而棄信於諸侯，失天下之援，不可！」於是與曹沫三敗所亡地於魯。諸侯聞之，皆信齊而欲附焉。公羊傳（莊十三年）曰：「要盟可犯，而桓公不欺。曹子可讎，而桓公不怨。桓公之信著乎天下，自柯之盟始。」

曲沃武公滅晉

綱　辛丑，二年，（前六八〇）冬，晉曲沃伯稱滅晉，（曲沃，在今山西聞喜縣東。）弑其君緡。

綱　癸卯，四年，（前六七八）冬十二月，王使虢公命曲沃伯以一軍，爲晉侯。是爲武公。

子頹作亂

綱　甲辰，五年，（前六七七）春，王崩，子閬踐位。閬音郎。

惠王

名閬，釐王之子，在位二十五年。諡法：「柔質慈民曰惠。」

綱　乙巳，周惠王元年。（前六七六）

綱　丙午，二年，（前六七五）秋，五大夫以王子頹作亂。頹出奔溫，（在今河南溫縣西南。）復奔衛。衛人、燕人立頹。

紀　初，莊王愛少子子頹，欲立爲太子而不克。至是大夫邊伯等五人怨王，作亂，奉子頹以伐王。不克，出奔溫，蘇子奉子頹奔衛。衛師、燕師伐周，冬，立子頹。

王處于櫟

綱　丁未，三年，（前六七四）春，鄭伯執燕仲父。鄭伯，厲公。王處于櫟。櫟音歷，鄭別都。（即今河南禹縣。）

紀　鄭伯和王室不克，執燕仲父。夏，鄭伯遂以王歸，王處于櫟。

王歸王城
賜鄭虎牢以東

綱　戊申，四年，（前六七三）春，虢公、鄭伯胥命於弭，弭音米，鄭地。（在今河南密縣境。）奉王歸于王城，殺子頹及五大夫。王賜鄭伯虎牢以東。（虎牢即鄭制邑，在今河南滎陽縣西北。）

晉伐驪戎
獲驪姬

綱　己酉，五年，（前六七二）春，晉人伐驪戎，晉人，晉獻公。（今陝西臨潼縣東南有驪山，即驪戎所居。）獲驪姬以歸。

陳完奔齊

綱　陳人殺其太子禦寇，陳人，陳宣公。公子完與顓孫奔齊。顓孫，禦寇之黨。

紀　陳厲公生子完，字敬仲。及宣公，厲公卒，弟莊公立；莊公卒，弟宣公立。有嬖姬生子款，欲立之，乃殺其太子禦寇。禦寇素愛厲公之子完，完懼禍及，於是與顓孫奔齊。齊侯使敬仲爲卿，辭曰：「羇旅之臣，羇，寄也。旅，客也。幸若獲宥免於罪戾，君之惠也，敢辱高位以速官謗！速，召也。請以死告！」昧死告免。使爲工正。掌百工之官。飲桓公酒，樂。公曰：「以火繼之。」辭曰：「臣卜其晝，未卜其夜，不敢！」

敬仲辭卿

郭亡

【綱】辛亥，七年，（前六七〇）冬，郭亡。郭，國名。（在今山東聊城市東北。）

【紀】齊桓公之郭，問父老：「郭何故亡？」曰：「以其善善而惡惡。」公曰：「若子言，乃賢君也，何至於亡？」父老曰：「郭君善善不能用，惡惡不能去，所以亡也。」

【綱】甲寅，十年，（前六六七）夏，王使召伯廖賜齊侯命。賜命爲侯伯。

魯慶父弒子般

【綱】己未，十有五年，（前六六二）秋七月，魯公子牙卒。八月，魯莊公卒，子般立。冬十月，魯慶父弒般，啓方立。是爲閔公。

【紀】魯莊公疾，問後於叔牙，桓公子，慶父同母弟，卽僖叔。對曰：「慶父材。」桓公子，卽共仲。問於季友，桓公子，卽成季。對曰：「臣以死奉般！」莊公太子。公曰：「鄉者牙曰『慶父材』。」成季使以君命酖叔牙，酖亦作「鴆」。酖酒，有鴆毒也。鴆，毒鳥，以其毛瀝酒，飲之則殺人。曰：「飲此，則有後於魯國；不然，死且無後。」飲之卒，立叔孫氏。公薨，子般立。冬，慶父使圉人犖賊子般，犖音落。成季奔陳，立閔公。閔公，莊公庶子，是年始八歲。

【綱】公子慶父如齊。國人不與，故懼而適齊，

齊救邢

綱 庚申，十有六年，（前六六一）魯閔公元年。春正月，齊人救邢。（在今河北邢臺縣西南。）

紀 狄人伐邢，管仲言於齊侯曰：「戎狄豺狼，不可厭也，厭，足也。諸夏親暱，暱，近也。不可棄也。宴安酖毒，不可懷也。」齊人救邢。

綱 秋八月，魯季子歸于魯。季子，季友。

晉作二軍

綱 晉侯作二軍。晉侯，獻公。周制：大國三軍，次國二軍，小國一軍。釐王命曲沃伯以一軍爲晉侯，從小國之制；今擅作二軍。滅耿、霍、魏。（春秋霍國，在今山西洪洞縣西北。耿即殷祖乙所遷之邢，在今山西稷山縣西南。魏，在今山西運城縣西南。）爲太子申生城曲沃。惠王九年，晉獻公自曲沃徙都絳。十一年，使太子申生居曲沃，今爲增築之。（絳，在今山西翼城縣西南。）封趙夙于耿，畢萬于魏。

晉滅霍耿魏

紀 晉侯作二軍。公將上軍，太子申生將下軍，趙夙御戎，畢萬爲右，乘車之法，尊者居左，御者居中，又一人處其右以備傾側。以滅霍，滅耿，滅魏。還，爲太子城曲沃；賜趙夙耿，賜畢萬魏，以爲大夫。此趙、魏之始。士蔿曰：「太子不得立矣！分之都城，邑有先君之廟曰都。而位以卿，謂將下軍。先爲之極，無以復加。又焉得立！不如逃之，無使罪至！爲吳太伯，不亦可乎，猶有令名，與其及也！」與其留而及禍，不如逃去猶有善名。

魯慶父弒閔公

綱 辛酉，十有七年，（前六六〇）秋，魯慶父弒其君閔公，季友以公子申如邾。公子申，閔公庶兄。邾，曹姓國。（本邾婁國，在今山東鄒縣東南。）哀姜、慶父皆出奔。閔公之死，莊公夫人哀姜與知之，故皆出奔。

綱 冬，齊高子如魯盟，高子，齊上卿。魯公子申入立。是爲僖公。取慶父于莒，（即今山東莒縣。）殺之。立其後爲仲孫氏。

衛懿公好鶴

綱　十二月，狄入衛，殺懿公。戴公立，卒，弟燬立。是爲文公。

紀　狄人伐衛。衛懿公好鶴，鶴有乘軒者。軒，大夫車。將戰，國人受甲者皆曰：「使鶴！」戰于滎澤，（此澤在漢平帝時已湮爲平地，故址在今河南滎陽縣東北。）衛師敗績，殺懿公，衛衆潰。濟河，立戴公，懿公從弟。以廬于曹。廬，舍也。曹，衛邑。（在今河南滑縣東南白馬城。）卒，是歲卒。齊人立其弟燬。文公大布之衣，大帛之冠，務材訓農，通商惠工，敬教勸學，授方任能，元年革車三十乘，季年乃三百乘。

三國城邢

綱　壬戌，十有八年，（前六五九）魯僖公元年。春，齊師、宋師、曹師次于聶北，凡師一宿爲舍，再宿爲信，過信爲次。聶北，邢地。（在今山東聊城市西。）救邢。狄伐邢也。

綱　夏六月，邢遷于夷儀，邢地。（在今河北邢臺縣西，一名隨宜城，其地有夷儀山。）齊師、宋師、曹師城邢。

綱　冬十月，魯公子友帥師敗莒師于酈，魯地。獲莒挐。莒子弟。魯侯賜季友汶陽之田及費。（汶水在今山東泰安市東南。費或作「鄪」，一作「肹」，即今山東費縣西南費城。）

諸侯城楚丘

綱　癸亥，十有九年，（前六五八）春正月，諸侯城楚丘以封衛。（楚丘，在今河南滑縣東）。

綱　夏五月，虞師、晉師伐虢，滅下陽。（在今山西平陸縣東北。）

紀　晉荀息以屈產之乘與垂棘之璧假道于虞以伐虢，虞公許之。宮之奇諫不聽，遂起師。夏，晉里克、荀息帥師會虞師伐虢，滅下陽。

綱　乙丑，二十有一年，（前六五六）春正月，齊侯、宋公、魯侯、陳侯、衛侯、鄭伯、許男、曹伯侵蔡；齊桓公，宋桓公，魯僖公，陳宣公，衛文公，鄭文公，許穆公，曹昭公。無鐘鼓曰侵。蔡潰，遂伐楚。民逃其上曰潰。有鐘鼓曰伐。次于陘。陘音刑，楚地。（陘山，亦作邢山，在今河南新鄭縣西南。）楚屈完來盟于師，盟于召陵。召音邵。（在今河南郾城縣東。）

紀　齊侯以諸侯之師侵蔡；蔡潰，遂伐楚。楚子使問師故，管仲對曰：「昔召康公命我先君太公曰：『五侯九伯，五等諸侯，九州伯長。女實征之，以夾輔周室！』爾貢包茅不入，王祭不共，無以縮酒，包，裹束也。茅，菁茅也。禹貢荊州貢菁茅。縮酒，束茅立之祭前，灌鬯酒於其上，象神飲之也。寡人是徵！徵，問也。昭王南征而不復，（見卷三周昭王五十一年「王巡狩至漢崩」紀。）寡人是問！」對曰：「貢之不入，罪也，敢不共給？昭王之不復，君其問諸水濱！」昭王時漢水非楚境，故不受罪。師進，次于陘。楚子使屈完如師，師退，盟于召陵。

綱　丙寅，二十有二年，（前六五五）春，晉侯殺其世子申生。

紀　初，晉獻公以驪姬爲夫人，生奚齊，其娣生卓子。及將立奚齊，姬謂太子曰：「君夢齊姜，太子母。必速祭之。」太子祭于曲沃，太子居曲沃。歸胙于公。公田，姬寘諸宮六日。寘同置。公至，毒而獻之。驪姬謂公，酒食自外至，不可不試。公祭之地，地墳。地爲墳起。與犬，犬斃。與小臣，小臣亦斃。姬泣曰：「賊由太子！」太子奔新城，（曲沃新城，在今山西聞喜縣東。）公殺其傅杜原款。或謂太子：「子辭，君必辨焉。」言子若有辭於公，公必辨其奸。太子曰：「君非驪姬，居不安，食不飽。我辭，姬必有罪。君老矣，吾又不樂。」我辭則姬死，姬死則君不樂，不樂蓋由吾也。曰：「子其行乎？」太子曰：「君實不察其罪，被此名也。欲弑君父之名。以出，人誰納我！」縊于新城。姬遂譖二公子，重耳、夷吾。曰：「皆知之。」重耳奔蒲，（在今山西呂梁縣西北。）夷吾奔屈。（在今山西鄉寧縣西北。）

首止之會

綱 夏，齊侯、宋公、魯侯、陳侯、衞侯、鄭伯、許男、曹伯，齊桓公、宋桓公、魯僖公、陳宣公、衞文公、鄭文公、許僖公、曹昭公。會王世子于首止。首止，衞地。（在今河南睢縣東南。）

紀 惠王以惠后故，將廢太子鄭而立王子帶，帶，惠王少子，惠后所生。故齊桓公帥諸侯會王世子，以定其位。

綱 秋九月，虞大夫百里奚奔秦。秦始得志於諸侯。

綱 冬十二月，晉人滅虢，虢公醜奔京師。遂滅虞，執虞公，歸其職貢於王。

綱 己巳，二十有五年，（前六五二）冬十二月，王崩，太子鄭踐位。

襄王 名鄭，惠王之子，在位三十三年。謚法：「辟地有德曰襄。」

葵丘之會

綱 庚午，周襄王元年，（前六五一）夏，宰周公會齊侯、魯侯、宋子、衞侯、鄭伯、許男、曹伯于葵丘。齊桓公、魯僖公、宋襄公、衞文公、鄭文公、許僖公、曹共公。宋襄公在喪稱「子」。（葵丘，宋地，在今河南蘭考縣東北。）

里克殺奚齊弑卓及荀息

賜晉侯命

紀　王使宰孔賜齊侯胙，使無下拜。下階拜受。對曰：「天威不違顏咫尺，君尊如天，其威嚴常在顏面之前。八寸曰咫。小白余敢貪天子之命無下拜！恐隕越于下，以遺天子羞，隕越，顛墜也。恐得罪於天而顛墜於下，適足以貽天子之辱。敢不下拜！」下拜，登受。

綱　晉獻公卒，奚齊立。冬，晉里克殺其君之子奚齊，里克，申生傅。荀息立奚齊之弟卓。里克弑其君卓及其大夫荀息。

紀　初，獻公使荀息傅奚齊。公疾，召之曰：「以是藐諸孤，奚齊幼賤於諸子。辱在大夫。屈辱荀息保護之。其若之何？」對曰：「臣竭股肱之力，加之以忠貞。其濟，君之靈也；不濟，則以死繼之。」冬十月，里克殺奚齊于次，書曰「殺其君之子」，未葬也。荀息將死之，人曰：「不如立卓子而輔之。」荀息立公子卓，以葬。十一月，里克殺公子卓于朝，荀息死之。

綱　辛未，二年，（前六五〇）夏四月，周公忌父、王子黨會秦師及隰朋，立晉公子夷吾爲晉侯。是爲惠公。

綱　壬申，三年，（前六四九）春，王使召武公、內史過賜晉侯命。

紀　晉侯受玉，惰。玉，瑞玉。諸侯即位，天子賜之命圭爲瑞。過歸告王曰：「晉侯其無後乎？王賜之命，而惰于受瑞。先自棄也已，其何繼之有！禮，國之幹也。國恃禮而立，猶木恃幹而立。敬，禮之輿也。敬載禮而行，猶車載人而行。不敬則禮不行，禮不行則上下昏，何以長世？」

綱　癸酉，四年，（前六四八）秋，王子帶奔齊。

管仲辭上卿之禮

紀　王子帶以戎入寇，王討之，王子帶奔齊。齊侯使管夷吾平戎于王，齊侯，桓公。平，和也。王以上卿之禮饗之。上卿，天子命卿。辭曰：「臣，賤有司也，有天子之二守國、高在。國子、高子，天子所命爲齊守臣，皆上卿也。若節春、秋，來承王命，何以禮焉！節，時也。若春、秋時事，國、高來周奉承王命。臣既受上卿之禮，王將何以禮國、高？陪臣敢辭！」諸侯之臣稱於天子曰陪臣。王曰：「舅氏，天子稱異姓諸侯曰伯舅，故其使稱舅氏。余嘉乃勳，應乃懿德，謂督不忘，往踐乃職，無逆朕命！」言我嘉美汝之功勳，報應汝之美德，謂汝功德督厚不可忘，其往居汝之職位，無違我之命也。管仲受下卿之禮而還。

管仲卒

綱　丙子，七年，（前六四五）冬，齊大夫管仲卒。

紀　仲病，桓公問：「羣臣誰可相者？」仲曰：「知臣莫如君。」公曰：「易牙如何？」易牙即雍巫，善調味。對曰：「殺子以適君，桓公欲嘗蒸兒之味，易牙蒸其兒而獻之。非人情，不可！」「開方如何？」開方，衞公子。曰：「倍親以適君，非人情，難近！」「豎刁如何？」豎刁，閹宦。曰：「自宫以適君，宫，割其勢也。非人情，難親！」仲死而桓公不用其言，近用三子，三子專權。

綱　丁丑，八年，（前六四四）春正月，隕石于宋五；隕石，隕星也。六鷁退飛過宋都。鷁音逆，水鳥。高飛遇風而退。後五年，宋襄有盂之執，又明年有泓之敗，天之示人顯矣。

齊桓五子爭立

綱　戊寅，九年，（前六四三）冬十二月，齊侯小白卒，五子爭立。

紀　桓公卒，五公子各樹黨爭立，桓公子六人，武孟無虧、惠公子元、孝公子昭、昭公子潘、懿公商人、子雍。先是易牙請桓公立無虧，許之。公卒，五公子爭立。遂相攻；以故宫中空，莫敢棺桓公。尸在牀上六十七日，尸蟲出于戶。易牙立無虧，後爲齊人所殺。孝公奔宋。

盂之會

綱 壬午，十有三年，(前六三九)秋，宋公、楚子、陳侯、蔡侯、鄭伯、許男、曹伯會于盂，宋襄公、楚成王、陳穆公、蔡莊公、鄭文公、許僖公、曹共公。盂，宋地。(穀梁作「雩」，公羊作「霍」，在今河南睢縣一帶。)執宋公以伐宋。公羊傳(僖二十一年)「孰執之？楚子執之。曷爲不言楚子執之？不與夷狄之執中國也。」

綱 癸未，十有四年，(前六三八)夏，王召叔帶于齊。從富辰之請也。

泓之戰

綱 冬十一月，宋公及楚人戰于泓，宋公，襄公。(泓，水名，在今河南柘城縣北。)宋師敗績。

紀 鄭伯如楚，宋公伐鄭，楚人伐宋以救鄭，宋公及楚人戰于泓。宋人既成列，列陳已定。楚人未既濟，未盡渡泓水。司馬子魚曰：「彼衆我寡，請及其未既濟擊之。」公曰：「不可。」既濟而未成列，又以告，公曰：「未可。」既陳而後擊之，陳卽陣。宋師敗績，公傷股，門官殲焉。殲，盡殺也。國人皆咎公，公曰：「君子不重傷，重，再也。不禽二毛。禽同擒。二毛，頭黑白色。古之爲軍也，不以阻隘也；阻，迫也。隘，險也。言不迫人於險。寡人雖亡國之餘，宋，商之後，故云。不鼓不成列。」鳴鼓進兵。世笑以爲宋襄之仁。

綱 甲申，十有五年，(前六三七)秋九月，晉惠公卒，子圉嗣。圉音語，是爲懷公。

重耳入晉

綱 乙酉，十有六年，(前六三六)春正月，晉公子重耳入于晉。使殺懷公于高粱。(今山西洪洞縣南高河鎭，卽古高粱。)

賜晉侯命

綱 王使王子虎、內史興錫晉侯命。是爲文公。

晉賞不及子推
介子推隱緜山寒食
王出居鄭
晉文逆王
晉侯請隧
賜晉田

綱 晉侯賞從亡之臣。

紀 初，文公出奔，十九年而後反國。嘗餒於曹，介子推割股以食之。及歸，賞從亡者狐偃、趙衰、顛頡、魏犨而不及子推。衰音催。頡音頁。犨音酬。子推之從者懸書宮門曰：「有龍矯矯，頃失其所。五蛇從之，周流天下。龍飢乏食，一蛇刲股。刲音奎。龍返於淵，安其壤土。四蛇入穴，皆有處所。一蛇無穴，號於中野。」公曰：「噫！寡人之過也！」使人求之不得，隱緜上山中。（緜上，地名，在今山西介休縣南介山下。）焚其山，子推死焉，後人爲之寒食。是日禁烟火。文公環緜上田封之，號曰介山。

綱 秋，王廢狄后。王以狄女隗氏爲后，叔帶通焉，王廢隗氏。王子帶以狄入寇，王出居于鄭，告難于諸侯。

綱 丙戌，十有七年，（前六三五）夏四月，晉侯逆王入于王城，逆，迎也。晉侯，文公。王賜之田。

紀 秦伯師于河上，秦伯，穆公。將納王。狐偃言於晉侯曰：「求諸侯莫如勤王。諸侯信之，且大義也。」晉侯辭秦師而下，右師圍溫，時叔帶居溫。左師逆王。王入于王城。取叔帶于溫殺之。晉侯朝王，請隧。掘地通路曰隧。天子葬禮。王弗許，曰：「王章也。隧爲王者之表章，與諸侯異物。未有代德，代周之德。而有二王，用隧是有二王。亦叔父之所惡也。」天子稱同姓諸侯曰叔父。乃賜以陽樊、溫、原、欑茅之田。割四邑以與晉。（陽樊，在今河南濟源縣皮城。原，在今河南濟源縣西北。欑茅，在今河南修武縣西北。）

晉伐原

伐原示信

冬，晉侯圍原，文王子所封國。命三日之糧，原不降。命去之，諜出曰：（諜，即間諜。）「原將降矣。」軍吏請待之，公曰：「信，國之寶也，民之所庇也。得原失信，何以庇之？所亡滋多。」退一舍而原降。三十里爲一舍。

楚會諸侯圍宋

綱 戊子，十有九年，（前六三三）冬，楚人、陳侯、蔡侯、鄭伯、許男圍宋。楚成王、陳穆公、蔡莊公、鄭文公、許僖公。

紀 楚子及諸侯圍宋，宋公孫固如晉告急。先軫曰：「報施救患，晉文出亡，宋襄贈之以馬二十乘。取威定霸，於是乎在矣。」狐偃曰：「楚始得曹而新昏於衞。若伐曹、衞，楚必救之，則宋免矣。」於是蒐于被廬，蒐，治兵也。被廬，晉地。作三軍。謀元帥，趙衰曰：「郤縠可。縠音斛。說禮、樂而敦詩、書。說音悅，敦，崇也。詩、書義之府也，禮、樂德之則也；德、義利之本也。」乃使郤縠將中軍。

晉文伐曹衞

綱 己丑，二十年，（前六三二）春，晉侯侵曹。晉侯伐衞，楚人救衞。胡傳：「公子重耳之出亡也，曹、衞皆不禮焉，至是侵曹伐衞。春秋再稱晉侯者，譏復怨也。」

綱 三月，晉侯入曹，執曹伯畀宋人。曹伯，曹共公。左傳（僖二十八年）：「執曹伯，分曹、衞之田以畀宋人。」

城濮之戰

綱 夏四月，晉侯、齊師、宋師、秦師及楚人戰于城濮，城濮，衞地。（今山東范縣西南舊濮縣南有臨濮故城，今爲黃河北金堤滯洪區。）楚師敗績。

綱　冬，王狩于河陽。

紀　諸侯會于溫。晉侯召王，以諸侯見，且使王狩。仲尼曰：「以臣召君，不可以訓！」故書曰「天王狩于河陽」。

天王狩于河陽

綱　癸巳，二十有四年，（六二八）冬，晉侯重耳卒，子驩嗣。是爲襄公。

晉文卒

綱　甲午，二十有五年，（前六二七）春二月，秦人入滑。姬姓國。（滑，即今河南偃師縣南緱氏城。）夏四月，晉人及姜戎敗秦師于殽。（殽即崤山，在今河南澠池、洛寧兩縣之間。）陳氏曰：「晉之霸，秦有力焉，自城濮以來無役不從也。文公未葬，襄公墨衰，及姜戎氏要秦師于殽，敗之，秦、晉之構怨自是始。」

晉敗秦師于殽

綱　冬十二月，魯僖公卒，子興嗣。是爲文公。

綱　丁酉，二十有八年，（前六四二）春，秦人伐晉。

秦伐晉

紀　秦伯伐晉，秦伯，秦穆公。濟河焚舟，取王官及郊。王官、郊，晉地。（王官在今山西聞喜縣西。郊在今山西運城縣東虞鄉鎮附近。）晉人不出，遂自茅津濟，（茅津，即今茅津渡，在今山西平陸縣東，黃河北岸。）封殽尸而還，封，埋藏之也。遂霸西戎，用孟明也。不以孟明殽師之敗，而仍用之故也。

綱　庚子，三十有一年，（前六二一）夏，秦穆公卒，子罃嗣。是爲康公。

秦穆公卒

紀　穆公卒，葬雍。（在今陝西鳳翔縣南。）以子車氏之三子奄息、仲行、鍼虎爲殉，子車氏，秦大夫。行音杭。鍼音拑。以人從葬爲殉。皆秦之良也，國人哀之，爲之賦黃鳥。國風篇名。

秦以人爲殉

綱 壬寅，三十有三年，（前六一九）秋八月，王崩，子壬臣踐位。

頃王
名壬臣，襄王之子，在位六年。諡法：「甄心動懼曰頃。」

綱 癸卯，周頃王元年，（前六一八）春，毛伯如魯求金。毛，姬姓國；伯，爵。爲王卿士。二月，魯叔孫得臣如京師。叔孫得臣，叔牙之孫。辛丑，葬襄王。

綱 丁未，五年，（前六一四）夏，邾文公卒，邾，曹姓國。（在今山東鄒縣東南。）子貜且嗣。貜且音角疽，是爲定公。

紀 初，邾文公卜遷于繹，（繹山，亦作嶧山，在今山東鄒縣南。）史曰：史，卜史。「利於民而不利於君。」邾子曰：「苟利於民，孤之利也。天生民而樹之君，以利之也。」左右曰：「命可長也，君何弗爲？」邾子曰：「命在養民。死之短長，時也。民苟利矣，遷也，吉莫如之。」遂遷于繹。五月，邾子卒，君子曰「知命」。

綱 戊申，六年，（前六一三）春，王崩，子班踐位。

匡王
名班，頃王之子，在位六年。諡法：「貞心大度曰匡。」

綱 己酉，周匡王元年，（前六一二）冬十一月，齊侯侵魯西鄙，齊侯，齊懿公。遂伐曹，入其郛。郛音孚，郭也。

紀 齊侯侵魯，遂伐曹，入其郛，討其朝魯也。季文子曰：「齊侯其不免乎？己則無禮，懿公弒殤公自立。而討於有禮者。諸侯相朝，禮也。曰：『女何故行禮！』禮以順天，天之道也。己

趙盾弑晉君

則反天，而又以討人，難以免矣！」

綱　壬子，四年，（前六〇九）春，魯文公卒，子赤嗣。秋，魯公子遂弑其君之子赤及公子視，遂即襄仲。視，赤母弟。立公子倭。音威，是爲宣公。

綱　甲寅，六年，（前六〇七）秋九月，晉趙盾弑其君夷皋，靈公。迎襄公弟黑臀于周立之。臀音豚，是爲成公。

紀　初靈公不君，靈公，襄公子。厚斂以雕牆；雕畫牆壁。從臺上彈人而觀其避丸也。丸，彈子。宰夫胹熊蹯不熟，胹音而，煮也。熊蹯，熊掌。殺之，寘諸畚，寘同置。畚，音本，盛土器，以草索爲之。使婦人載以過朝。不欲令人知之，故使婦人。宣子驟諫，宣子，趙盾。公患之，使鉏麑賊之。鉏麑，力士。晨往，寢門闢矣，盛服將朝，尚早，坐而假寐。不解衣冠而睡。麑退，歎而言曰：「不忘恭敬，民之主也。賊民之主，不忠；棄君之命，不信：有一於此，不如死也！」觸槐而死。秋九月，晉侯飲趙盾酒，伏甲，將殺之，靈輒免之，靈輒，翳桑之餓人也，蒙盾肉食之賜。時爲靈公甲士，故免盾於難。遂自亡也。趙穿攻靈公於桃園，趙穿，盾從父昆弟子。宣子未出境而復。聞公弑而還。太史書曰：太史，董狐。「趙盾弑其君。」以示于朝。宣子曰：「不然。」對曰：「子爲正卿，亡不越境，反不討賊，非子而誰？」宣子曰：「嗚呼，『我之懷矣，自詒伊慼』，二句逸詩也，言人多所懷戀，則自遺之憂。其我之謂矣！」

綱　冬十月，王崩，弟瑜立。

定王

名瑜，匡王之弟，在位二十一年。謚法：「安民法古曰定。」

楚伐陸渾之戎

綱 乙卯，周定王元年，(前六〇六)春，楚子伐陸渾之戎，楚子，莊王。陸渾之戎，秦、晉所遷於伊川者。王使王孫滿勞楚子。

楚子問鼎

紀 楚子伐陸渾之戎，遂至于雒，同洛，周都。觀兵于周疆。觀，示也，示兵威以脅周。王使王孫滿勞之，楚子問鼎之大小輕重焉。禹之九鼎，三代相傳，猶後世傳國璽也。楚子問鼎，有圖周天下意。對曰：「在德不在鼎。昔夏之方有德也，鑄鼎象物，鑄九鼎以象九州。用能協于上下，以承天休。上下和協，以受天之祐。德之休明，雖小，重也。鼎非加大，而不可遷移，若增重然。其姦回昏亂，雖大，輕也。鼎非加小，而湯、武遷之，若遂輕然。天祚明德，有所底止，必到盡頭。周德雖衰，天命未改，鼎之輕重未可問也。」

邲之戰

綱 甲子，十年，(前五九七)春，楚子圍鄭。楚子，莊王。夏六月，晉荀林父帥師及楚子戰于邲，邲音弼，鄭地。(在今河南鄭州市東。)晉師敗績。

屠岸賈殺趙朔

綱 晉屠岸賈殺趙朔于下宮，賈音古。滅其家。

紀 晉景公時，景公，成公子。趙盾卒，子朔嗣。朔娶晉成公姊莊姬。屠岸賈始有寵於靈公，至景公三年，賈爲司寇，乃治靈公之賊，徧告諸將曰：「盾雖不知，猶爲賊首。以臣弒君，子孫在朝，何以懲罪！」遂攻趙氏於下宮，殺趙朔，滅其族。朔妻有遺腹，走公宮匿。既免身，免同娩。生男。賈聞之，索於宮中。夫人置兒絝中，祝曰：「趙宗滅乎，若號；即不滅，若無聲。」及索，兒無聲。已脫，朔客公孫杵臼謂朔友程嬰曰：「立孤與死孰難？」嬰曰：「死易，立孤難耳。」杵臼曰：「子強爲其難者；吾爲其易者，請先死。」杵臼取他兒匿山中。嬰出，謬曰：「與我千金，吾告趙氏孤處。」賈喜，乃使人隨嬰殺杵臼及兒。而趙氏眞孤在，嬰與俱匿山中，名曰武。

程嬰杵臼存孤

魯初稅畝

綱 丁卯，十有三年，（前五九四）秋，魯初稅畝。周制徹法，大率民得其九，公取其一。魯自宣公稅畝，又逐畝什取其一，則爲什而取二矣。

綱 庚午，十有六年，（前五九一）冬十月，魯宣公卒，子黑肱嗣。是爲成公。

魯作丘甲

綱 辛未，十有七年，（前五九〇）魯成公元年。春三月，魯作丘甲。十六井爲丘，四丘爲甸，甸出甲士三人。今使丘出之，書作「丘甲」，譏重斂也。

綱 壬申，十有八年，（前五八九）夏四月，衞孫良夫帥師及齊戰于新築，衞地。（今河北大名縣故魏縣南有新築城。）衞師敗績。衞與新築人曲縣、繁纓。縣同懸。縣鐘磬也。曲縣，軒縣也。周禮天子樂宮縣，四面；諸侯軒縣，闕南方。繁纓，馬飾，亦諸侯之服。

紀 衞孫桓子帥師及齊師戰于新築，孫桓子，良夫。敗績。新築人仲叔于奚救之，桓子是以免。衞賞之邑，辭。請曲縣、繁纓以朝，許之。孔子曰：「惜也，不如多與之邑。唯器與名，器，車服。名，爵號。不可以假人；若以假人，與人政也。政亡，則國家從之。」

鞌之戰

綱 六月，魯季孫行父、臧孫許、叔孫僑如、公孫嬰齊帥師會晉郤克、衞孫良夫、曹公子首及齊侯戰于鞌，齊侯，頃公。鞌音安，齊地。（即古歷下，在今山東濟南市內。）齊師敗績。

綱　乙亥，二十有一年，（前五八六）冬十一月，王崩，子夷踐位。

簡王

名夷，定王之子，在位十四年。諡法：「平易不訾曰簡。」

晉遷新田

綱　丙子，周簡王元年，（前五八五）夏四月，晉遷于新田。晉獻公自曲沃徙都絳邑。景公遷于新田，亦號絳邑。（絳邑，在今山西翼城縣西南。新田一名絳，又名絳陽，在今山西侯馬市東南故絳城。）

吳入州來

綱　丁丑，二年，（前五八四）秋八月，吳入州來。（吳，淮泗以南，浙江嘉湖等地。州來即下蔡，在今安徽鳳臺縣北。）

紀　初，楚之討陳夏氏也，陳靈公淫於夏徵舒之母，徵舒弒靈公，楚莊討之，殺徵舒。楚莊欲納夏姬，徵舒之母。申公巫臣諫止之。楚令尹子反欲取之，巫臣又諫，子反亦不敢取。夏姬，鄭女也，楚莊使之歸鄭。及楚共即位，巫臣奉命聘齊，遂過鄭取之以奔晉。子反以爲賣己，遂族巫臣之家。巫臣怨楚，晉、楚世爲仇敵。巫臣請於晉侯，景公。乞通吳於晉，合力以牽制楚師。於是晉侯使巫臣聘吳，吳子壽夢說之，巫臣乃敎吳車戰，使之伐楚。八月，吳入州來，楚於是始疲於奔命。

韓厥請立趙後

綱　庚辰，五年，（前五八一）秋，晉程嬰攻屠岸賈，滅其族，復趙氏。

紀　晉景公疾，韓厥言於晉侯曰：韓厥，獻子。「成季之勳，成季，趙衰。宣孟之忠，宣孟，趙盾。而無後，爲善者其懼矣！」景公因韓厥之衆以脅諸將而見趙武。諸將乃曰：「昔下宮之難，屠岸賈矯命爲之。今君有命立趙後，羣臣之願也。」於是召趙武、程嬰，徧拜諸將；遂與攻屠岸賈，滅其族；復與武田邑如故。及趙武冠，成人，程嬰乃辭諸大夫，謂武曰：「昔下宮之難，我非不能死，思立趙氏之後。今武既立，我將下報宣孟與公孫杵臼。」遂自殺。武服齊衰三年，爲之祭邑，春、秋世祀勿絶。

程嬰自殺

綱　乙酉，十年，（前五七六）春三月，諸侯立曹公子臧，宣公庶子。辭不受，奔宋。

晉會諸侯于戚

紀　晉侯會諸侯于戚，晉侯，厲公。戚，衛邑。（今河南濮陽縣北有古戚城。）討曹成公也，簡王八年，晉合諸侯伐秦，曹宣公卒于師，宣公弟負芻殺世子而自立，是爲成公。執而歸諸京師。諸侯將見子臧于王而立之，子臧辭曰：「『聖達節，聖人無可無不可。次守節，謂賢者。下失節。』愚者妄動。爲君，非吾節也。雖不能聖，敢失守乎！」遂逃奔宋。

鄢陵之戰

綱　丙戌，十有一年，（前五七五）夏六月，晉侯及楚子、鄭伯戰于鄢陵。晉厲公，楚共王，鄭成公。鄢陵，鄭邑。（在今河南鄢陵縣西北。）楚子、鄭師敗績，楚殺其大夫公子側。子反。

紀　鄭叛晉即楚，晉伐鄭，楚救之。六月，晉、楚遇於鄢陵，諸將請從之，請從之戰。范文子獨不欲戰，范文子，士燮。曰：「唯聖人能內外無患。自非聖人，外寧必有內憂，盍釋楚以爲外懼乎？」欒書、郤至不從，遂戰。大敗楚師，射楚子中目。子反醉，不能見。楚子宵遁，子反自殺。

綱　丁亥，十有二年，（前五七四）冬，晉殺其大夫郤錡、郤犨、郤至。

綱 戊子，十有三年，（前五七三）春正月，晉殺其大夫胥童。庚申，晉欒書、中行偃弒其君州蒲，州蒲，厲公。晉人逆公孫周于京師立之。公孫周，襄公曾孫，是爲悼公。

紀 晉范文子反自鄢陵，使其祝宗祈死，曰：「君驕侈而克敵，是天益其疾也，難將作矣！愛我者，惟祝我，使我速死，無及於難，范氏之福也。」六月，士燮卒。晉厲公侈，多外嬖。反自鄢陵，欲盡去羣大夫而立其左右。胥童以胥克之廢也，胥克，胥童父。怨郤氏，而嬖於厲公。既殺三郤，郤錡，郤犨，郤至。胥童以甲劫欒書、中行偃於朝。公曰：「一朝而殺三卿，余不忍益也！」公使胥童爲卿。公遊于匠麗氏，欒書、中行偃遂執公，殺胥童。正月庚申，使程滑弒厲公。晉荀罃、士魴逆公孫周于京師而立之。逆，迎也。悼公生十四年矣，而甚賢明，使魏相、士魴、魏頡、趙武爲卿，民無謗言，所以復霸也。

綱 秋八月，魯成公卒，子午嗣。是爲襄公。

綱 己丑，十有四年，（前五七二）魯襄公元年。秋九月，王崩，子泄心踐位。

靈王

名泄心，簡王之子，生而有髭，在位二十七年。謚法：「亂而不損曰靈。」髭音咨。下曰鬚，上曰髭。

綱 庚寅，周靈王元年，（前五七一）冬，晉荀罃、齊崔杼、宋華元、魯仲孫蔑、衞孫林父、曹人、邾人、滕人、薛人、小邾人會于戚，（戚，見上周簡王十年「會于戚」注。）遂城虎牢。鄭叛晉從楚，爲中國之患，恃虎牢之巖險耳，故會戚以謀鄭，城虎牢以逼之。

綱 壬辰，三年，（前五六九）冬，晉大夫魏絳盟諸戎。魏絳，魏莊子。

魏絳請和戎

紀　無終子嘉父使孟樂如晉，無終，山戎國名。（其國初在今山西太原市，後徙今河北薊縣。）因魏莊子納虎豹之皮，以請和諸戎。晉侯曰：「戎、狄無親，不如伐之。」魏絳曰：「和戎有五利焉：戎、狄薦居，薦，聚也。貴貨易土，易，輕也。以貨財爲重，以土地爲輕。土可賈焉，賈音古，其地所產，可資商賈。一也；邊鄙不聳，聳，懼也。民狎其野，狎，習也。穡人成功，種曰稼，斂曰穡。二也；戎、狄事晉，四鄰振動，諸侯畏懷，三也；以德綏戎，師徒不勤，甲兵不頓，頓，壞也。四也；鑒于后羿，（后羿見卷一夏后相八年「寒浞殺羿」。）晉侯好畋，故魏絳及之。而用德度，遠至邇安，五也。」公說，使絳盟諸戎。

諸侯伐鄭

綱　丁酉，八年，（前五六四）冬，晉侯、宋公、魯侯、衛侯、曹伯、莒子、邾子、滕子、薛伯、杞伯、小邾子、齊世子光伐鄭。晉悼公、宋平公、魯襄公、衛獻公、曹成公。十一月，同盟于戲。戲，鄭地。

晉悼公謀息民

紀　盟于戲，鄭服也。晉侯歸，謀所以息民。魏絳請施舍，施恩惠，舍勞役。輸積聚以貸。輸，盡也。貸借於民。自公以下，苟有積者，盡出之。國無滯積，亦無困人，公無禁利，亦無貪民。祈以幣更，祈禱以幣易牲。賓以特牲，宴賓止用一牲。器用不作，仍舊而不作新。車服從給。足用而不求美。行之期年，國乃有節，三駕而楚不能與爭。三駕，三興師。

諸侯會蕭魚

綱　己亥，十年，（前五六二）秋，晉侯、宋公、魯侯、衛侯、曹伯、齊世子光、莒子、邾子、滕子、薛伯、杞伯、小邾子伐鄭，會于蕭魚。鄭地。（即修魚，在今河南原陽縣東。）

紀　會于蕭魚，及鄭平。鄭人賂晉以歌鐘、鎛、磬、女樂，鎛音博。鐘、鎛、磬，皆樂器。晉侯以其半賜魏絳，曰：「子教寡人和諸戎狄以正諸夏。八年之中，九合諸侯，如樂之和，無所不

孔子生

齊崔杼弒莊公

諧。請與子樂之。」辭曰：「夫和戎、狄，國之福也。九合諸侯，諸侯無慝，君之靈也，二三子之勞也，臣何力之有焉？抑臣願君安其樂而思其終也！」公曰：「子之教，敢不承命。夫賞，國之典也，子其受之。」絳於是始有金、石之樂。金，鐘。石，磬。

綱 庚子，十有一年，（前五六一）秋九月，吳子乘卒，吳子乘，即壽夢。長子諸樊嗣。

紀 壽夢有子四人：長曰諸樊，次曰餘祭，音蔡。次曰餘眛，次曰季札。季札賢，壽夢欲立之，札讓不可，於是立長子諸樊。

綱 庚戌，二十有一年，（前五五一）冬十一月，孔子生。史記（孔子世家）：「孔子生魯昌平鄉陬邑。其先宋人也，曰孔防叔。防叔生伯夏。伯夏生叔梁紇。紇娶顏氏女名曰徵在，禱於尼丘，魯襄公二十二年而生孔子。生而岸頂，故因名曰丘，字仲尼。孔子生而叔梁紇卒，葬于防山。」陬音鄒。紇音痕，入聲。

綱 癸丑，二十有四年，（前五四八）夏五月，齊崔杼弒其君光，莊公。立其弟杵臼。是爲景公。

紀 崔武子見棠姜而美之，崔武子，崔杼。棠姜，棠公之妻。遂取之。莊公通焉，崔子弒之。太史書曰：「崔杼弒其君！」崔子殺之。其弟嗣書，而死者二人；其弟又書，乃舍之。南史氏聞太史盡死，南史氏，齊史之在外者。執簡以往，聞既書矣，乃還。

綱 丙辰，二十有七年，（前五四五）冬，王崩，太子晉母弟貴踐位。

景王

名貴，靈王之子，在位二十五年。謚法：「由義而濟曰景。」

吳季札聘魯

綱　丁巳，周景王元年，（前五四四）夏，吳子使札聘于魯。吳子，餘昧。

紀　吳使季札聘于魯，請觀於周樂，魯人爲奏六代之樂。黃帝、堯、舜、禹、湯、武。過徐，徐，國名。（在今安徽泗縣北。）徐君愛其寶劍，季子心知而許之。使還，徐君已歿，遂解劍懸其墓而去。

子產爲政　輿人誦子產

綱　戊午，二年，（前五四三）冬，鄭使公孫僑爲政。

紀　子產爲政，子產名僑。使都鄙有章，都，國都。鄙，邊鄙。有章，車服各有尊卑。上下有服，衣冠不得僭侈。田有封洫，封疆溝洫，井田之限。廬井有伍。廬，田舍。伍，五家相保。從政一年，輿人誦之曰：「取我衣冠而褚之，褚，藏也。取我田疇而伍之。孰殺子產，吾其與之！」及三年，又誦之曰：「我有子弟，子產誨之。我有田疇，子產殖之。子產而死，誰其嗣之！」

子產不毁鄉校

鄭人游於鄉校，鄉之學校。以論執政。然明謂子產：然明，鬷蔑也。鬷音宗。「毁鄉校如何？」子產曰：「夫人朝夕退而游焉，早見曰朝，暮見曰夕。以議執政之善否。其所善者，吾則行之；其所惡者，吾則改之。是吾師也，若之何毁之！我聞忠善以損怨，不聞作威以防怨，豈不遽止。然猶防川，大決所犯，傷人必多，吾不克救也，不如小決使道，道音導，通也。不如吾聞而藥之也。」仲尼聞之曰：「人謂子產不仁，吾不信也！」

綱　己未，三年，（前五四二）夏六月，魯襄公卒于楚宮，襄公作。子野立。秋九月，子野卒，公子裯立。裯音儔。是爲昭公。

韓宣子聘魯

綱　辛酉，五年，（前五四〇）春，晉使韓起聘于魯。

鄭作丘賦

鄭鑄刑書

子產卒

紀 晉侯使韓宣子聘于魯，晉侯，平公。韓宣子，韓起。觀書於太史氏，見易象與魯春秋，易象，象爻也，文王、周公所繫之辭。魯春秋，魯史也，遵周公之典以序事。曰：「周禮盡在魯矣，吾乃今知周公之德與周之所以王也！」

綱 癸亥，七年，（前五三八）秋，鄭作丘賦。丘，十六井，當出馬一匹，牛三頭。今子產別賦其田，謂之丘賦。

紀 鄭子產作丘賦，國人謗之曰：「其父死於路，其父，子國，爲尉氏所殺。己爲蠆尾。蠆音釵，去聲。重賦毒民，如蜂蠆之尾。以令於國，國將若之何！」子寬以告，子寬，渾罕。子產曰：「何害。苟利社稷，死生以之。以之，用之也。詩曰：『禮義不愆，何恤於人言！』二句逸詩。吾不遷矣。」遷，改也。渾罕曰：「君子作法於涼，涼，薄也。其敝猶貪；敝同弊。作法於貪，敝將若之何？」

綱 乙丑，九年，（前五三六）春，鄭人鑄刑書。鑄刑書於鼎，以爲國之常法。

綱 己巳，十有三年，（前五三二）秋七月，孔子生伯魚。

紀 孔子年十九，娶于宋幷官氏，一歲而生伯魚。魚之生也，魯昭公以鯉賜，孔子榮君之貺，故因以名曰鯉而字伯魚。

綱 己卯，二十有三年，（前五二二）冬十二月，鄭大夫公孫僑卒。

紀 子產有疾，謂子太叔曰：太叔，游吉。「我死，子必爲政。唯有德者能以寬服民，其次莫如猛。夫火烈，民望而畏之，故鮮死焉。水懦弱，民狎而翫之，翫同玩。則多死焉。故寬難！」子產卒，仲尼聞之出涕曰：「古之遺愛也！」

綱 辛巳，二十有五年，（前五二〇）夏四月，王崩，子猛踐立。是爲悼王。冬十月，王子猛卒，母弟匄立。匄音蓋。

紀 初，太子壽先卒；次子猛，少子朝。朝有寵，王欲立之，未果。至是，王崩，單子、劉子立猛，子朝因舊官百工之喪職秩者，帥要、餞之甲以逐劉子；要、餞，二邑名。劉子奔揚。邑名。單子奉子猛于莊宮。子朝之徒夜使人取猛以歸。單子出奔，子朝之徒奉王猛以追單子。晉人帥師納王猛于王城。冬，王猛卒，立其母弟王子匄。

敬王

名匄，景王之子，在位四十四年。謚法：「合善典法曰敬。」

天王居于狄泉

綱 壬午，周敬王元年，（前五一九）秋七月，天王居于狄泉。在洛陽城外。時敬王居于狄泉，謂之東王；子朝入于王城，謂之西王。春秋書曰「天王居于狄泉」，黜子朝也。尹氏立子朝。

綱 乙酉，四年，（前五一六）冬十月，王入于成周，尹氏、召伯、毛伯以王子朝奔楚。

綱 丁亥，六年，（前五一四）秋七月，魯顏回生。

綱 辛卯，十年，（前五一〇）冬十二月，魯昭公卒于乾侯。乾侯，晉邑。（在今河北磁縣東。乾音干，以其地水常乾涸爲名。）先是公如晉，次于乾侯。

綱 壬辰，十有一年，（前五〇九）夏六月，魯季孫意如廢世子而立昭公之弟宋。是爲定公。

柏舉之戰

綱 乙未，十有四年，（前五〇六）冬十一月，蔡侯以吳子及楚人戰于柏舉，蔡侯，昭侯。吳子，

吳入楚郢

闔閭。柏舉，楚地。（在今湖北麻城縣東北。）楚師敗績。楚囊瓦出奔鄭。庚辰，吳入郢。楚都。（在今湖北江陵縣東南，漢郢縣故城。）

紀 初，蔡昭侯朝楚，楚令尹子常不加禮而求賂。子常，囊瓦。蔡侯怨之，以其子爲質於吳，乞師伐楚。於是吳王闔閭與蔡侯、唐侯伐楚；子常禦之。二師陳于柏舉，二師，吳、楚二師。闔閭之弟夫槩王先擊子常之卒，卒奔，楚師亂，吳師大敗之，子常奔鄭，吳師及郢，楚子出奔于隨。楚子，昭王。吳人入郢，處於其宮。

秦敗吳

綱 丙申，十有五年，（前五〇五）夏六月，楚申包胥以秦師至，敗吳師。

伍子胥覆楚 申包胥復楚

紀 初，伍員與申包胥友，子胥名員。皆楚人也。員父爲楚平王所殺，員父伍奢。楚平王，昭王父。員奔吳，與包胥別，員曰：「我必覆楚！」包胥曰：「我必復之！」員既奔吳，遂道吳伐楚。既入郢，遂鞭平王之屍。包胥乃如秦乞師，秦伯使就館。秦伯，哀公。包胥依於庭牆而哭，日夜不絕，飲食不入口七日。秦哀公爲之賦無衣，詩秦風篇名。取「與子同仇」之義。乃爲之出師。申包胥以秦師至，吳師大敗，吳子乃還。秋，楚子入于郢。

綱 冬，魯曾參生。

孔子爲魯中都宰

綱 庚子，十有九年，（前五〇二）夏，魯以孔子爲中都宰。（中都，即今山東汶上縣治。）

紀 孔子爲中都宰，制爲養生送死之節，長幼異食，強弱異任，男女別途，路無拾遺，器不彫僞。爲四寸之棺，五寸之槨，因丘陵爲墳，不封不樹。封，封土。樹，植木。行之一年，而四方諸侯則焉。定公謂孔子曰：「學子此法以治魯國，何如？」孔子對曰：「雖天下可乎，何但魯國而已哉！」

綱　辛丑，二十年，（前五〇〇）春，魯以孔子爲司空，進爲大司寇。

孔子爲魯大司寇

綱　夏，魯侯會齊侯于夾谷。魯侯，定公。齊侯，景公。（夾谷，古地名，今山東萊蕪縣南有夾谷峪，即其地。）

夾谷之會

紀　齊使使告魯爲好會，會於夾谷。孔子相，曰：「臣聞有文事者必有武備。請具左、右司馬以從。」既會，齊有司請奏四方之樂，於是旗旄劍戟，鼓譟而至。孔子趨而進曰：「吾兩君爲好，夷狄之樂何爲於此！」齊侯心怍，麾之。使退。齊有司請奏宮中之樂，優倡侏儒戲而前。優倡，女樂。侏儒，短小之人。孔子趨而進曰：「匹夫熒惑諸侯者罪當誅！熒惑，煽亂也。請命有司！」加法焉，首足異處。景公懼，歸語其臣曰：「魯以君子之道輔其君，而子獨以夷狄之道教寡人。」於是齊人乃歸所侵魯鄆、汶陽、龜陰之田。（鄆音運，即西鄆，在今山東鄆城縣東。汶陽，今山東汶上縣，在汶河之岸。龜山在今山東泗水縣東北，接新泰縣界，與蒙陰縣蒙山相連。）

綱　癸卯，二十有二年，（前四九八）夏，魯叔孫州仇帥師墮郈，墮音揮，毁也。魯季孫斯、仲孫何忌帥師墮費。費音祕。冬，魯侯圍成，弗克。

孔子墮三都

紀　孔子言於定公曰：「家不藏甲，邑無百雉之城。」長三丈，高一丈爲雉。使仲由爲季氏宰，將墮三都。三家私邑，費、郈、成也。彊盛，將爲國害，故欲毁之。於是叔孫氏墮郈，季氏墮費，公斂處父不肯墮成。公斂處父，孟氏之臣。冬，公圍成，不克。或問「成既不墮，孔子如何便休？」朱子曰：「不久孔子亦去魯矣。若使久居之，自須有個處置。」

孔子攝魯相

綱　甲辰，二十有三年，（前四九七）冬，魯以孔子攝相事，與聞國政。

孔子誅少正卯

紀　孔子爲魯相，攝朝七日而誅少正卯。門人問曰：「少正卯，魯之聞人也。有聲聞之人。夫子爲政而始誅之，得無失乎？」孔子曰：「人有大惡者五，而盜竊不與焉：一曰心達而險，二曰行僻而堅，三曰言僞而辯，四曰記醜而博，醜，惡也。五曰順非而澤。澤，潤也。此五者有一於人，則不免於君子之誅，而少正卯兼有之。其居處足以聚徒成羣，言談足以飾邪熒衆，熒，惑也。彊足以反是獨立，此小人之桀雄也，不可以不誅也！是以湯誅尹諧，文王誅潘正，周公誅管叔，太公誅華仕，管仲誅付里乙，子產誅鄧析、央何：此七子者，皆異世同心，不可不誅也。」

初，魯之販羊有沈猶氏者，常朝飲其羊以詐市人。有公愼氏者，妻淫不制。有愼潰氏者，奢侈踰法。魯之鬻六畜者，飾之以儲價。及孔子之爲政也，則沈猶氏不敢朝飲其羊，公愼氏出其妻，愼潰氏越境而徙。三月，則鬻牛馬者不儲價，賣羔豚者不加飾，男女行者別於塗，道不拾遺，男尚忠信，女尙貞順。

孔子去魯適衞

綱　齊人歸女樂于魯，孔子適衞。史記（孔子世家）：「齊人聞而懼曰：『孔子爲政必霸，霸則吾地近焉，我爲先幷矣。盍致地焉。』犂鉏曰：『請先嘗沮之。沮之而不可，則致地，庸遲乎！』於是選齊國中女子好者八十人，皆衣

越敗吳于檇李

衛蒯聵奔宋

文衣而舞康樂；文馬三十駟，遺魯君。陳女樂、文馬於魯城南高門外。季桓子微服往觀再三，將受，乃語魯君爲周道游，往觀終日，怠於政事。子路曰：『夫子可以行矣！』孔子曰：『魯今且郊；如致膰于大夫，則吾猶可以止。』桓子卒受女樂，三日不聽政，郊又不致膰於大夫，孔子遂行。」

綱　己巳，二十有四年，（前四九六）夏五月，於越敗吳于檇李。檇音醉。（檇李，在今浙江嘉興市西南。）

紀　吳闔閭伐越；越句踐禦之，陳于檇李，大敗之。闔閭傷將指而卒。將指，足大指。子夫差立，誓以復讎，使人立於庭，苟出入，必謂己曰：「夫差，而忘越王之殺而父乎？」而，汝也。則對曰：「唯，不敢忘！」三年，乃報越。

綱　秋，衛世子蒯聵出奔宋。

紀　衛侯爲夫人南子召宋朝，衛侯，靈公。南子，宋女也。朝，宋公子，舊通於南子。太子蒯聵獻盂于齊，盂，邑名。（今河南睢縣一帶。）過宋野，野人歌曰：「既定爾婁豬，盍歸吾艾豭？」婁豬，求子豬也；得牡則定，以喻南子。艾，幼也；豭，牡豕也，以喻宋朝。太子羞之，謂戲陽速曰：戲陽速，太子家臣。「我從而朝少君，而，汝也。少君，夫人。少君見我，我顧，乃殺之。」乃，汝也。速曰：「諾。」乃朝夫人。太子三顧，速不進。夫人見其色，啼而走，曰：「蒯聵將殺余！」公執其手以登臺。太子奔宋。

綱　孔子自衛適陳。畏于匡，復反于衛。

綱　丙午，二十有五年，（前四九五）春，孔子去衛過曹。夏五月，魯定公卒，子蔣嗣。是爲哀公。

綱　秋九月，孔子自曹適宋，及鄭，至陳。

紀　孔子去曹適宋，與弟子習禮大樹下。宋司馬桓魋欲殺孔子，伐其樹。孔子去。適鄭，與弟子相失。孔子獨立郭東門。鄭人曰：「東門有人，其顙似堯，其項類皋陶，其肩類子產，然自要以下不及禹三寸，（要同腰。）纍纍若喪家之狗。」（纍纍，羸憊失意之貌。）孔子遂至陳，主於司城貞子家。

吳敗越于夫椒

綱　丁未，二十有六年，（前四九四）春，吳子敗越于夫椒。（夫音扶。夫椒，山名，在今蘇州市西南太湖中，一稱湫山。）

伍員諫許越成

紀　吳王夫差敗越于夫椒，報檇李也。遂入越。越句踐以甲楯五千保于會稽，（在今浙江紹興縣東南。）使大夫種因吳太宰嚭以行成。（嚭，故楚臣，奔吳爲太宰，寵幸於夫差，故種因之，求平於吳。）夫差將許之，伍員曰：「不可。臣聞之樹德莫如滋，（人之植德如植木焉，欲其滋長。）去疾莫如盡。（人之去惡如治病然，欲其淨盡。）昔夏少康有田一成，有衆一旅，能布其德而兆其謀，遂滅過、戈，（過、戈，見卷二夏少康四十歲「滅澆于過，滅豷于戈」注。）復禹之績。今吳不如過而越大於少康，或將豐之，不亦難乎！（言與越成，是使越豐大，必爲吳難。）句踐能親而務施。施不失人，親不棄勞，與我同壤，而世爲仇讎。於是乎克而弗取，將又存之。違天而長寇讎，（天與不取，故曰違天。）後雖悔之，不可及已！」弗聽。退而告人曰：「越十年生聚，而十年教訓，二十年之外，吳其爲沼乎！」

言吳必爲越所滅而宮室廢壞，當爲汙池。越及吳平。

綱　戊申，二十有七年，(前四九三)春，孔子自陳反于衛。孔子自衛如晉，不果，反乎衛，復如陳。

孔子臨河興歎

紀　孔子既不得用于衛，將西見趙簡子。晉趙鞅。至于河，(即鳴犢河故瀆，在今山東博平、高唐至河北吳橋縣之間。)聞竇鳴犢、舜華之死也，臨河而歎曰：「美哉水，洋洋乎！丘之不濟此，命也夫！」子貢問曰：「何謂也？」孔子曰：「竇鳴犢、舜華，晉國之賢大夫也。簡子未得志之時，須此兩人而後從政；今得志，乃殺之。君子惡傷其類，故余云然。」又反乎衛，復如陳。

綱　庚戌，二十有九年，(前四九一)夏，孔子在陳，思歸魯，尋如蔡。

綱　壬子，三十有一年，(前四八九)春，孔子自蔡如葉，葉音攝，楚邑。(即今河南葉縣。)楚子遣使來聘孔子。楚子，昭王。

子西沮封孔子

紀　楚子聞孔子在陳、蔡之閒，使人聘孔子。陳、蔡大夫謀曰：「孔子用於楚，則陳、蔡危矣。」相與發徒圍之於野；不得行，絕糧。使子貢至楚。楚子興師迎孔子，然後得行。楚子將以書社地封孔子，二十五家爲里，里各立社。書社者，書其社之人名於籍也。楚令尹子西曰：「王之使諸侯有如子貢者乎？」曰：「無有。」「王之輔相有如顏回者乎？」曰：「無有。」「王之將帥有如子路者乎？」曰：「無有。」「王之官尹有如宰予者乎？」曰：「無有。」「且楚之祖封於周，號爲子男五十里。今孔丘述三王之法，明周、召之業，王若用之，則楚安得世世堂堂方數千里

孔子敍書記禮删詩正樂序易

韋編三絕

孔子弟子七十二人

乎？夫文王在豐，武王在鎬，百里之君，卒王天下。今孔丘得據土壤，賢弟子爲佐，非楚之福也！」昭王乃止。

綱 秋，孔子自楚反于衛。

綱 丁巳，三十有六年，（前四八四）冬，孔子自衛反魯。孔子敍書，記禮，删詩，正樂，序易彖、繫、象、說卦、文言。

紀 魯終不能用孔子，孔子亦不求仕。時周室微而禮、樂廢，詩、書缺。孔子追迹三代之禮，序書，上自唐、虞，堯典、舜典。下至秦繆。繆同穆，秦誓。删古詩三千餘篇爲三百五篇，詩三百十一篇，云三百五篇者，蓋以笙詩六篇無辭也。皆絃歌之，以求合韶、武、雅、頌之音。禮、樂自此可得而述。晚而喜易，序彖、象、繫辭、說卦、文言。彖傳，大、小象，繫辭上、下傳，說卦傳，乾、坤二卦文言。讀易韋編三絕。韋，熟皮也。編，貫也。古者以竹爲簡，以熟皮貫之而成策。孔子以詩、書、禮、樂教，弟子蓋三千焉，身通六藝者七十有二人。顏回、閔損、冉耕、冉雍、宰予、端木賜、冉求、仲由、言偃、卜商、顓孫師、曾點、曾參、澹臺滅明、高柴、宓不齊、樊須、有若、公西赤、原憲、公冶長、南宮縚、公晳哀、顏由、商瞿、漆雕開、公良孺、秦商、顏刻、司馬耕、巫馬施、梁鱣、琴牢、冉孺、顏幸、伯虔、公孫龍、曹卹、陳亢、叔仲會、秦祖、奚容蒧、公祖句茲、廉潔、蘧瑗、罕父黑、公西蒧、壤駟赤、冉季、后處、左人郢、狄黑、商澤、任不齊、榮旂、顏噲、秦冉、秦非、漆雕從、燕伋、林放、申黨、步叔乘、石作蜀、施之常、鄭國、樂欬、顏之僕、孔忠、漆雕哆、邽巽、顏相。史記、家語所載閒有不同，凡七十七人。宓音服。縚音叨。蒧音點。瑗音願。欬音慨。邽音規。

西狩獲麟

綱 庚申，三十有九年，(前四八一)春，魯西狩獲麟。

紀 魯人西狩于大野，叔孫氏之車子鉏商獲麟，麟，麕身，牛尾，馬蹄，一角，毛蟲之長，王者之瑞也。麕音均，鹿屬。以爲不祥，棄之郭外。孔子往觀之，曰：「麟也！胡爲來哉！」反袂拭面，涕泗沾襟，曰：「吾道窮矣！」

孔子作春秋

綱 孔子作春秋。

紀 孔子因魯史作春秋，上自隱公元年，下訖哀公十四年，凡十有二公。隱、桓、莊、閔、僖、文、宣、成、襄、昭、定、哀。絕筆於獲麟。春秋止於西狩獲麟。筆則筆，可者筆於書。削則削，否者削去之。游、夏之徒不能贊一辭。游、夏，子游、子夏。贊，助也。

宋景君人之言

綱 辛丑，四十年，(前四八〇)夏，熒惑守心。熒惑，南方火星。居其宿曰守。心爲明堂大星，天王前後星，子屬。

紀 熒惑守心，心，宋之分野也，景公憂之。司星子韋曰：「可移於相。」公曰：「相，吾之股肱。」曰：「可移於民。」公曰：「君者待民。」曰：「可移於歲。」公曰：「歲饑民困，吾誰爲君？」子韋曰：「天高聽卑。君有君人之言三，熒惑宜有動。」於是候之，果徙三度。

孔子卒

綱 壬戌，四十有一年，(前四七九)夏四月，大聖孔子卒于魯。

魯哀公誄仲尼

紀 夏四月，孔子卒。年七十三。魯哀公誄之曰：誄音磊。誄者，累其功德，爲文以哀之也。「旻天不弔，不慭遺一老，慭讀錄去聲，且也。俾屏余一人以在位！屏，蔽也。煢煢余在疚！煢煢，憂意。

越滅吳

句踐臥薪嘗膽

范蠡諫許吳成

嗚呼哀哉！尼父，無自律！」律，法也。子貢曰：「君其不沒於魯乎！夫子之言曰：『禮失則昏，名失則愆。失志爲昏，失所爲愆』。生不能用，死而誄之，非禮也；稱『一人』，唯天子得稱之。非名也：君兩失之」。

綱 乙丑，四十有四年，（前四七六）秋，王崩，子仁踐位。

元王 名仁，敬王之子，在位七年。謚法：「行義說民曰元。」

綱 丙寅，周元王元年。（前四七五）

綱 戊辰，三年，（前四七三）冬十一月，越滅吳。

紀 初，越句踐爲吳所敗，棲于會稽，使大夫種行成于吳，吳王夫差許之。（見上周敬王二十六年「吳子敗越於夫椒」紀。）句踐反國，乃苦身焦思，臥薪嘗膽，身自耕作，夫人自織，折節下賢，厚遇賓客，賑貧弔死，與百姓同勞苦。二十餘年，其民生長可用，乃以伐吳。吳王兵敗，棲于姑蘇。山名。（在今江蘇蘇州市西南）使人行成於越，請曰：「孤臣異日得罪於會稽，孤臣不敢逆命，得與君王成以歸。今君王誅孤臣，孤臣意者亦欲如會稽之赦罪。」句踐不忍，欲許之。范蠡曰：「會稽之事，天以越賜吳，吳不取。今天以吳賜越，越豈可逆天乎？且君早朝晏罷，非爲吳耶？謀之二十年，一旦棄之，可乎？且天與不取，反受其咎。」吳王乃自殺。

綱 越子會齊、晉及諸侯于徐州。即舒州也。（即周薛國，今山東滕縣。）

綱 越人致貢，王賜越子胙，命爲伯。越范蠡去越。越子殺其大夫文種。

范蠡乘舟浮五湖
范蠡遺文種書
晉智趙韓魏滅范中行

紀 范蠡辭於句踐，乘輕舟以浮於五湖，五湖，太湖也，有五道，故名。遺大夫種書曰：「飛鳥盡，良弓藏。狡兔死，走狗烹。敵國破，謀臣亡。越王長頸鳥喙，喙，鳥嘴。可與共患難，不可與共安樂。子何不去？」種見書，稱病不朝。人或讒種且作亂，越王乃賜種劍，種自殺。范蠡浮海出齊，變姓名，自謂鴟夷子皮，父子治產，至數十萬。齊人聞其賢，以爲相。蠡歎曰：「居家致千金，居官致卿相，此布衣之極也。久受尊名，不祥！」乃歸相印，盡散其財；懷重寶閒行，止於陶，自謂陶朱公，貲累鉅萬。魯人猗頓往問術。蠡曰：「畜五牸。」乃大畜牛羊。十年閒，貲擬王公，故天下言富者稱陶朱、猗頓。牸音字，牝牛。（范蠡所止之陶，在今山東肥城縣西北陶山。）

綱 壬申，七年，（前四六九）冬，王崩，子介踐位。

貞定王

名介，元王之子，在位二十八年。諡法：「清白守節曰貞，紀行不爽曰定。」

綱 癸酉，周貞定王元年，（前四六八）夏，魯侯出奔越。魯侯，哀公。

紀 魯哀公欲以越去三桓，欲假越兵以逐去三家。不克，遂遜于邾，出奔邾國。（在今山東鄒縣東南。）乃如越。

綱 魯哀公卒于有山氏，即公孫有陘氏。國人迎哀公復歸，卒于有山氏，子貢「不沒於魯」之言乃驗。魯人立公之子寧。是爲悼公。

綱 癸未，十有一年，（前四五八）晉荀瑤與趙氏、韓氏、魏氏滅范氏、中行氏，荀瑤即智伯。而分其地。晉侯出奔齊。晉侯，出公。

齊權歸田氏

趙襄子伐狄

秦伐義渠

晉伐伊洛陰戎

【紀】晉智氏、趙氏、韓氏、魏氏、范氏、中行氏，號爲六卿。是歲，智伯與韓、趙、魏共滅范、中行氏，而分其地。晉侯告于齊、魯，請伐四卿；四卿反攻其君，晉侯奔齊。

【綱】戊子，十有六年，（前四五三）齊田盤使其宗人盡爲齊都邑大夫。田盤，襄子。

【紀】初，陳公子完奔齊，（見上周惠王五年「公子完與顓孫奔齊」紀。）更姓田，子孫盛多。其後齊亂，公室卑弱，權歸田氏。田恆之子盤爲齊相，至是與三晉通使，韓、趙、魏。盡以其兄、弟、宗人爲都邑大夫。

【綱】晉趙無恤使新稚狗伐狄。趙無恤，襄子。新稚狗，穆子。

【紀】趙襄子使新稚穆子伐狄，勝之，取左人、中人。狄二邑。（並在今河北唐縣西北。）遽人來告，遽，傳車，今之馬遞。襄子方食而有憂色。侍者曰：「狗之事大矣，取狄二邑。而主色不怡，何也？」襄子曰：「夫江、河之大也不過三日，飄風暴雨不終朝，日中不須臾。今趙氏之德無所積，一朝而兩城下，亡其及我哉！」

【綱】丁酉，二十五年，（前四四四）秦伐義渠，西戎國。（古義渠國，有今甘肅環縣、慶陽、寧縣等地。秦滅義渠置縣，在今甘肅寧縣西北。）執其君以歸。晉伐伊、洛陰戎，滅之。自此中國無戎寇，惟餘義渠一種焉。

【綱】庚子，二十有八年，（前四四一）春，王崩，子去疾踐位。是爲哀王。弟叔弒王自立。是爲思王。秋八月，王子嵬殺叔而自立。是爲考王。

【綱】封弟揭於河南，王城。以續周公之職。是爲西周桓公。

九鼎震　東西周

考王 名嵬，貞定王少子，在位十五年。

綱　辛丑，周考王元年。（前四四〇）

綱　甲辰，四年，（前四三七）晉侯反朝于韓、趙、魏氏，晉侯，幽公。晉獨有絳、曲沃地。（絳見上周簡王元年「晉遷于新田」注。曲沃，在今山西聞喜縣東。）

綱　乙卯，十有五年，（前四二六）王崩，子午踐位。是爲威烈王。

綱　西周公封其少子班於鞏。西周公，惠公也。初考王封其弟於河南，是爲西周桓公；卒，子威公立；卒，子惠公立。（鞏，即今河南鞏縣。）以奉王，是爲東周。此東、西周分之始也。

威烈王 名午，考王之子，在位二十四年。謚法：「彊毅執正曰威，秉德尊業曰烈。」是時周室衰微，徒擁虛器，號爲天下共主。傳至赧王，五世，爲秦所滅。

綱　丙辰，周威烈王元年。（前四二五）

綱　壬申，十有七年，（前四〇九）魯侯尊禮孔伋。魯侯，穆公。孔伋，子思。

綱　魯侯以公儀休爲相。

紀　公儀子相魯，之其家，見織帛，怒而出其妻；按史記，蓋其家有織布婦，而休遣去之耳，非其妻也。食於舍而茹葵，茹，食也。葵，菜名。慍而拔其葵。曰：「吾已食祿，又奪園夫、紅女利乎！」紅女，工女。

綱　戊寅，二十有三年，（前四〇三）九鼎震。金履祥曰：「按九鼎，三代相傳，天下之形制圖籍也。而震，是天下之大異也。司馬公（光）通鑑，始於是年而不書，通鑑以人事爲要也。左氏終於趙、韓、魏之亡智伯，而通鑑始於魏、趙、韓之爲諸侯，又推其始以及於趙、韓、魏之滅智伯，又推其始以及智、趙之立後。舉數十年之事，悉下附於二十三年之內。年之不接於春秋者，避續經之嫌也。事之接於左氏者，敍記事之實也。然則呂成公（祖謙）大事記之年，何以上接春秋？曰：通鑑爲歷代史法之創始，於續經爲有嫌。大事記用史記年表之名例，於春秋爲不犯。二意固並行而不相悖也。」

綱鑑易知錄卷五

周紀

威烈王

初命三晉為諸侯

綱　戊寅，周威烈王二十三年，（前四〇三）初命晉大夫魏斯、趙籍、韓虔為諸侯。

智果諫立瑤

目　初，智宣子將以瑤為後，瑤即智伯。智果曰：「不如宵也。瑤之賢於人者五，其不逮者一也。美鬢長大則賢，射御足力則賢，技藝畢給則賢，巧文辯慧則賢，彊毅果敢則賢；如是，而甚不仁。夫以其五賢陵人而以不仁行之，其誰能待之？若果立瑤也，智宗必滅。」弗聽。智果別族於太史，為輔氏。

趙簡子立無恤

趙簡子之子，長曰伯魯，幼曰無恤。將置後，不知所立，乃書訓戒之辭於二簡，以授二子曰：「謹識之！」三年而問之，伯魯不能舉其辭；求其簡，已失之矣。問無恤，誦其辭甚習；熟也。求其簡，出諸袖中而奏之。於是簡子以無恤為賢，立以為後。

簡子使尹鐸為晉陽，（今山西太原市西南太原鎮。）請曰：「以為繭絲乎？」指賦稅而言。抑為保障乎？」指藩籬而言。簡子曰：「保障哉！」尹鐸損其戶數。減損其戶數則賦稅輕，民力舒也。簡子謂無恤曰：「晉國有難，而無以尹鐸為少，而，汝也。無以晉陽為遠，必以為歸。」

智國諫智伯

及智宣子卒，智襄子爲政，襄子，智伯瑤。與韓康子、魏桓子宴於藍臺。智伯戲康子而侮段規。韓康子臣。智國聞之，諫曰：「主不備，難必至矣！」智伯曰：「難將由我。我不爲難，誰敢興之！」對曰：「君子能勤小物，細行也。故無大患。今主一宴而恥人之君相，又不備，曰『不敢興難』，無乃不可乎！蜹、蟻、蜂、蠆，皆能害人，況君相乎！」弗聽。

段規請與地

任章請與地

智伯請地於韓康子，康子欲弗與。段規曰：「智伯好利而愎，剛愎不仁。不與將伐我，不如與之。彼狃於得地，狃音紐，習也。必請於他人；他人不與，必嚮之以兵；然則我得免於患而待事之變矣。」康子乃與之，智伯悅。又求地於魏桓子，桓子以無故，欲弗與。任章曰：「無故索地，諸大夫必懼；吾與之地，智伯必驕。彼驕而輕敵，此懼而相親；以相親之兵待輕敵之人，智氏之命必不長矣。不如與之，以驕智伯。」桓子亦與之。

趙襄子走晉陽

智伯又求蔡、皋狼之地於趙襄子，（皋狼，在今離石縣西北。）襄子，無恤。襄子弗與。智伯怒，帥韓、魏之甲以攻之。襄子將出，曰：「吾何走乎？」從者曰：「長子近，（長子，今山西長治市西。）且城厚完。」襄子曰：「民罷力以完之，罷同疲。又斃死以守之，其誰與我！」從者曰：「邯鄲之倉庫實。」（邯鄲，今河北邯鄲市。）襄子曰：「浚民之膏澤以實之，又因而殺之，其誰與我！其晉陽乎，先主之所屬也，尹鐸之所寬也，民必和矣。」乃走晉陽。三家圍而灌之，三家，智伯、韓、魏。城不浸者三版；沉竈產鼃，鼃，蛙也。民無叛意。

絺疵諫智伯

絺疵謂智伯曰：絺一作「郄」。「韓、魏必反矣！」智伯曰：「子何以知之？」對曰：「以人事知之。夫從韓、魏而攻趙，趙亡，難必及韓、魏矣。今約勝趙而三分其地，城降有日，而二子無喜志，有憂色，是非反而何？」智伯不悛。悛音遷，改也。

趙韓魏滅智伯

趙襄子使張孟談潛出見二子，曰：「臣聞脣亡則齒寒。趙亡則韓、魏爲之次矣。」二子乃陰與張孟談約，爲之期日而遣之。襄子夜使人殺守隄之吏，而決水灌智伯軍。智伯軍亂，韓、魏翼而擊之，襄子將卒犯其前，大敗其衆，遂殺智伯，滅其族而分其地，唯輔果在。輔果即智果。

豫讓爲智伯報仇

趙襄子漆智伯之頭，以爲飲器。溲便器也。智伯之臣豫讓欲爲之報仇，乃詐爲刑人，挾匕首，短劍。入襄子宮中塗廁。塗，杇抹也。廁音次，溷池也。襄子如廁心動，索之，獲豫讓。左右欲殺之，襄子曰：「義士也，吾謹避之耳。」乃舍之。讓又漆身爲癩，變其容。吞炭爲啞。變其音。行乞於市，其妻不識也。其友識之，爲之泣曰：「以子之才，臣事趙孟，晉卿惟趙氏爲長，故曰趙孟。必得近幸。子乃爲所欲爲，顧不易耶？何乃自苦如此？」讓曰：「委質爲臣，質，身也。委質，猶言致身。而求殺之，是二心也。吾所以爲此者，將以愧天下後世之爲人臣而懷二心者也。」後襄子出，豫讓伏於橋下。襄子至橋，馬驚，索之，得豫讓，乃殺之。

魏文侯以卜子夏、田子方爲師。魏文侯，魏斯。每過段干木之廬必式。式，車前橫木，有所敬，則俯而憑之。四方賢士多歸之。

文侯與羣臣飲酒，樂，而天雨，命駕將適野。左右曰：「今日飲酒樂，天又雨，君將安

魏文侯不失虞人之期

之？」文侯曰：「吾與虞人期獵，雖樂，豈可無一會期哉！」乃往，身自罷之。文侯使樂羊伐中山，（古狄都，今河北定縣。）克之，以封其子擊。他日問於羣臣：「我何如主？」皆曰：「仁君。」任座曰：「君得中山，不以封君之弟，而以封君之子，何謂仁君！」文侯怒，座趨出。次問翟璜，對曰：「仁君也。」文侯曰：「何以知之？」對曰：「君仁則臣直。嚮者任座之言直，是以知之。」文侯悅，使璜召座而反之，親下堂迎之，以爲上客。

君仁則臣直

文侯與田子方飲，文侯曰：「鐘聲不比乎？左高。」謂左方之聲高。田子方笑。文侯曰：「何笑？」子方曰：「臣聞之，君明樂官，不明樂音。今君審於音，臣恐其聾於官也。」文侯曰：「善。」

審音聾官

子擊出，遭田子方於道，下車伏謁。子方不爲禮。子擊怒，謂子方曰：「富貴者驕人乎？貧賤者驕人乎？」子方曰：「亦貧賤者驕人耳，富貴者安敢驕人！國君而驕人則失其國，大夫而驕人則失其家。失其國家者，未聞有以國家待之者也。夫士貧賤，言不用，行不合，則納履而去，安往而不得貧賤哉！」擊乃謝之。

貧賤者驕人

文侯謂李克曰：「先生有言：『家貧思賢妻，國亂思良相。』今所置非成則璜，成，魏成。璜，翟璜。二子何如？」對曰：「居視其所親，富視其所與，達視其所舉，窮視其所不爲，貧視其所不取，五者足以定之矣。」文侯曰：「先生就舍，館也。吾之相定矣。」李克出，翟璜曰：「聞君召先生卜相，果誰爲之？」克曰：「魏成。」璜忿然曰：「西河守吳起，（魏之西河，當今河南西北，陝西東

達視其所舉

魏文侯定相

南地。）臣所進也。君內以鄴爲憂，（故鄴城，在今河北磁縣西。）臣進西門豹。君欲伐中山，臣進樂羊。中山已拔，無使守之，臣進先生。君之子無傅，臣進屈侯鮒。以耳目之所睹記，臣何負於魏成！」克曰：「成食祿千鍾，什九在外，是以東得卜子夏、田子方、段干木。此三人，君皆師之；子所進五人者，君皆臣之。子惡得與成比也！」璜再拜謝曰：「鄙人失對，願卒爲弟子！」

吳起歸魏文侯

李克論吳起

吳起者，衞人，仕於魯。齊人伐魯，魯人欲以爲將，起取齊女，魯人疑之，起殺妻以求將，大破齊師。或譖之曰：「起始事曾參，母死不奔喪，曾參絕之。今又殺妻以求爲將。起，殘忍薄行人也！」起恐得罪，聞魏文侯賢，乃往歸之。文侯問諸李克，克曰：「起貪而好色；然用兵，司馬穰苴弗能過也。」苴音疽。穰苴，田完之裔，先爲齊大司馬，故稱司馬穰苴。所著書名司馬兵法。於是文侯以爲將，擊秦，拔五城。

吳起爲卒吮疽

起爲將，臥不設席，行不騎乘，親裹贏糧，贏，擔也。與士卒最下者同衣食，分勞苦。卒有病疽者，起爲吮之。吮，口噏也。卒母聞而哭之。或問之，對曰：「往年吳公吮其父，其父戰不還踵，還音旋。遂死於敵。吳公今又吮其子，妾不知其死所矣。」

趙烈侯好音，烈侯，趙籍。謂相國公仲連曰：「寡人愛鄭歌者槍、石二人，槍，石，二歌者名。吾賜之田，人萬畝。」每人賜田萬畝。連諾而不與。烈侯屢問，連乃稱疾不朝。番吾君謂連曰：番音蒲。番吾君，史失其姓名。（番吾，亦稱播吾，又稱蒲吾，在今河北平山縣南。）「君實好善，而未知所持。公仲亦有進士乎？」連曰：「未也。」曰：「牛畜、荀欣、徐越皆可。」連進之。畜侍以仁義，侍，

歌者之田且止

虢山崩壅河

聶政刺俠累

聶嫈

田和遷君海上

猶言勸也。烈侯逌然。自得貌。明日，欣侍以舉賢使能。明日，越侍以節財儉用。察度功德，所與無不充，凡所賜與，皆稱其功德。君悅，乃謂連曰：「歌者之田且止。」以畜爲師，欣爲中尉，越爲內史。賜連衣二襲。上下皆具曰襲。

綱 己卯，二十四年，（前四〇二）王崩，子驕立。

安王 名驕，威烈王子，在位二十六年。謚法：「好和不爭曰安。」

綱 庚辰，安王元年。（前四〇一）

綱 壬午，三年，（前三九九）虢山崩，（虢山，在今河南盧氏縣東北。）壅河。

綱 甲申，五年，（前三九七）盜殺韓相俠累。名傀。

目 俠累與濮陽嚴仲子有惡。（濮陽即春秋之帝丘，爲衞國都，在今河南濮陽縣南。）惡，史記作「隙」。仲子聞軹人聶政之勇，（軹縣，在今河南濟源縣南。）以黃金百鎰，鎰音逸。二十四兩爲鎰。爲政母壽，以禮致敬曰壽。欲以報仇。政不受，曰：「老母在，政身未敢以許人也！」及母卒，仲子乃使政刺俠累。俠累方坐府上，兵衞甚嚴，聶政直入刺之，因自皮面抉眼。刺其面皮，出其眼睛，欲令人不識也。韓人暴其尸於市，購問，購，以財求也。莫能識。其姊嫈聞而往，嫈音英。哭之曰：「是軹深井里聶政也！以妾在，故重自刑以絕蹤。妾奈何畏歿身之誅，終滅賢弟之名！」遂死政尸傍。

綱 庚寅，十一年，（前三九一）齊田和遷其君貸於海上，田和，田恆曾孫。貸，齊康公。食一城。

田和求爲諸侯

綱 壬辰，十三年，（前三八九）齊田和會魏侯、楚人、衞人于濁澤，（在今山西運城縣西南。）求爲諸侯。

目 田和求爲諸侯，魏文侯爲之請於王及諸侯，王許之。

綱 甲午，十五年，（前三八七）魏吳起奔楚，楚以爲相。

在德不在險

目 魏武侯浮西河而下，（魏武侯，子擊。西河，卽龍門河，指黃河。）顧謂吳起曰：「美哉山河之固，此魏國之寶也！」對曰：「在德不在險。昔三苗氏，左洞庭，（洞庭湖，在今湖南岳陽、華容、安鄉、常德、沅江諸縣間。）右彭蠡；（卽鄱陽湖，在今江西北境，長江以南，江西南昌市、餘干、鄱陽、德安、修水諸縣間。）德義不脩，禹滅之。夏桀之居，左河、濟，（西北距河，東南據濟。）右泰華，（泰華，卽華山，在今陝西渭南縣東。）伊闕在其南，（伊闕，山名，在今河南洛陽市南。）羊腸在其北；（羊腸，坂名，在今山西壺關縣南。）脩政不仁，湯放之。商紂之國，左孟門，（山名，在今山西鄉寧縣西。）右太行，（山名，起自今河南濟源縣西北，入山西境。）常山在其北，（常山卽恆山，在今河北正定縣西北。）大河經其南；脩政不德，武王殺之。由此觀之，在德不在險。若君不脩德，舟中之人皆敵國也！」武侯曰：「善。」

吳起田文論功

魏相田文，起不悅，謂文曰：「請與子論功可乎？」文曰：「可。」起曰：「將三軍，使士卒樂死，敵國不敢謀，子孰與起？」文曰：「不如子。」起曰：「治百官，親萬民，實府庫，子孰與起？」文曰：「不如子。」起曰：「守西河而秦兵不敢東鄉，韓、趙賓從，子孰與起？」文曰：「不如子。」起曰：「此三者子皆出吾下，而位加吾上，何也？」文曰：「主少國疑，大臣未附，百姓

初命田和為諸侯　齊侯來朝　封卽墨烹阿

不信，方是之時，屬之子乎，屬之我乎？」起默然，良久曰：「屬之子矣！」

久之，武侯疑之，起懼誅，遂奔楚。楚悼王素聞其賢，至則任之為相。起明法審令，捐不急之官，廢公族疏遠者，以養戰士，要在彊兵，破遊說之言從橫者。關東地長為從，楚、燕、趙、魏、韓、齊六國居之。關西地廣為橫，秦獨居之。以六攻一為從，以一離六為橫，故從曰合，橫曰連。於是南平百越，越非一種，故曰百越。北卻三晉，趙、魏、韓。西伐秦，諸侯皆患楚之彊，而楚之貴戚大臣多怨起者。

綱 乙未，十六年，（前三八六）初命齊田和為諸侯。

綱 庚子，二十一年，（前三八一）楚君類卒，類，悼王。楚人殺吳起。

目 悼王薨，貴戚大臣作亂，攻吳起殺之。

綱 壬寅，二十三年，（前三七九）齊侯貸卒，貸，康公。無子，田氏遂幷齊。

綱 乙巳，二十六年，（前三七六）王崩，子喜立。

綱 三晉共廢其君俱酒為家人而分其地。俱酒，晉靖公。

烈王

名喜，安王之子，在位七年。謚法：「秉德尊業曰烈。」

綱 丙午，烈王元年。（前三七五）

綱 辛亥，六年（前三七〇），齊侯來朝。齊侯，齊威王。

目 時周室微弱，諸侯莫朝，而齊獨朝之，天下以此賢威王。

綱 齊侯封卽墨大夫，（卽墨，今山東卽墨縣。）烹阿大夫。（齊阿邑，在今山東壽張縣東北阿城鎮。）

目　齊威王召卽墨大夫，語之曰：「自子之居卽墨也，毁言日至。吾使人視卽墨，田野闢，人民給，官無事，東方以寧；是子不事吾左右以求助也！」封之萬家。召阿大夫，語之曰：「自子守阿，譽言日至。吾使人視阿，田野不闢，人民貧餒。趙攻鄄，（在今山東壽張縣西南。）子不救；衞取薛陵，（今山東滕縣東北有薛城。）子不知；是子厚幣事吾左右以求譽也！」是日，烹阿大夫及左右嘗譽者。於是羣臣悚懼，莫敢飾詐，務盡其情，齊國大治，彊於天下。

綱　壬子，七年，（前三六九）王崩，弟扁立。

顯王 名扁，烈王之弟，在位四十八年，謚法未詳。

綱　癸丑，顯王元年。（前三六八）

綱　丁巳，五年，（前三六四）秦敗三晉之師于石門，（卽石門道，又名白徑嶺，在今山西運城縣南。）賜以黼黻之服。月令：「黼黻文章。」白與黑謂之黼，黑與青謂之黻，青與赤謂之文，赤與白謂之章。蔡沈曰：「黼若斧形，繡之於裳，取其斷也。黻爲兩己相背，繡之於裳，取其辨也。」

綱　己未，七年，（前三六二）秦伯卒。不名，史失其傳也。

目　秦獻公薨，子孝公立。是時河、山以東彊國六，淮、泗之閒小國十餘，楚、魏與秦接界，皆以夷狄遇秦，擯斥之，不得與中國之會盟。於是孝公發憤脩政，欲以彊秦。

綱　庚申，八年，（前三六一）彗星見西方。

綱　衞公孫鞅入秦。

秦孝公發憤脩政

衞公孫鞅入秦

目　秦孝公令國中曰：「賓客羣臣有能出奇計彊秦者，吾且尊官，與之分土。」謂裂土以封之。於是衞公孫鞅聞之，乃西入秦。

鞅，衞之庶孫也，好刑名之學。事魏相公叔座，座知其賢，未及進。會病，魏惠王往問之曰：「公叔病，如有不可諱，將奈社稷何？」公叔曰：「座之中庶子衞鞅，中庶子，官名。年雖少，有奇才，願君舉國而聽之！」王默然。公叔曰：「君卽不聽用鞅，必殺之，無令出境！」王許諾而去。公叔召鞅謝曰：「吾先君而後臣，故先爲君謀，後以告子。子必速行矣！」鞅曰：「君不能用子之言任臣，又安能用子之言殺臣乎！」卒不去。王出謂左右曰：「公叔病甚，悲乎，欲令寡人以國聽衞鞅也！既又勸寡人殺之，豈不悖哉！」鞅既至秦，因嬖臣景監以求見，說以富國彊兵之術；孝公大悅，與議國事。

綱　壬戌，十年，(前三五九)秦以衞鞅爲左庶長，定變法之令。

目　衞鞅欲變法，秦人不悅。鞅言於孝公曰：「夫民不可與慮始，而可與樂成。論至德者不和於俗，成大功者不謀於衆。是以聖人苟可以彊國，不法其故。」甘龍曰：「不然。因民而教者不勞而成功，緣法而治者吏習而民安之。」緣，循也。衞鞅曰：「常人安於故俗，學者溺於所聞，以此兩者，居官守法可也，非所與論於法之外也。智者作法，愚者制焉；賢者更禮，不肖者拘焉。」公曰：「善。」乃以鞅爲左庶長，卒定變法之令。令民爲什伍而相收司，五家爲保，十家相連。相收司，相糾發也。連坐，一家有罪，九家舉發；若不糾舉，則十家連坐。告姦者與斬敵首同賞，匿姦者與降敵同罰。民有二男以上，不分異者，倍其賦。有軍功者，各以率受爵；率同律。爲私鬬者，各以輕重被刑大小。僇力本業，僇同戮，并也。耕織致粟帛多者，復其身；復，除也。謂除免其身役。事末利及怠而貧者，末利，工商。舉以爲收孥。舉，糾舉也。孥，妻子也。謂收錄其妻子，沒爲官奴婢。宗室非有軍功論，議法也。不得爲屬籍。不得入宗屬之籍。明尊卑爵秩等級，各以差次名田宅、臣妾、衣服。名田，占田也。各爲立限，不使富者過制，則貧弱者可足。有功者顯榮，無功者雖富無所芬華。令既具未布，恐民之不信，乃立三丈之木於國都南門，募民能徙置北門者予十金。民怪之，莫敢徙。復曰：「能徙者予五十金。」有一人徙之，輒予五十金。乃下令。

徙木立信

令行期年，民之國都言新令之不便者以千數。於是太子犯法。衛鞅曰：「法之不行，自上犯之。太子君嗣，不可施刑。」刑其傅公子虔，黥其師公孫賈。黥，墨刑，在面。明日，秦人皆趨令。行之十年，道不拾遺，山無盜賊，民勇於公戰，怯於私鬬，鄉邑大治。秦民初言令不便者，有來言令便。鞅曰：「此亂法之民也！」盡遷之於邊。其後民莫敢議令。

綱　丙寅，十四年，（前三五五）齊、魏會田于郊。田，獵也。

齊魏論寶

目　魏惠王問齊威王曰：「齊亦有寶乎？」威王曰：「無有。」惠王曰：「寡人國雖小，尚有徑寸之珠，照車前後各十二乘者十枚。豈以齊大國而無寶乎？」威王曰：「寡人之所以爲寶者，與王異。吾臣有檀子者，使守南城，（即春秋魯武城邑，在今山東費縣西南。）則楚人不敢爲寇。

有盼子者，（盼子，田盼。）使守高唐，（今山東高唐縣。）則趙人不敢東漁於河。有黔夫者，使守徐州，（卽薛城，在今山東滕縣。）則燕、趙之人從而徙者七千餘家。有種首者，使備盜賊，則道不拾遺。此四臣者，將照千里，豈特十二乘哉！」惠王有慚色。

綱 丁卯，十五年，（前三五四）魏伐趙，圍邯鄲。（邯鄲，趙都。）

齊伐魏以救趙

綱 戊辰，十六年，（前三五三）齊伐魏以救趙。魏克邯鄲還戰，敗績。（大崩曰敗績。）

目 初，孫臏與龐涓俱學兵法，涓仕魏爲將軍，自以能不及臏，乃召之；至，則斷其足而黥之，欲使終身廢棄。齊使者至魏，臏陰見之，使者竊載以歸。田忌客之，進之威王。威王問兵法，遂以爲師。至是謀救趙，以臏爲將；辭以刑餘之人不可，乃使田忌爲將，而孫子爲師，居輜車中，（輜車，載衣物車。）坐爲計謀。忌欲引兵之趙，孫子曰：「夫解雜亂紛糾者不控拳，（拳，同絭，音絹，捋臂繩也。蓋以理亂絲爲喻，言雜亂紛糾者當徐解之，不可急持拘捋也。）救鬬者不搏撠，（搏，手擊也。撠音棘，拘持也。）

批亢擣虛

批亢擣虛，（批，反擊也。亢同肮，喉也。謂擊其要處也。擣亦擊也。虛，空也。卽下文「引兵疾走其都」是也。）形格勢禁，則自爲解耳。（格同閣。閣，歧閣不得行也。事形相格，而其勢自禁止，則彼自爲解兵也。）今梁之輕兵銳卒竭於外，（梁，魏都，在今山西運城縣東北安邑鎭。）而老弱疲於內；若引兵疾走其都，彼必釋趙而自救。是我一舉解趙之圍，而收弊於魏也。」忌從之。十月，邯鄲降魏。魏師還，與齊戰於桂陵，（在今山東菏澤縣東北。）魏師大敗。

綱 庚午，十八年，（前三五二）韓以申不害爲相。

商鞅廢井田

更賦稅法

目 申不害者，鄭之賤臣也，學黃、老、刑名，黃帝、老子之法，淸簡無爲。本於黃、老，而主刑名。以干韓昭侯。昭侯用以爲相，內脩政敎，外應諸侯，十五年，終申子之身，國治兵彊。

昭侯有弊袴，命藏之。侍者曰：「君亦不仁者矣，不賜左右而藏之！」昭侯曰：「吾聞明主愛一嚬一笑，嚬同顰，愁戚貌。嚬有爲嚬，笑有爲笑。今袴豈特嚬笑哉！吾必待有功者。」

綱 辛未，十九年，（前三五〇）秦徙都咸陽。（今陝西西安市西北，咸陽市東。）始廢井田。

目 衛鞅築冀闕宮庭於咸陽，冀，記也；記列敎令當於此門闕也。闕在門兩旁，中央闕然爲道。崔豹古今注云：「人臣至此，則思其所闕。」蓋爲二臺於門外，作樓觀於上，上圓下方，以其懸法，謂之象魏。象，治象也。魏者，其狀巍然高大，使民觀之，因謂之觀。兩觀雙植，中不爲門。是觀與象魏、闕，一物而三名。徙都之。幷諸小鄉聚，集爲一縣，縣置令、丞，凡三十一縣。廢井田，開阡陌。朱熹曰：「阡陌便是井田。一橫一直，如遂上有塗，便是陌，洫上有路，便是阡。自阡陌之外有地，則又閑在那裏。先王所以如此者，乃是要正經界，恐人相侵占。今商鞅却破開了，遇可作田處便作田，更不要整齊。這『開』字非開創之開，而開闢之開也。」國外曰郊，郊外曰遂。洫，溝也。平斗、桶、權、衡、丈、尺。桶，斛也。稱錘曰權，稱上曰衡。

綱 癸酉，二十一年，（前三四八）秦更賦稅法。

綱 乙亥，二十三年，（前三四六）衞貶號曰侯，服屬三晉。

目 初，子思言苟變於衞侯曰：「其材可將五百乘。」公曰：「吾知其可將，然變嘗爲吏，賦於民，而食人二雞子，故弗用也。」子思曰：「夫聖人之官人，猶匠之用木也，取其所長，棄

二卵棄干城

其所短，故杞梓連抱而有數尺之朽，良工不棄。今君處戰國之世，選爪牙之士，而以二卵棄干城之將，干，盾也。干城，皆所以扞外而衞內者。詩國風（周南兔罝）：「赳赳武夫，公侯干城。」此不可使聞於鄰國也。」

衞侯言計非是，而羣臣和者如出一口。子思曰：「以吾觀衞，所謂君不君，臣不臣者也。夫不察事之是非，而悅人讚己，闇莫甚焉。不度理之所在，而阿諛求容，諂莫甚焉。君闇臣諂，以居百姓之上，民不與也。若此不已，國無類矣。」類，種類。言必亡也。

子思言於衞侯曰：「君之國事，將日非矣。君出言自以爲是，而卿大夫莫敢矯其非。卿大夫出言自以爲是，而士庶人莫敢矯其非。君臣既自賢矣，而羣下同聲賢之；賢之則順而有福，矯之則逆而有禍。如此則善安從生？詩曰：『具曰予聖，誰知烏之雌雄？』詩小雅正月之篇。具，俱也。烏之雌雄，相似而難辨者也。言皆自以爲聖人，則誰能別其言之是非。抑亦似君之君臣乎？」

綱鑑易知錄卷六

周紀

顯王

齊伐魏以救韓

綱　庚辰，二十八年，(前三四一)魏伐韓。齊伐魏以救韓，殺其將龐涓，虜太子申。

目　魏使龐涓伐韓，韓請救於齊。齊威王召大臣而謀之。孫臏曰：「夫韓、魏之兵未弊而救之，是吾代韓受魏之兵，顧反聽命於韓也。且魏有破國之志，韓見亡，必東面而愬於齊。吾因深結韓之親而晚承魏之弊，則可以受重利而得尊名也。」王曰：「善。」乃陰許韓使而遣之。韓因恃齊，五戰不勝，而東委國於齊。

善戰者因勢利導

齊因起兵，使田忌將，孫子爲師，以救韓，直走魏都。(在今山西運城縣東北安邑鎮。)龐涓聞之，去韓而歸。魏人亦大發兵，使太子申將以禦齊師。孫子曰：「彼三晉之兵素悍勇而輕齊，齊號爲怯。善戰者因其勢而利導之。兵法：『百里而趣利者蹶上將，趣同趨。蹶，斃也。五十里而趣利者軍半至。』」乃使齊軍入魏地爲十萬竈，明日爲五萬竈，又明日爲二萬竈。龐涓行三日，大喜曰：「我固知齊軍怯，入吾地三日，士卒亡者過半矣！」乃棄其步軍，率輕銳倍日并行逐之。并行，兩日路并一日行。孫子度其暮當至馬陵，(馬陵，春秋衞地，在今河北大名縣東南。)

孫臏減竈

衞鞅誘執公子卬

馬陵道陿，而旁多阻隘，可伏兵，乃斫大樹，（斫，刀斬也。）白而書之曰：「龐涓死此樹下！」令萬弩夾道而伏，期日暮見火舉而俱發。（期，約也。）涓果夜至，見白書，以火燭之，讀未畢，萬弩俱發，魏師大亂。涓乃自刎，曰：「遂成豎子之名！」（豎音汝，童豎。）齊因乘勝大敗魏師，虜太子申。

綱 辛未，二十九年，（前三四〇）秦衞鞅伐魏，誘執其將公子卬而敗之。魏獻河西地於秦，徙都大梁。（今河南開封市。）秦封鞅爲商君。

目 衞鞅言於孝公曰：「秦之與魏，譬若人有腹心之疾，非魏併秦，即秦併魏。今以君之賢聖，國賴以盛；而魏往年大破於齊，諸侯叛之，可因此時伐魏。魏不支秦，必東徙，然後秦據河、山之固，東鄉以制諸侯，此帝王之業也。」公從之，使鞅將兵伐魏。魏使公子卬將而禦之。

軍既相距，鞅遺卬書曰：「吾始與公子驩；（同歡。）今俱爲兩國將，不忍相攻，欲與公子面相見盟，樂飲而罷兵，以安秦、魏之民。」卬以爲然，乃與會。盟而飲，鞅伏甲襲卬，虜之，因大破魏師。

魏惠王恐，獻河西地於秦以和，因去安邑徙大梁。（安邑，魏舊都，即今山西運城縣安邑鎭。）乃歎曰：「吾恨不用公叔之言！」（見卷五周顯王八年「衞公孫鞅入秦」目。）秦封鞅商、於十五邑，（商、於，二邑名。（商在今陝西商縣，於在今河南內鄉縣。）十五邑俱近商、於，故云「商、於十五邑」。）號曰商君。

秦人誅衞鞅

綱 癸未，三十一年，（前三三八）秦伯卒。秦人誅衞鞅，滅其族。

目 秦孝公薨，太子立，是爲惠文王。公子虔之徒告商君欲反，（公子虔，秦太子傅，見卷五周顯王十年「秦以衞鞅爲左庶長」目。）發吏捕之。商君出亡，欲止客舍，舍人曰：舍人，舍主人。「商君之法，舍人無驗者坐之。」舍人，來舍之人。無驗，無文憑可驗。坐之，罪坐舍人主。

爲法之弊

商君歎曰：「爲法之弊，一至此哉！」去之魏，魏人不受，內之秦。秦人攻殺之，車裂以徇，以四體及首繫於五馬，鞭之使走，裂其屍爲五。徇，行示也。盡滅其家。

趙良說商君

初，商君用法嚴酷，步過六尺者有罰，秦量田以六尺爲步，過六尺則田畝寬而稅少。棄灰於道者被刑。嘗臨渭論囚，（渭水自郿縣東北流，經西安市北，時秦都咸陽，臨渭水。）渭水盡赤。爲相十年，人多怨之。嘗問趙良曰：「我治秦，孰與五羖大夫賢？」羖音古，牡羊。百里奚自賣五羖皮，爲人養牛，秦穆公舉以爲相，號五羖大夫。良曰：「千人之諾諾，不如一士之諤諤。諤音鱷。諤諤，直言。僕請終日正言而無誅，可乎？」商君曰：「諾。」良曰：「五羖大夫，荆之鄙人也，百里奚，宛人。宛屬楚，楚號荆。穆公舉之牛口之下，而加之百姓之上，秦國莫敢望焉。相秦六七年而東伐鄭，三置晉君，立晉惠公、懷公、文公。一救荆禍。救荆禍，未詳。其爲相也，勞不坐乘，暑不張蓋。及其死也，男女流涕，童子不歌謠，舂者不相杵。曲禮：「鄰有喪，舂不相。里有殯，不巷歌。」注：「助哀也。相，送杵聲。」今君之見也，因景監以爲主；（見卷五周顯王八年「衞公孫鞅入秦」目。言其始進不端。）其從政也，陵轢公族，轢音歷。陵轢，踐蹈也。殘傷百姓。公子虔杜門不出已八年矣。詩曰：『得人者興，失人者崩。』此數者，非所以得人也。君之危若朝露，而尚貪商、於之富，寵秦國之政，畜百姓之怨，而無變計。秦王一旦捐賓客而不立朝，（捐，棄也。人君死，不敢斥言，故託言捐賓客。）秦國之所以收君者豈其微哉！」（捕而殺之曰收。）商君不聽，居五月而難作。

孟軻至魏

綱　乙酉，三十三年，（前三三六）孟軻至魏。

目　孟子，鄒人，名軻，受業於孔子之孫子思。是歲魏惠王卑辭厚禮以招賢者，於是孟子至梁。

楚滅越

綱　丁亥，三十五年，（前三三四）楚滅越。

綱　戊子，三十六年，（前三三三）韓侯卒。

時詘舉嬴

目　韓昭侯作高門，屈宜臼曰：（屈宜臼，楚大夫，時在韓。）「君必不出此門。」「何也？」「不時。前年秦拔宜陽，（在今河南宜陽縣西。）今年旱。君不以此時恤民之急，而顧益奢，此所謂時詘舉嬴也，故曰不時。」至是門成，而昭侯薨。

六國合從

綱　燕、趙、韓、魏、齊、楚，合從以擯秦，以蘇秦爲從約長，并相六國。

蘇秦說燕

目　初，洛陽人蘇秦說秦王以兼天下之術，（洛陽，今河南洛陽市。）不用。乃去說燕文公曰：「燕之所以不被兵者，以趙之爲蔽其南也。願王與趙從親，天下爲一，則燕必無患矣。」文公從之，資蘇秦車馬以說趙肅侯曰：「當今之時，山東之國莫彊於趙，秦之所害亦莫如趙。而秦不敢舉兵伐趙者，畏韓、魏之議其後也。秦攻韓、魏，無名山大川之限，稍蠶食之。

蘇秦說趙

韓、魏不能支，必入臣於秦；秦無韓、魏之規，規猶慮也。則禍必中於趙矣。臣以天下之圖，按諸侯之地五倍於秦，度諸侯之卒十倍於秦。而衡人日夜務以秦權恐喝諸侯，衡同橫。使之割地以事秦。秦成，則其身富榮，國被秦患而不與其憂。故臣竊爲大王計，莫如一韓、魏、齊、楚、燕、趙爲從親以擯秦，擯，棄也。令其將相會盟洹水之上，（洹水，水名，亦名安陽河，出今山西黎城縣，東入河南境，經林縣、安陽，至內黃縣入衞河。）約曰：『秦攻一國，則五國各出銳師以撓秦，撓，擾亂也。或救之。有不如約者，五國共伐之！』則秦甲必不敢出函谷以害山東矣。」（函谷，關名，在今河南靈寶縣西南。）肅侯大悅，厚賜賚之，以約於諸侯。

蘇秦說韓

秦乃說韓宣惠王曰：「韓地方九百餘里，帶甲數十萬，天下之彊弓、勁弩、利劍皆從韓出。今大王事秦，秦必求宜陽、成皐；（成皐，在今河南滎陽縣西北。）今茲效之，明年又復求割地。韓地有盡，而秦求無已。鄙諺曰：『寧爲雞口，無爲牛後。』夫以大王之賢，挾彊韓之兵，而有牛後之名，臣竊爲大王羞之！」韓王從其言。

蘇秦說魏

秦說魏惠王曰：「大王之地方千里，武士、蒼頭、奮擊各二十萬，蒼頭，軍著青帽者。廝徒十萬；廝，養馬者。徒，僕隸。車六百乘，騎五千匹；乃聽羣臣之說，而欲臣事秦！臣願大王熟計之也。」魏王聽之。

蘇秦說齊

秦說齊王曰：「齊四塞之國，四面有山關之固。地方二千餘里，帶甲數十萬，粟如丘山。臨淄之塗，（臨淄，齊都，在今山東益都縣西北。）車轂擊，人肩摩，連衽成帷，揮汗成雨。夫韓、魏之所以

蘇秦說楚

重畏秦者，爲與秦接境也。秦之攻齊則不然，雖欲深入，恐韓、魏之議其後，則秦之不能害齊亦明矣。不深料此，而欲西面事之，是羣臣之計過也。」齊王許之。

乃說楚威王曰：「楚，天下之彊國也，地方六千餘里，帶甲百萬，粟支十年，此霸王之資也。故秦之所害莫如楚，楚之與秦其勢不兩立。從親則諸侯割地以事楚，衡合則楚割地以事秦，此兩策者相去遠矣，大王何居焉？」楚王亦許之。

蘇秦並相六國

於是蘇秦爲從約長，并相六國，北報趙，車騎輜重擬於王者。輜，載衣車。重，載物車。

蘇秦適燕

綱 己丑，三十七年，（前三三二）秦以齊、魏之師伐趙。蘇秦去趙適燕，從約皆解。

目 秦使公孫衍欺齊、魏以伐趙，趙肅侯讓蘇秦，讓，責也。秦恐，請使燕，必報齊。乃去趙，而從約皆解。

張儀相秦

綱 癸巳，四十一年，（前三二八）秦客卿張儀伐魏，取蒲陽；（在今山西呂梁縣東南。）既而歸之，魏盡入上郡以謝。（上郡治膚施縣，在今陝西綏德縣東南。）秦以儀爲相。

目 張儀者，魏人，與蘇秦俱事鬼谷先生，周高士，姓名不聞，以其所隱地名自號焉。學從橫之術。游諸侯，無所遇，蘇秦召而辱之。儀怒入秦，秦王說之，秦王，惠文王。以爲客卿。他國人仕秦爲卿者曰客卿。至是將兵伐魏，取蒲陽。言於秦王，請復以與魏。儀因說魏王曰：魏王，魏惠王。「秦之遇魏甚厚，魏不可以無禮於秦。」魏因盡入上郡十五縣以謝焉。儀歸而相秦。

秦初稱王

綱 丙申，四十四年，（前三二五）夏四月，秦初稱王。

綱　丁酉，四十五年，(前三二四)秦張儀伐魏，取陝。(即今河南陝縣。)

蘇秦奔齊

綱　蘇秦自燕奔齊。

目　蘇秦通於燕文公之夫人，恐得罪，說易王曰：「臣居燕不能使燕重，而在齊則燕重。」王許之。乃僞得罪於燕而奔齊，齊王以爲客卿。齊王，宣王。秦說齊王高宮室，大苑囿，以明得意，欲以敝齊而爲燕。

張儀相魏

綱　戊戌，四十六年，(前三二三)秦相張儀免，出相魏。

綱　庚子，四十八年，(前三二一)王崩，子定立。

孟嘗君

綱　齊號薛公田文爲孟嘗君。

目　初，齊王封田嬰於薛，(在今山東滕縣。)號曰靖郭君。嬰言於齊王曰：「五官之計，五官，五大夫典事者。計，簿書也。不可不日聽而數覽也。」王從之；已而厭之，悉以委嬰。嬰由是得專齊權。

嬰有子四十餘人，其賤妾之子曰文，倜儻饒智略，說靖郭君以散財養士。靖郭君使文主家待賓客，賓客爭譽其美，請以文爲嗣。嬰卒，文嗣立，號孟嘗君。招致諸侯游士及有罪亡人，食客常數千人，名重天下。

孟嘗君聘於楚，楚王遺之象牀。楚王，懷王。登徒直送之，登徒，楚官。直，當也；謂當送象牀。不欲行，謂公孫戍曰：「足下能使僕無行者，有先人之寶劍，願獻之。」戍許諾，入見曰：「小國所以皆致相印於君者，悅君之義，慕君之廉也。今始至楚而受象牀，則未至之國何以待君哉！」孟嘗君曰：「善。」遂不受。戌趨出，未至中閨，孟嘗君召而反之，曰：「子何足之高，志之揚也？」戌以實對。孟嘗君乃書門版曰：「有能揚文之名，止文之過，私得寶於外者，疾入諫！」

書門納諫

愼靚王

名定，顯王之子，在位六年。謚法未詳。

綱 辛丑，愼靚王元年，（前三二〇）衞更貶號曰君。

綱 壬寅，二年，（前三一九）魏君罃卒。罃音英，惠王。孟軻去魏適齊。

孟軻適齊

綱 癸未，三年，（前三一八）楚、趙、魏、韓、燕伐秦，攻函谷關。秦出兵逆之，五國皆敗走。

秦敗五國兵

綱 甲辰，四年，（前三一七）齊大夫殺蘇秦。齊大夫與蘇秦爭寵，刺秦，殺之。

綱 魏請成于秦。張儀歸，復相秦。

張儀復相秦

目 張儀說魏王曰：魏王，襄王。「梁，地四平，無名山大川之限，地勢固戰場也。夫諸侯約從，結爲兄弟以相堅也。今親兄弟同父母，尚有爭錢財相殺傷，而欲恃反覆蘇秦之餘謀，其不可成亦明矣。」魏王乃倍從約，而因儀以請成於秦。儀歸，復相秦。

綱 乙巳，五年，（前三一六）秦伐蜀，（蜀，即今四川成都市。）取之。

目 巴、蜀相攻，（巴，今四川重慶市。）俱告急於秦。秦惠王欲伐蜀，韓又來侵。司馬錯請伐蜀。張儀曰：「不如伐韓。」王曰：「請聞其說。」儀曰：「親魏，善楚，下兵三川，（三川，韓地，即今河南滎陽縣。）以臨二周之郊，（東、西周，見卷四周考王十五年。）據九鼎，（九鼎，見卷四周定王元年「楚子問鼎之大小輕重。」）按圖籍，挾天子以令天下，此王業也。臣聞爭名者於朝，爭利者於市。今三川、周室，天下之朝市也，（取三川得利，挾天子得名。）而王不爭焉，顧爭於戎翟，去王業遠矣。」錯曰：「不然。

司馬錯論伐蜀

臣聞之，欲富國者務廣其地，欲彊兵者務富其民，欲王者務博其德：三資者備而王隨之矣。夫蜀，西僻之國而戎翟之長也，有桀、紂之亂；以秦攻之，譬如使豺狼逐羣羊。拔一國而天下不以爲暴，利盡西海而天下不以爲貪，而又有禁暴止亂之名，是我一舉而名實附焉。今攻韓，劫天子，惡名也，而攻天下之所不欲，又未必利也。不如伐蜀。」惠王從之，起兵伐蜀，取之。秦益富彊。

綱　燕君噲以國讓其相子之。

燕噲讓國子之

目　燕相子之與蘇秦之弟代婚，欲得燕權。蘇代使齊而歸，燕王問曰：「齊王其霸乎？」對曰：「不能。」王曰：「何故？」對曰：「不信其臣。」於是燕王專任子之。鹿毛壽謂燕王曰：「人謂堯賢者，以其能讓天下也。今王以國讓子之，是王與堯同名也。」燕王因屬國於子之。（屬，付也。）子之南面行王事，而噲老，（以老自休。）不聽政，顧爲臣。（顧，反也。）

綱　丙午，六年，（前三一五）王崩，子延立。

赧王（名延，愼靚王子，在位五十九年而周亡。諡法：「喪國心憫曰赧。」）

孟軻去齊

楚屈匄伐秦

陳軫獨弔

綱 丁未，赧王元年，（前三一四）齊伐燕，取之，醢子之，殺故燕君噲。

綱 孟軻去齊。

綱 戊申，二年，（前三一三）楚屈匄伐秦。

目 秦欲伐齊，患其與楚從親，乃使張儀說楚王曰：楚王，楚懷王。「大王誠能閉關絕約於齊，臣請獻商、於之地六百里。」（見上周顯王二十九年「秦封鞅商、於」注。）楚王悅而許之。羣臣皆賀，陳軫獨弔。王怒曰：「何弔也？」對曰：「夫秦之所以重楚，以其有齊也。今絕齊則楚孤，秦奚貪夫孤國，與之商、於之地六百里哉！儀至秦，必負王。是王北絕齊交而西生患於秦也，兩國之兵必俱至矣。」王曰：「願子閉口毋復言！」乃厚賜張儀，而閉關絕約於齊，使一將軍隨張儀至秦。

儀詳墮車，詳同佯。不朝三月。楚王聞之曰：「儀以寡人絕齊未甚耶？」乃使勇士宋遺借宋之符，符，節也，行者執以爲信，無符則不得達。時楚絕約於齊，齊不通其使，故借宋符以達之。北罵齊王。宣王。齊王大怒，折節而事秦。齊、秦之交合，儀乃朝，見楚使者曰：「子何不受地？自某至某，廣袤六里。」袤音茂。東西曰廣，南北曰袤。使者還報，楚王大怒，欲發兵攻秦。陳軫曰：「軫可發口言乎？攻之不如賂以一名都，與之并兵而攻齊，是我亡地於秦，而取償於齊也。今已絕齊，而又責欺於秦，是我合齊、秦之交而來天下之兵也，國必大傷矣！」王不聽，使屈匄帥師伐秦。秦亦發兵，使庶長章擊之。庶長，秦官。章，名也，史失其姓。

秦大敗楚師

致士先從隗始

綱　己酉，三年，（前三一二）秦大敗楚師于丹陽，（秦敗楚之丹陽，在今河南內鄉丹水之陽。）虜屈匄，遂取漢中。（楚漢中郡，有今陝西南部及湖北西北部。）楚復襲秦，又大敗于藍田。（在今陝西藍田縣西。）韓、魏襲楚，楚割兩城以和于秦。

綱　燕人立太子平爲君。是爲昭王。

目　昭王卽位於破燕之後，弔死問孤，與百姓同甘苦，卑身厚幣以招賢者。問郭隗曰：「齊因孤之國亂而襲破燕，孤極知燕小不足以報，然誠得賢士與之共國，以雪先王之恥，孤之願也。先生視可者，得身事之！」隗曰：「古之人君有以千金使涓人求千里馬者，涓人，卽中涓也。涓，潔也，主居中而潔除之人。馬已死，買其骨五百金而返。君怒，涓人曰：『死馬且買之，況生者乎！馬今至矣。』不期年而千里馬至者三。今王必欲致士，先從隗始，況賢於隗者，豈遠千里哉！」於是昭王爲隗改築宮而師事之。於是士爭趣燕。樂毅自魏往，王以爲亞卿，任以國政。

綱　庚戌，四年，（前三一一）秦使張儀說楚、韓、齊、趙、燕連衡以事秦。秦君卒，秦君，秦惠王。諸侯復合從。

目　秦惠王使告楚懷王，請以武關之外易黔中地，（武關在今陝西商縣東。黔中在今湖南沅陵縣西。）楚王曰：「不願，願得張儀而獻黔中。」儀請行，秦王曰：「楚將甘心於子，快意殺之。奈何？」儀曰：「秦彊而楚弱，大王在，楚不宜敢取臣。且臣善其嬖臣靳尙，尙得事幸姬鄭袖，袖言，王無不聽者。」遂往。楚王囚，將殺之，尙謂袖曰：「秦王甚愛張儀，將以六縣及美女贖之。王重地尊秦，秦女必貴而夫人斥矣。」於是袖日夜泣於王曰：「臣各爲其主耳。今殺張儀，秦必大怒。妾請子母俱遷江南，毋爲秦所魚肉也！」王乃赦儀而厚禮之。儀因說曰：「夫爲從者無異於驅羣羊而攻猛虎，不格明矣。猶言不敵。今王不事秦，秦劫韓驅梁而攻楚，則楚危矣。大王誠聽臣，請令秦、楚長爲兄弟之國。」楚王已得儀而重出地，乃許之。

張儀說楚

張儀說韓

儀遂說韓王曰：韓王，襄王。「山東之士被甲蒙胄而會戰，秦人捐甲徒裼以趨敵，此無異垂千鈞於鳥卵之上，必無幸矣。大王不事秦，秦下甲據宜陽，下甲，猶言頓兵。塞成皋，則王之國分矣。爲大王計，莫如事秦而攻楚，以轉禍而悅秦。」韓王許之。

張儀說齊

儀歸報秦，封以六邑，號武信君。復使東說齊王曰：齊王，湣王。「從人說大王者必曰：『齊蔽於三晉，三晉，韓、趙、魏。地廣兵彊，雖有百秦，將無奈齊何。』今秦、楚嫁娶，韓獻宜陽，梁效河外，河之南邑。趙割河間。（今河北河間縣。）大王不事秦，秦驅韓、梁、趙攻之，雖欲事秦，不可得也。」齊王許之。

張儀說趙

儀西說趙王曰：趙王，武靈王。「大王收率天下以擯秦，秦兵不敢出函谷關者十五年。今楚與秦爲昆弟，韓、梁稱藩臣，齊獻魚鹽之地，此斷趙之右肩也。夫斷右肩而與人鬬，失其黨而孤居，求欲無危得乎！爲大王計，莫若與秦約爲兄弟之國也。」趙王許之。

張儀說燕

儀北說燕王曰：燕王，昭王。「趙已事秦，大王不事秦，秦下甲雲中、九原，（雲中，即今內蒙古

投杼下機

托克托縣。九原即漢五原郡，在今內蒙古五原縣。）驅趙攻燕，則易水、長城非王之有矣。」易水、長城，俱指燕都而言。燕王請獻常山之尾五城以和。（常山，在今河北正定縣西南。）儀歸報，未至，而惠王薨，子武王立。武王自爲太子時不悅儀，諸侯聞之，皆畔衡，復合從。

【綱】辛亥，五年，（前三一〇）秦張儀復出相魏。

【目】張儀詭說秦武王而相魏，一歲卒。

儀與蘇秦皆以從橫之術游諸侯，（從橫，見卷五周安王十五年「破游說之言從橫者」注。）致位富貴，天下爭慕之。又有魏人公孫衍者，號「犀首」，魏官名，衍爲此官，因號焉。及秦弟代、厲，又周最、樓緩之徒，紛紜徧於天下，務以辯詐相高，不可勝載，而儀、秦、衍最著。

【綱】壬子，六年，（前三〇九）秦初置丞相。

【綱】癸丑，七年，（前三〇八）秦甘茂伐韓宜陽。

【目】秦王使甘茂約魏以伐韓。秦王，武王。茂至魏，乃使人還謂王曰：「魏聽臣矣，然願王勿伐！」王迎茂息壤而問其故，息壤，秦邑。對曰：「宜陽大縣，其實郡也。今倍數險，行千里，攻之難。魯人有與曾參同姓名者殺人，人告其母，母織自若也。及三人告之，則其母投杼下機，杼，機之持緯者，即梭也。踰牆而走。臣之賢不若曾參，王之信臣不如其母，疑臣者非特三人，臣恐大王之投杼也。魏文侯令樂羊攻中山，（趙地，即今河北定縣。）三年拔之。返而論功，文侯示之謗書一篋。樂羊再拜稽首曰：『此非臣之功，君之力也！』今臣羈旅之臣也，羈，寄也。旅，客也。（史記甘茂傳，甘茂下蔡人。下蔡卽春秋州來，在今安徽壽縣北。）樗里子、公孫奭挾韓而議之，樗里子，秦惠王弟，名疾，其所居里有樗樹，因號焉。公孫奭，韓諸公子。挾，持也。王必聽之，是王欺魏王，襄王。而臣受公仲侈之怨也，公仲侈，魏相。故臣願王之勿伐也。」王曰：「寡人勿聽也，請與子盟！」乃盟于息壤。

綱 甲寅，八年，（前三〇七）秦拔宜陽。

目 甘茂攻宜陽，五月而不拔，樗里子、公孫奭果爭之。秦王欲罷兵，茂曰：「息壤在彼。」王乃悉起兵佐茂，斬首六萬，遂拔宜陽。破城邑而取之曰拔。

綱 秦君卒，秦君，秦武王。弟稷立。是爲昭襄王。母羋氏治國事，羋音米，楚姓。以舅魏冉爲將軍。魏冉，羋氏異父弟。

綱 趙始胡服，招騎射。

目 趙武靈王與肥義謀胡服騎射以教百姓，國人皆不欲。公子成稱疾不朝，王自往請之曰：「吾國無騎射之備，將何以守？先時中山負齊之彊，負，恃也。侵暴吾地，引水圍鄗，鄗音豪。（鄗在今河北元氏縣東南。）幾於不守。先君醜之，故寡人變服騎射，欲以備四境之難，報中山之怨也。」公子成聽命，乃賜胡服以朝，而始出令焉。

綱 丙辰，十年，（前三〇五）彗星見。

彗星再見
日食晝晦
主父
秦誘執楚懷王
屈原作離騷

綱　戊午，十二年，（前三〇三）彗星見。

綱　庚申，十四年，（前三〇一）日食，晝晦。

綱　壬戌，十六年，（前二九九）趙君廢其太子章而傳國于少子何，自號「主父」。

目　初，武靈王以長子章爲太子。後納吳廣之女孟姚，有寵。生子何，愛之，欲及其生而立之，乃廢章而傳國焉。使肥義爲相國傅王，而自號「主父」。

綱　秦伐楚，取八城。遂誘楚君槐于武關，（武關，見周赧王四年「請以武關之外易黔中地」注。）執之以歸。楚人立太子橫。

目　秦伐楚，取八城。秦王乃遺楚王書曰：秦王，秦昭襄王。楚王，楚懷王槐。「寡人願與君王會武關，面相約，結盟而去。」楚王欲往恐見欺，欲不往恐秦怒。昭睢、屈平曰：昭睢，楚之族。屈平，楚武王子瑕，食采於屈，因氏焉，平其後，即屈原。「毋行而發兵自守耳！秦，虎狼也，有幷諸侯之心，不可信也！」王稚子子蘭勸王行，懷王稚子名子蘭。王乃入秦。秦王令一將軍詐爲王，伏兵武關，劫之與西，遂留之。時楚太子橫方質於齊，昭睢詐赴於齊，赴，告喪也，俗作「訃」。齊王歸楚太子，齊王，湣王。楚人立之。是爲頃襄王。初，屈平爲懷王左徒，官名，猶後左右拾遺。志潔行廉，明於治體，王甚任之。後以讒見疏，上官大夫心害其能，因讒之，王怒而疏屈平。而睠顧不忘，作離騷之辭以自怨，離，遭也。騷，憂也。史記（屈原傳）：「離騷者，猶離憂也。」尚冀王之一寤，而王終不寤也。其後子蘭又譖之於頃襄王，王怒，遷之於江南。原遂懷石自投汨羅以死。（汨羅爲汨水、羅水，二水會於湖南岳陽縣，西北流注湘水。屈原沉處在今湘陰縣北屈潭。）荆楚歲時記：「屈原五月五日投汨羅水，楚人哀之，至此日以竹筒貯米祭之。」

秦以田文爲相

【綱】秦以田文爲丞相。田文，孟嘗君。

【目】秦王聞田文賢，秦王，秦昭襄王。使請於齊以爲相。

雞鳴狗盜

【綱】癸亥，十七年，（前二九八）田文自秦逃歸。

【目】或謂秦王曰：「文相秦，必先齊而後秦，秦其危哉！」王囚文，欲殺之。使人求解於王之幸姬，姬欲得其狐白裘，以狐之白毛爲裘，美而難得者。而文先以獻於秦王矣。文客有善爲狗盜者，盜裘以獻。姬言於王而遣之。王後悔，使追之。文至關，關法，雞鳴乃出客，時尚蚤，追者將至，客有善爲雞鳴者，野雞皆應之。文乃得脫歸。

秦割河東三城

【綱】齊、韓、魏伐秦，敗其軍於函谷關，河、渭絕一日。秦割河東三城以和，三國乃退。

【目】孟嘗君怨秦，與韓、魏攻之，入函谷關。秦昭王謂丞相樓緩、公子池曰：「三國之兵深矣，寡人欲割河東而講。」對曰：「講亦悔，不講亦悔。」王曰：「何也？」對曰：「王割河東而講，三國雖去，王必曰：『惜矣！三國且去，吾特以三城從之。』此講之悔也。王不講，三國入函谷，咸陽必危，（咸陽，秦都，在今陝西西安市西北，咸陽市東。）王又曰：『惜矣！吾愛三城而不講。』此不講之悔也。」王曰：「鈞吾悔也。鈞同均。寧亡三城而悔，無危咸陽而悔也。」乃使公子池以三城講于三國，遂罷兵。

平原君
堅白同異臧三耳
理勝於辭
楚懷王卒于秦
成兌弒主父

綱 趙君封弟勝爲平原君。趙君，惠文王。（趙勝封平原，在今山東平原縣南。）

目 平原君好士，食客常數千人。有公孫龍者，善爲堅白同異之辯，公孫龍著守白論，堅白卽守白也，言堅執其說而守之。同異，合異以爲同也。平原君客之。孔子之玄孫穿自魯適趙，與龍論臧三耳，臧三耳，如莊子天下篇所載雞三足之說。謂雞本二足，必有運而行者，是爲三矣。今三耳，謂一耳主聽，兩耳形也，兼聽而言，可得爲三。龍甚辯析，穿弗應。平原君問之，穿曰：「幾能令臧三耳矣。然謂三耳甚難而實非也，謂兩耳甚易而實是也，不知君將從易而是者乎，其亦從難而非者乎？」平原君謂龍曰：「公無復與孔子高辯事也！子高，穿字。其人理勝於辭，公辭勝於理，終必受詘。」

綱 乙丑，十九年，（前二九六）楚君槐卒于秦。

目 懷王發病薨于秦，秦人歸其喪。楚人憐之，如悲親戚。諸侯由是不直秦。

綱 丙寅，二十年，（前二九五）趙故太子章作亂，公子成、李兌誅之，遂弒主父於沙丘。

目 趙主父及王游沙丘異宮，（沙丘，在今河北鉅鹿縣南。）公子章、田不禮作亂，章封於代。田不禮，章相。詐以主父令召王。肥義先入，肥義，惠文王相。殺之。公子成、李兌起兵距難，章敗，走主父，成、兌因圍主父宮，殺章及不禮而滅其黨。成、兌相與謀曰：「以章故，圍主父；卽解兵，吾屬夷矣！」乃遂圍之，令：「宮中人後出者夷！」主父欲出不得，探雀鷇食之，鷇音寇。鳥生須母食之者謂之鷇。三月餘餓死。

燕樂毅如趙

燕樂毅伐齊

淖齒數齊湣王

綱 己巳，二十三年，（前二九二）楚君迎婦于秦。楚君，楚頃襄王。

綱 乙亥，二十九年，（前二八六）齊滅宋。

綱 丙子，三十年，（前二八五）齊殺狐咺、陳舉。燕使亞卿樂毅如趙。

目 齊湣王滅宋而驕，乃侵楚及三晉，（三晉，韓、趙、魏。）欲并二周，（東、西周，見卷四周考王十五年「西周公封其少子於鞏以奉王」注。）爲天子。狐咺正議，陳舉直言，皆殺之。燕昭王日夜撫循其人，乃謀伐齊。於是使樂毅約趙啗秦，（啗音淡。以利誘之曰啗。）連楚及魏。諸侯害齊之驕暴，皆許之。

綱 丁丑，三十一年，（前二八四）燕上將軍樂毅以秦、魏、韓、趙之師伐齊，入臨淄。齊君地出走，（齊君地，齊湣王。）其相淖齒殺之。毅下齊七十餘城，燕封毅爲昌國君。（昌國，在今山東淄博市東北。）

目 燕悉起兵，使樂毅爲上將軍，并將秦、魏、韓、趙之師以伐齊，戰於濟西，（濟西，濟水之西。）齊師大敗。毅身率燕師，長驅逐北，（軍敗曰北。）遂入臨淄。湣王出走。毅取寶物、祭器，輸之於燕。燕王封毅爲昌國君，留徇齊城未下者。（行定曰徇。）

齊王走莒。（莒音舉。）（莒州，今山東莒縣。）楚使淖齒將兵救齊，因爲齊相。齒欲與燕分齊地，乃執湣王而數之曰：「千乘、博昌之閒，（千乘在今山東博興縣西。博昌，即今山東博興縣。）方數百里，雨血沾衣，王知之乎？」曰：「知之。」「嬴、博之閒，（嬴，在今山東萊蕪縣西北。博，在今山東泰安市東南。）地坼及泉，王知之乎？」曰：「知之。」「有人當闕而哭者，求之不得，去則聞其聲，王知之乎？」曰：「知之。」齒曰：「雨血者，天以告也；地坼者，地以告也；當闕而哭者，人以告也。而王不戒焉，何得無誅！」遂擢王筋，懸之廟梁，宿昔而死。

樂毅聞晝邑人王蠋賢，（晝邑，在今山東益都縣北。）令軍中環晝三十里無入。使人請蠋，蠋不往。燕人曰：「不來，吾且屠晝！」蠋曰：「吾聞忠臣不事二君，烈女不更二夫。齊王不用吾諫，吾退耕於野。國破君亡，吾不能存，而又欲劫之以兵；與其不義而生，不若死！」遂自經死。自經，縊也。

毅整軍，禁侵掠，禮逸民，寬賦斂，除暴令，脩舊政，齊民喜悅。祀桓公、管仲於郊，封王蠋之墓。聚土曰封。六月之閒，下齊七十餘城，皆爲郡縣。

綱　戊寅，三十二年，（前二八三）齊人討殺淖齒，而立其君之子法章，保莒城。

目　淖齒之亂，湣王子法章變名姓爲莒太史敫家傭。敫音皎。姓后名敫。傭，雇作也。敫女奇法章狀貌，憐而竊衣食之，因與私通。湣王從者王孫賈失王處而歸，其母曰：「汝朝出而晚來，則吾倚門而望；門，家門。汝暮出而不還，則吾倚閭而望。閭，里門。汝今事王，王走，汝不知其處，汝尚何歸焉！」賈乃入市呼曰：「淖齒亂齊國，殺湣王。欲與我誅之者，袒右！」袒，露臂也。市人從者四百人，與攻淖齒，殺之。於是齊亡臣相與求湣王子法章立以爲齊王，是爲襄王。保莒城以拒燕，布告國中曰：「王已立在莒矣！」

法章立爲齊王

藺相如完璧歸趙

綱 趙使藺相如獻璧于秦。

目 趙得楚和氏璧，楚卞和得璞於楚山中，獻之武王，王使玉人相之，曰：「石。」刖其左足。文王立，和又奉璞獻，玉人又曰：「石。」刖其右足。成王立，和抱璞泣。王使玉人破之，得寶，故名焉。秦王請以十五城易之。秦王，秦昭王。趙欲勿與，畏秦彊；欲與之，恐見欺。藺相如曰：「以城求璧而不與，曲在我矣。與之璧而不與我城，則曲在秦。臣願奉璧而往；城不入，則臣請完璧而歸！」王遣之。相如至秦，既獻璧，視秦王無意償城，乃紿取璧，紿，欺誑也。遣從者懷之，間行歸趙，間行，從微道而行。而以身待命於秦。秦王賢而歸之，趙王以爲上大夫。趙王，惠文王。

以是相參

綱 衛君卒。

目 嗣君好察微隱，縣令有發褥而席弊者，嗣君聞之，乃賜之席；令大驚，以爲神。又使人過關市，賂之以金，既而召關市，問有客過與汝金，汝回遣之；關市大恐。又愛泄姬，重如耳，而恐其因愛重以壅己也，乃貴薄疑以敵如耳，尊魏妃以偶泄姬，曰：「以是相參也。」

左氏易胥靡

衛有胥靡，聯繫相從服役。囚徒之名。亡之魏，嗣君使以五十金買之，不得，乃以左氏易之。左氏，都邑名。左右曰：「以一都買一胥靡可乎？」嗣君曰：「治無小，亂無大，法不立，誅不必，雖有十左氏無益也。法立，誅必，雖失十左氏無害也。」

綱 庚辰，三十四年，（前二八一）楚謀入寇，王使東周公喩止之。東周，洛陽成周。

目 楚欲圖周，王使東周武公謂楚令尹昭子曰：「西周之地，西周，河南王城。不過百里，而名爲天下共主。爲天下共所宗主。裂其地不足以肥國，得其衆不足以勁兵。而攻之者，名爲弑君。然而猶有欲攻之者，見祭器在焉故也。夫虎肉臊而兵利身，臊音騷，肉腥。人猶攻之；虎之爪牙，如兵之利刃在身，而人猶攻之者，以其皮之所在也。喻周。若使澤中之麋蒙虎之皮，人之攻之必萬倍矣。喻楚。裂楚之地，足以肥國，詘楚之名，足以尊主。今子欲誅殘天下之共主，居三代之傳器，謂九鼎。三代相傳，猶後世傳國璽也。器南，楚在南，故曰器南。則兵至矣！」於是楚計不行。

秦趙會澠池

綱　壬午，三十六年，（前二七九）秦、趙會于澠池。（今河南澠池縣。）

目　秦王告趙王，秦王，昭王。趙王，惠文王。願爲好會於河外澠池。趙王行，藺相如從。及會，飲酒，秦王請趙王鼓瑟，趙女善鼓瑟，以是辱之。趙王鼓之。

相如請秦王擊缶

相如請秦王擊缶，缶，盛酒瓦器，秦俗擊之以節樂。秦王不肯。相如曰：「五步之內，臣請得以頸血濺大王矣！」濺，激灑也。左右欲刃相如，相如張目叱之，左右皆靡。靡，披靡，震懾貌。秦王乃一擊缶。罷酒，秦終不能有加於趙；趙人亦盛爲之備，秦不敢動。

相如屈廉頗

趙王歸，以相如爲上卿，位在廉頗右。頗曰：「我爲將，有攻城野戰之功。相如素賤，徒以口舌而位加我上，我見必辱之！」相如聞之，不肯與會；每朝，常稱病。出而望見，輒引車避匿。其舍人皆以爲恥。相如曰：「子視廉將軍孰與秦王？」曰：「不若。」相如曰：「夫以秦王之威，而相如廷叱之；相如雖駑，獨畏廉將軍哉！顧吾念之，秦所以不敢加兵於趙，徒以吾兩人在也。今兩虎共鬬，其勢不俱生。吾所以爲此者，先國家之急而後私讎也！」頗聞

廉藺刎頸交　齊田單破燕　鐵籠得全　騎劫代樂毅

之，肉袒負荆，祖，露臂。負杖欲受刑。至門謝罪，遂爲刎頸交。

綱 燕君平卒。燕君平，燕昭王。樂毅奔趙，齊田單擊破燕軍，盡復齊地。齊君入臨淄，齊君，齊襄王。封單爲安平君。趙封樂毅爲望諸君。

目 時齊地皆已屬燕，獨莒、卽墨未下，（卽墨，卽今山東卽墨縣。）樂毅幷軍圍之。卽墨大夫戰死。卽墨人曰：「安平之戰，（安平，在今山東益都縣東北。）田單宗人以鐵籠得全，鐵籠，謂以鐵鍱傅車軸，堅而易進也。初，燕人攻安平，市掾田單使其宗人以鐵鍱傅車軸。及城潰，人爭出門，皆以軸折被擒，獨單宗人得免，遂奔卽墨。是多智習兵。」立以爲將。樂毅圍二邑，莒、卽墨。期年不克，乃令解圍，去城九里而爲壘，軍壁。令曰：「城中民出者勿獲，困者賑之，使卽舊業。」三年而猶未下。或讒之於昭王曰：「樂毅智謀過人，呼吸之閒克七十餘城，今不下者兩城耳，非其力不能拔，欲久仗兵威以服齊人，遂南面而王耳。」昭王於是置酒大會，引言者斬之，遣國相立毅爲齊王。毅皇恐不受，拜書，以死自誓。由是齊人服其義，諸侯畏其信，莫敢復有謀者。

頃之，昭王薨。惠王自爲太子時，不快於樂毅，田單乃縱反閒曰：以計離閒敵人曰反閒。「樂毅與燕新王有隙，畏誅，欲連兵王齊。齊人未附，故且緩攻卽墨以待其事。齊所懼，惟恐他將之來，卽墨殘矣。」惠王聞之，卽使騎劫代將，毅遂奔趙。將士由是憤惋不和。

田單乃令城中人食，必祭先祖於庭，飛鳥皆翔舞而下。燕人怪之，單因宣言曰：「當有神師下教。」俄有一卒曰：「臣可以爲師乎？」單遂師之。每有約束，必稱神師。又宣言曰：

田單火牛

「吾惟懼燕人劓所得齊卒，劓，割鼻。置之前行，卽墨敗矣！」燕人如其言。城中皆怒，堅守，惟恐見得。單又言：「吾懼燕人掘吾城外冢墓，可爲寒心！」燕軍掘燒之。齊人望見，皆涕泣，欲出戰。單知其可用，乃身操版鍤，版，築壘版也。鍤音插，鍫也，用以起土。與士卒分功；妻妾編於行伍之閒；編，列也。盡散飲食饗士。令甲卒皆伏，使老弱、女子乘城，遣使約降；燕軍益懈。單收城中得牛千餘，爲絳繒衣，絳，赤色。繒，帛也。畫以五采龍文，束兵刃於其角，刃，刀劍之類。灌脂束葦於其尾，束蘆葦於其尾，而以膏油灌之。鑿城數十穴，夜縱牛，燒葦端，壯士五千人隨之。牛熱怒奔燕軍，所觸盡死傷。燕軍大驚，而城中鼓譟從之，燕軍敗走。齊人殺騎劫，追亡逐北，軍敗曰北。至河上，七十餘城皆復爲齊。乃迎王自莒入臨淄。

君王后

王以太史敫之女爲后，是爲君王后。以其姓后，不可稱「后后」，故曰「君王后」。生太子建。以單爲相，封安平君。太史敫曰：「女不取媒，因自嫁，汚吾世！」終身不見君王后，君王后亦不以不見故，失人子之禮。

貫珠說齊王

田單嘗出見老人涉淄，（淄水出山東萊蕪縣原山，東北流經益都等縣，北合小淸河。）而寒不能行，解裘衣之。襄王惡之，曰：「單將欲以是取吾國乎！」巖下有貫珠者聞之，巖，廊，殿旁高廡。言於王曰：「王不如因以爲己善。下令曰：『寡人憂民之飢也，單收而食之。寡人憂民之寒也，單收而衣之。稱寡人之意。』單有是善而王嘉之，單之善亦王之善也。」王曰：「善。」乃賜單牛酒。王有幸臣九人，語王曰：「安平君內撫百姓，外懷戎翟，禮天下之賢士，其志欲有爲也。」

貂勃諫齊王

異日，他日。王曰：「召相單來！」單所任貂勃聞之，稽首於王曰：「周文王得呂尙以爲太公，齊桓公得管夷吾以爲仲父，今王得安平君而獨曰『單』，安得此亡國之言乎！夫安平君以惴惴即墨三里之城，惴惴，懼貌。五里之郭，而反千里之齊。當是時而自王，天下莫之能止。然計之於道，歸之於義，以爲不可，故棧道木閣，棧，棚也。路險不容行，架木爲棚而度，名曰閣道。而迎王於城陽。即莒也。今國已定，民已安矣，王乃曰『單』，嬰兒之計不爲此也。」王乃殺九人，而益封安平君萬戶。

樂毅報燕惠王書

趙王欲與樂毅謀伐燕，趙王，趙惠文王。毅泣曰：「臣疇昔之事昭王，猶今日之事大王也。若復得罪在他國，終身不敢謀趙之奴隸，況子孫乎！」趙王乃止，而封毅於觀津，（在今衡水縣東南。）號望諸君。燕惠王恐趙用之以乘其敝，乃使人讓毅，讓，責也。且謝之曰：「將軍捐燕歸趙，捐，棄也。自爲計則可矣，而何以報先王所以遇將軍之意乎！」遇，待也。毅報書曰：「免身立功，免身於罪，立取齊之功。以明先王之迹，臣之上計也。罹毀辱之謗，罹音離，遭也。墮先王之名，墮，壞也。臣之所大恐也。所以奔趙。臨不測之罪，以幸爲利，被不測之重罪以去燕，又幸趙伐燕以爲利。義之所不忍出也。古之君子交絕不出惡聲，忠臣去國不潔其名。不潔己名而咎於君。臣雖不佞，數奉教於君子矣。」燕乃復以毅子閒爲昌國君，而毅往來復通燕，竟卒於趙。

綱 薛公田文卒。

目 初，齊湣王既滅宋，欲去孟嘗君。孟嘗君奔魏，魏以爲相，與諸侯共伐破齊。襄王

信陵君

趙魏伐韓

抱薪救火

用智不如用梟

復國，而孟嘗君中立爲諸侯，無所屬。襄王畏之，與連和。至是卒，諸子爭立，齊、魏共滅之。

綱　癸未，三十七年，（前二七八）秦白起伐楚拔郢，（此春秋楚舊都，在今湖北江陵縣北。）燒夷陵。（楚先王墓名，在今湖北宜昌市東。）楚徙都陳。（即今河南淮陽縣。）秦置南郡，（南郡治郢。）封起爲武安君。

綱　乙酉，三十九年，（前二七六）魏封公子無忌爲信陵君。

綱　戊子，四十二年，（前二七三）趙、魏伐韓，秦救之，大破其軍，魏割南陽以和。（南陽，今河南修武縣北。）

目　秦救韓，敗趙、魏之師。魏段干子請割南陽予秦以和。蘇代謂魏王曰：安釐王。「欲璽者，謂以地事秦，欲得封之而受其璽。璽，印也，古者尊卑通用，至秦、漢以後始專名王者印。段干子也。欲地者，秦也。今王使欲璽者制地，欲地者制璽，魏地盡矣！夫以地事秦，猶抱薪救火，薪不盡，火不滅。」王曰：「是則然矣。然事始已行，不可更矣。」對曰：「夫博之所以貴梟者，博，局戲，即雙陸。博以五木爲骰，有梟、盧、雉、犢、塞五者，爲勝負之采。梟最勝，盧次之，雉與犢又次之，塞爲最下。便則食，不便則止。便，宜也。食，行也。得梟則欲行卽行，欲止卽止。今何王之用智不如用梟也？」王不聽，卒以南陽爲和。

綱　辛卯，四十五年，（前二七〇）秦伐趙，圍閼與，（在今山西和順縣西北。）趙奢擊却之。趙封奢爲馬服君。言能服馬。

趙奢諫平原君

目　初，趙奢爲田部吏，收租稅，平原君家不肯出，奢以法殺其用事者九人。平原君怒，將殺之。奢曰：「君於趙爲貴公子，今縱君家而不奉公則法削，法削則國弱，國弱則諸侯加兵，是無趙也。君安得有此富乎！以君之貴，奉公如法則上下平，上下平則國彊，國彊則趙固，而君爲貴戚，豈輕於天下邪！」平原君賢之，言於王。使治國賦，國賦大平，民富而府庫實。及秦圍閼與，王召羣臣問之，廉頗、樂乘皆曰：樂乘，樂毅子。「道遠險陜，難救。」奢曰：

兩鼠鬭穴中

「道遠險陜，如兩鼠鬭於穴中，將勇者勝。」將，方來也。方來者勇，故勝。王乃令奢將兵救之，秦師大敗，解閼與而還。趙封奢爲馬服君。

綱　秦以范雎爲客卿。

目　初，魏人范雎從中大夫須賈使於齊，齊王聞其辯口，齊王，齊襄王。私賜之金。賈疑雎以國陰事告齊也，歸告其相魏齊。齊怒，笞擊雎，折脅，摺齒，摺亦折也。置廁中。雎佯死，得出，魏人鄭安平持雎亡匿，更姓名曰張祿。

秦謁者王稽使魏，謁者掌賓贊受事之官。載與俱歸。薦之王，王見之離宮。出遊之宮。雎未敢言內，先言外事，以觀秦王之俯仰。因進曰：「穰侯越韓、魏而攻齊，非計也。秦昭王封母舅魏冉爲穰侯。（穰，在今河南鄧縣境內。）

遠交近攻

今王不如遠交而近攻，得寸則王之寸也，得尺亦王之尺也。今夫韓、魏，中國之處而天下之樞也。樞，戶樞，出入往來所由者。王若欲霸，必親中國以爲天下樞，而威楚、趙，則齊附，而韓、魏因可虜矣。」王曰：「善。」乃以雎爲客卿，與謀國事。

綱鑑易知錄卷七

周紀

赧王

秦昭廢母

范雎說秦王

綱　乙未，四十九年，（前二六六）秦君廢其母，秦君，昭王。母，芈氏。不治事。逐魏冉、芈戎、公子市、公子悝。魏冉，太后異父弟。芈戎，太后同父弟。市、悝俱昭王同母弟。悝音奎。以范雎爲丞相，封應侯。

目　范雎日益親，用事，因說秦王曰：「臣居山東時，聞齊之有孟嘗君，不聞有王；聞秦有太后、穰侯，（穰侯即魏冉，見四十五年「穰侯越韓、魏而攻齊」注。）不聞有王。夫擅國之謂王，能利害之謂王，制殺生之謂王。今太后擅行不顧，穰侯出使不報，白也。華陽、涇陽擊斷無諱，（秦宣太后弟芈戎所封華陽，在今陝西商縣北，即華山之陽。涇陽，在今甘肅平涼市西。）擊斷，謂刑人。諱，避也。高陵進退不請，（高陵，在今陝西三原縣東南。）四貴備而國不危，未之有也。臣又聞之，木實繁者披其枝，木實，木子。披，奪也。披其枝者傷其心；二句逸詩。大其都者危其國，都，封邑。尊其臣者卑其主。二句因詩申之。淖齒管齊而弑湣王，管，專也。（見卷六周赧王三十一年「齊君地出走，其相淖齒殺之」目。）李兌管趙而囚主父。（見卷六周赧王二十年「遂弑主父於沙丘」目。）今臣觀四貴之用事，此亦齒、兌之類也。竊恐萬世之後，有秦國者，非王子孫也！」王以爲然，於是廢太后，逐穰侯、華陽君、芈戎、高陵君市、涇陽君悝於關外，以睢爲丞相，封應侯。史記（范睢傳），魏使須賈聘秦，睢敝衣閒步往見之。賈曰：「范叔固無恙乎？何一寒如此哉！」取一綈袍贈之。睢遂爲賈御，至相府，曰：「我爲君先入，通於相君。」賈見其久不出，問門下曰：「范叔不出何也？」門下曰：「無范叔。鄉者，吾相張君也。」賈知見欺，乃膝行入謝罪。睢責之曰：「爾所以得不死者，以綈袍戀戀，尚有故人之意爾。」乃使歸告魏王曰：「速斬魏齊頭來，不然且屠大梁！」賈歸告魏齊，齊走趙，匿平原君家。秦昭王欲爲睢報仇，徵齊急。齊窮抵虞卿，虞卿棄相印與齊至信陵君，不納。齊自殺，魏王以其頭歸秦。

綱 丙申，五十年，（前二六五）秦伐趙，取三城，齊救却之。遂以趙師伐燕，取中陽；（一名中人，在今河北唐縣西。）伐韓，取注人。（在今河南臨汝縣西南，古注國。）

目 秦攻趙，趙王新立，趙王，孝成王。太后用事，求救於齊。齊人曰：「必以長安君爲質。」太后少子，以長安字善，故以爲號。太后不可。齊師不出，大臣彊諫。太后明謂左右曰：「有復言者，老婦必唾其面！」左師觸龍請見，左師，官名。曰：「賤息舒祺，兒子曰息。舒祺，名。最少，不肖，而臣衰，竊愛之，願得補黑衣之缺，以衞王宮。」黑衣，皂衣之吏。太后曰：「諾。年幾何矣？」對曰：「十五歲矣。雖少，願及臣未塡溝壑而託之。」太后曰：「丈夫亦愛少子乎？」對曰：「甚於婦人。」太后笑曰：「婦人異甚。」對曰：「老臣竊以爲媼之愛燕后賢於長安君。」媼音襖，女老稱。燕后，太后女嫁於燕。賢，勝也。太后曰：「君過矣！不如長安君之甚。」左師曰：「父母愛其子則爲之計深遠。媼之送燕后也，持其踵而哭，念其遠也，亦哀之矣。已行，非不思也，祭祀則祝之曰：『必勿使反！』或被廢，或國滅，方反本國。豈非爲之計長久，爲子孫相繼爲王也哉？」太后曰：「然。」左師曰：「今三世以前，至於趙王之子孫爲侯者，其繼有在者乎？」曰：「無有。」曰：「此其近者禍及身，遠者及其子孫。豈人主之子侯則不善哉？位尊而無功，奉厚而無勞，奉音俸。而挾重器多也。重器，金玉寶器。今媼尊長安君之位，封以膏腴之地，多與之重器，而不及今令有功於趙，一旦山陵崩，謂太后死。長安君何以自託於趙哉？」太后曰：「諾，恣君之所使之！」於是爲長安君約車百乘質於齊。齊師乃出，秦師退。

楚封黃歇爲春申君

綱 戊戌，五十二年，（前二六三）楚太子完自秦逃歸。四十三年，楚使黃歇侍太子完爲質於秦。楚君橫卒，頃襄王。完立。是爲考烈王。以黃歇爲相，封春申君。

綱 己亥，五十三年，（前二六二）秦白起伐韓，白起，武安君。拔野王。（即今河南沁陽縣。）上黨降趙。（上黨，在今山西長治市西。）

平陽君諫受上黨

平原君請受上黨

目 秦武安君伐韓，拔野王。上黨路絕，上黨亦屬韓，韓都新鄭，秦拔野王則上黨歸韓之路絕。上黨守馮亭獻之趙。趙王以問平陽君豹，趙王，孝成王。對曰：「聖人甚禍無故之利。」王曰：「人樂吾德，何謂無故？」豹曰：「秦蠶食韓地，中絕，不令相通，固自以爲坐而受上黨也。韓氏所以不入之秦者，欲嫁其禍於趙也。秦服其勞而趙受其利，雖強大不能得之於弱小，弱小顧能得之於強大乎！豈得謂之非無故哉？不如勿受。」平原君請受之。王乃使平原君往受地，封馮亭爲華陽君。亭垂涕，不見使者，曰：「吾不忍賣主之地而食之也！」

綱　辛丑，五十五年，（前二六〇）秦王齕攻趙上黨，齕音核。拔之。白起代將，大破趙軍，殺其將趙括，阬降卒四十萬。

目　秦王齕攻上黨，拔之。上黨民走趙。趙廉頗軍長平，（在今山西晉城縣西北。）以按據之。按，止也，謂按兵不出也。據，援也。齕遂攻趙。趙軍數敗，廉頗堅壁不出，壁，軍壘。又失亡多。趙王怒，數讓之。讓，責也。應侯又使人行千金爲反閒，應侯，范雎。曰：「秦獨畏馬服君之子括爲將耳！馬服君，趙奢。廉頗易與，且降矣！」趙王遂以趙括代頗將。藺相如曰：「王以名使括，若膠柱鼓瑟。柱，瑟上雁足，所以游移上下以調聲者。若以膠黏定其柱而鼓瑟，則不能調矣，蓋以喻執一不通者。括徒能讀其父書傳，不知合變也。」王不聽。括自少時學兵法，以天下莫能當；與奢言之，奢不能難，然不謂善也。括母問其故，奢曰：「兵，死地也，而括易言之。使趙將之，破趙軍者必括也。」及括將行，母上書言括不可使。王曰：「吾已決矣。」母因曰：「卽有不稱，妾請無隨坐！」王許之。

秦王聞括已將，秦王，昭王。乃陰使武安君爲上將軍，而齕爲裨將，裨將，副將。令軍中敢泄者斬。括至軍，悉更約束，易置軍吏，出擊秦軍。武安君佯敗走，張二奇兵以劫之。括乘勝追造秦壁，壁堅拒不得入，而秦奇兵絕其後。軍分爲二，糧道絕。趙軍食絕四十六日，人相食，急攻秦壘，欲出不得。括自出搏戰，秦射殺之，卒四十萬人皆降。武安君曰：「秦已拔上黨，其民不樂爲秦而歸趙。趙卒反覆，恐爲亂。」乃挾詐盡阬之，遺其小者二百餘人歸趙。

白起阬趙卒

魏相孔斌以病免

綱　壬寅，五十六年，（前二五九）魏以孔斌爲相，尋以病免。

目　魏王聞子順賢，魏王，安釐王。子順，孔斌字，孔子玄孫。聘以爲相，陳大計不用，乃以病致仕。

孔斌燕雀之喻

秦之始伐趙也，魏王問於諸大夫，皆曰：「秦若不勝，則可乘敝而擊之；勝則因而服焉，於我何損？」斌曰：「不然。秦，貪暴之國也，勝趙必復他求，吾恐於時魏受其師也。先人有言：先人，古人。燕雀處屋，子母相哺，哺音步，口飼也。呴呴相樂，音虛，呴呴，相愛之聲。自以爲安矣。竈突炎上，竈突，竈囱也。棟宇將焚，燕雀顏不變，不知禍之將及己也。今子不悟趙破而患將及己，可以人而同於燕雀乎！」斌，穿之子也。

秦圍趙邯鄲

綱　癸卯，五十七年，（前二五八）秦伐趙，圍邯鄲。（見卷五周顯王十五年「魏伐趙圍邯鄲」注。）

目　秦武安君病，使王陵伐趙，攻邯鄲，少利。武安君病愈，王欲使代之。武安君曰：「邯鄲實未易攻也，且諸侯之救日至。秦雖勝於長平，然士卒死者過半，國內空，遠絕山河，而爭人國都，趙應其內，諸侯攻其外，破秦軍必矣。」王又使應侯請之，終辭不行；乃以王齕代陵。

楚黃歇帥師救趙

綱　趙公子勝如楚乞師，楚黃歇帥師救趙。

目　趙王使平原君求救於楚，趙王，孝成王。約其門下文武備具者二十人與俱，得十九

毛遂自薦

人，餘無可取者。毛遂自薦。平原君曰：「夫賢士之處世，如錐處囊中，其末立見。音現。今先生處勝門下，三年於此矣，勝未有所聞，是先生無所有也。」遂曰：「臣乃今日請處囊中耳，使臣得蚤處囊中，乃脫穎而出，穎，錐柄。非特其末見而已。」平原君乃與俱至楚，與楚王言合從之利，楚王，考烈王。從音宗。久不決。毛遂按劍歷階而上，按，撫也。曰：「從之利害，兩言而決耳！今日出而言，日中不決，何也？」王怒叱之，遂按劍而前曰：「王之所以叱遂者，以楚國之衆也。今十步之內，王不得恃楚國之衆也！王之命懸於遂手。吾君在前，叱者何也？今以楚之強，天下弗能當。白起，小豎子耳，一戰而舉鄢郢，（鄢郢，今湖北宜城縣。）再戰而燒夷陵，三戰而辱王之先人，（見卷六周赧王三十七年「拔郢，燒夷陵。」）此百世之怨，趙之所羞，而王不知惡焉。合從者爲楚，非爲趙也。」王曰：「唯唯。」連諾也。乃與楚王歃血定從而歸。盟者以血塗口旁曰歃血。平原君曰：「勝不敢復相天下士矣！」因以毛遂爲上客，而楚使春申君將兵救趙。春申君，黃歇。

魏無忌奪軍救趙

綱 魏晉鄙帥師救趙，次於鄴，鄴音業。（鄴，在今河北磁縣東。）凡師一宿爲舍，再宿爲信，過信爲次。公子無忌襲殺鄙，公子無忌，信陵君。奪其軍以進。

魯仲連義不帝秦

目 魏王使晉鄙救趙。魏王，安釐王。秦王使謂魏曰：秦王，昭王。「吾攻趙，旦暮且下，諸侯敢救者，必移兵先擊之！」魏王恐，止晉鄙，壁鄴。壁，軍壘。又使新垣衍入邯鄲說趙，欲共尊秦爲帝，以却其兵。魯仲連聞之，往見衍曰：「彼秦者棄禮義而上首功之國也。秦法，斬一敵

侯生計竊兵符

首，賜爵一級，故曰首功之國。彼即肆然而爲帝於天下，則連有蹈東海而死耳，不願爲之民也！且梁未睹秦稱帝之害故耳。昔者九侯、鄂侯、文王，紂之三公也。紂醢九侯，鄂侯爭之彊，故脯鄂侯；文王聞之，喟然而歎，故拘之羑里之庫，欲令之死。（見卷二商紂辛十一祀紀。）今秦、梁俱據萬乘之國，各有稱王之名，奈何睹其一戰之勝，欲從而帝之，卒就脯醢之地乎！且秦無已而帝，則將行其天子之禮以號令天下，變易諸侯之大臣，奪其所憎而與其所愛，又使女子讒妾爲諸侯妃姬，梁王安得晏然而已乎！而將軍又何以得故寵乎！」衍起再拜曰：「吾乃今知先生天下士也！吾請出，不敢復言帝秦矣！」

初，魏公子無忌愛人下士，致食客三千人。有隱士侯嬴，家貧，爲夷門監者。夷門，梁東門。公子置酒，大會賓客，坐定，從車騎，虛左，凡乘車尊者居左，御者居中，又一人處車之右以備傾側。虛左者，謂空左方一位以迎之，蓋尊之也。自迎侯生。至，公子引侯生坐上坐，賓客皆驚。及秦圍趙，趙平原君夫人，無忌姊也，使者冠蓋相屬於魏，讓公子。讓，責也。公子患之，數請魏王敕晉鄙救趙，及賓客辯士遊說萬端，王終不聽。公子乃過見侯生，再拜問計。生曰：「吾聞晉鄙兵符，符，信也。古者以竹爲之，後世以銅鐵金銀鑄而用之。各分一半，發兵遣使，則合符以爲信。在王臥內，而如姬最幸，力能竊之。且公子嘗爲報其父仇，如姬欲爲公子死無所辭。誠一開口，則得虎符，奪鄙兵，北救趙，西却秦，此五伯之功也。」公子如其言，得兵符。侯生曰：「將在外，君令有所不受。有如鄙疑而復請之，則事危矣。臣客朱亥，力士，可與俱。鄙不聽，使擊之。」公子至鄴，晉鄙合符，果疑之。亥袖四十斤鐵椎，椎殺鄙。公子勒兵下令曰：「父子俱在軍中者，父歸！兄弟俱在軍中者，兄歸！獨子無兄弟者，歸養！」得選兵八萬人，將之而進。

綱 甲辰，五十八年，(前二五七)秦殺白起。

目 王齕戰不利，武安君曰：「不聽吾計，今何如矣？」王聞之，怒，彊起之。武安君稱病篤，乃免爲士伍，遷之陰密。(在今甘肅涇川縣西南。)行至杜郵，杜，地名，郵即傳驛之郵亭。(在今陝西咸陽市東。)應侯曰：「起之遷，意尚怏怏，有餘言。」王乃使賜之劍，武安君遂自殺。秦人憐之。應侯乃任鄭安平，使將擊趙。

綱 魏公子無忌大破秦軍邯鄲下。

目 信陵君大破秦軍於邯鄲下，王齕解圍走。鄭安平以二萬人降趙。信陵君不敢歸魏，使將將其軍以還。趙王欲以五城封公子，公子聞之，有自功之色。客有說公子曰：「物有不可忘，有不可不忘。人有德於公子，公子不可忘也。公子有德於人，願公子忘之也。且矯令奪兵以救趙，於趙則有功矣，於魏則未爲忠臣也。公子乃自驕而功之，竊爲公子不取也！」於是公子立自責，若無所容。趙王自迎，與公子飲至暮，以公子退讓，竟不忍言獻五城。

平原君欲封魯仲連，仲連亦不受，乃以千金爲壽。以禮致敬曰壽。連笑曰：「所貴爲天下之士者，爲人排患難解紛亂而無取也。即有取者，是商賈之事，連不忍爲也！」遂辭去，終身不復見。

異人自趙逃歸秦

綱　秦太子之子異人自趙逃歸。秦太子，卽孝文王柱。異人，卽莊襄王楚。

目　秦太子妃曰華陽夫人，華陽，宮名。無子。夏姬生子異人，質於趙。秦數伐趙，趙不禮之，困不得意。陽翟大賈呂不韋適邯鄲，翟音宅，賈音古。（陽翟，今河南禹縣。）見之，曰：「此奇貨可居！」乃說之曰：「秦王老矣。太子愛華陽夫人而無子。子之兄弟二十餘人，子居中，不甚見幸，太子卽位，子不得爭爲嗣矣。」異人曰：「奈何？」不韋曰：「能立適嗣者獨華陽夫人耳。適音嫡。不韋雖貧，請以千金爲子西遊，立子爲嗣。」異人曰：「必如君策，秦國與子共之。」不韋乃與五百金令結賓客，復以五百金買奇物玩好，自奉而西，見夫人姊，而以獻於夫人，因譽異人之賢，賓客遍天下，日夜泣思太子及夫人，曰：「異人也以夫人爲天！」夫人喜。

不韋說華陽夫人

不韋因使其姊說曰：「夫人愛而無子，不以繁華時蚤自結於諸子中賢孝者，舉以爲適，卽色衰愛弛，雖欲開一言，尚可得乎！今異人賢，而自知中子，不得爲適，誠以此時拔之，是異人無國而有國，夫人無子而有子也，則終身有寵於秦矣。」夫人以爲然，乘閒言之。太子與夫人又刻玉符，約以爲嗣，因請不韋傅之。

不韋獻姬生政

不韋娶邯鄲姬絕美者與居，知其有娠，娠，懷孕也。異人見而請之。不韋佯怒，既而獻之，期年而生子政，卽秦始皇。異人遂以爲夫人。邯鄲之圍，趙人欲殺之，不韋賂守者得脫，亡赴秦軍，遂歸。異人楚服而見夫人，夫人曰：「吾楚人也，當自子之。」更名曰楚。

赧王獻西周地於秦

綱 乙巳，五十九年，（前二五六）秦伐韓、趙，王命諸侯討之。秦遂入寇，王入秦，盡獻其地，歸而卒。

目 秦伐韓，取陽城、負黍，（陽城，在今河南登封縣東南。負黍，在今登封縣西南。）斬首四萬。伐趙，取二十餘縣，斬首九萬。赧王恐，倍秦，與諸侯約從，欲伐秦。秦使將軍摎攻西周，摎音鳩。名摎，史失其姓。西周，河南王城。赧王入秦，頓首受罪，盡獻其邑三十六，口三萬。秦受其獻而歸赧王於周，是歲卒。

東周君 考王封弟揭於河南，以續周公之職，是爲桓公。桓公卒，子威公立。威公卒，子惠公立。惠公立長子，曰西周公，又封少子於鞏，仍襲父號，曰東周惠公，於是又稱東西二周。赧王入秦，秦遷西周君於憚狐聚，而河南亡。莊襄元年，遷東周君於陽人聚，而洛陽之鞏亡。

綱 丙午。（前二五五）秦昭襄王五十二年，楚考烈王八年，燕孝王三年，魏安釐王二十二年，趙孝成王十一年，韓桓惠王十八年，齊王建十年。凡七國。按通鑑自是歲揭秦紀而大書之，蓋周既亡而以秦繼也。周亡而秦繼之，則綱目大書其年可矣，此其與列國分注何？天下未一也。天下未一，秦亦列國耳，必至於始皇二十六年秦并天下，始以正統例大書之，此綱目所以大一統也，故曰「統正於下而人道定矣」。漢、唐、晉初皆倣此。

綱 秦丞相范雎免。

目 秦河東守王稽坐與諸侯通，（秦河東郡治安邑，在今山西運城縣東北。）棄市。殺人曰棄市。王制：「刑人於市，與衆棄之。」王臨朝而歎，應侯請其故。王曰：「武安君死，而鄭安平、王稽皆畔，內無

蔡澤說應侯

良將，外多敵國，吾是以憂！」應侯懼，不知所出。燕客蔡澤聞之，西入秦，先使人宣言於應侯曰：「蔡澤見王，必奪君位。」應侯召澤讓之，澤曰：「吁，君何見之晚也！夫四時之序，成功者去。商君、吳起、大夫種，何足願與？」應侯謬曰：「何爲不可！君子有殺身以成名，死無所恨。」澤曰：「身名俱全者，上也；名可法而身死者，次也。三子之可願，孰與閎夭、周公哉？語曰：『日中則移，月滿則虧。』進退贏縮，與時變化。今君怨已讎而德已報，范睢睚眦之讎必報，一飯之德必償。意欲至矣而無變計，竊爲君危之！」應侯曰：「善。」遂薦澤於王，因謝病免。王悅澤計，以爲相，數月免。

荀卿論兵

綱 楚以荀況爲蘭陵令。荀卿，名況，時人尊號之曰卿。著書數萬言，羽翼六經，有荀子書傳於世。（蘭陵，在今山東嶧縣境。）

目 荀卿，趙人，春申君以爲蘭陵令。春申君，黃歇，楚相。

荀卿嘗與臨武君論兵於趙孝成王前。臨武君，楚將，未知姓名。王曰：「請問兵要。」卿對曰：「要在附民。夫仁人之兵，上下一心，三軍同力；臣之於君也，下之於上也，若子弟之事父兄，若手臂之扞頭目而覆胸腹也。扞，衛也。覆，蔽也。故兵要在於附民而已。故齊之技擊不可以遇魏之武卒，以勇力擊斬敵者號爲技擊。魏之武卒不可以遇秦之銳士，秦之銳士不可以當桓、文之節制，桓、文之節制不可以敵湯、武之仁義。故招延募選，隆勢詐，尙功利，是漸之也。漸進而近於法，未爲理也。禮義教化，是齊之也。故兵大齊則制天下，小齊則制鄰敵。」王曰：

「善。請問爲將。」卿曰:「號令,欲嚴以威;賞罰,欲必以信;處舍,營壘。欲周以固;周密牢固。徙舉進退,欲安以重,不爲輕動。欲疾以速;不失機權。窺敵觀變,使閒諜窺敵國以觀其變。欲潛以深,潛隱深入。欲伍以參;伍參,錯雜也。錯雜於敵中而盡知其事。五人相雜曰伍,三人相雜曰參。遇敵決戰,必行吾所明,無行吾所疑,夫是之謂六術。無欲將而惡廢,將,進也。廢,退也。無怠勝而忘敗,怠勝,既勝而怠。無威內而輕外,無見利而不顧其害,凡慮事欲熟而用財欲泰,謂不吝賞。夫是之謂五權。可殺而不可使處不完,完,固也。可殺而不可使擊不勝,可殺而不可使欺百姓,夫是之謂三至。凡百事之成也必在敬之,其敗也必在慢之,故敬勝怠則吉,怠勝敬則滅,計勝欲則從,欲勝計則凶。戰如守,行如戰,有功如幸。愼行此六術、五權、三至,而處之以恭敬無曠,夫是之謂天下之將。」臨武君曰:「善。」陳囂問曰:「先生議兵,常以仁義爲本,然則又何以兵爲哉?」卿曰:「仁者愛人,故惡人之害之也;義者循理,故惡人之亂之也。故兵者所以禁暴除害也,非爭奪也。」

綱 周民東亡,秦取其寶器,遷西周公於𢇛狐之聚。(𢇛狐聚在今河南臨汝縣西北。)

綱 楚人遷魯于莒而取其地。(莒,今山東莒縣。)

綱 丁未,(前二五四)秦五十三年,楚九年,燕王喜元年,魏二十三年,趙十二年,韓十九年,齊十一年。韓王入朝於秦。韓王,桓惠王。

綱 戊申,(前二五三)秦五十四年,楚十年,燕二年,魏二十四年,趙十三年,韓二十年,齊十二年。秦王郊見上帝於雍。（在今陝西鳳翔縣南。）

綱　庚戌，（前二五一）秦五十六年，楚十二年，燕四年，魏二十六年，趙十五年，韓二十二年，齊十四年。秋，秦王稷薨，昭襄王。太子柱立。是爲孝文王。

綱　辛亥，（前二五〇）秦孝文王柱元年，楚十三年，燕五年，魏二十七年，趙十六年，韓二十三年，齊十五年。冬十月，秦王薨，子楚立。

目　孝文王卽位三日而薨，子楚立，尊華陽夫人爲華陽太后，夏姬爲夏太后。

綱　燕伐齊，拔聊城；（在今山東聊城市北。）齊伐取之。

魯仲連遺燕將書

目　燕將攻齊聊城，拔之；或譖之燕王。燕王喜。燕將保聊城，不敢歸。齊田單攻之，歲餘不下。魯仲連乃爲書，約之矢以射城中，約，繫也。遺燕將，曰：「爲公計者，不歸燕則歸齊。今獨守孤城，齊兵日益而燕救不至，將何爲乎？」燕將見書，泣三日，猶豫不能決，猶豫，獸名，性多疑，聞人聲輒登木，上下不一，故不決謂之猶豫。遂自殺。聊城亂，田單克之。歸，言仲連於齊王，齊王建。欲爵之。仲連逃之海上，曰：「吾與富貴而詘於人，寧貧賤而輕世肆志焉！」魏王問天下之高士於子順，魏王，安釐王。子順，孔斌。子順曰：「世無其人也；抑可以爲次，其魯仲連乎！」

綱　壬子，（前二四九）秦莊襄王楚元年，楚十四年，燕六年，魏二十八年，趙十七年，韓二十四年，齊十六年。秦以呂不韋爲相國，封文信侯。

秦遷東周君於陽人聚

【綱】秦滅東周，遷其君於陽人聚。（在今河南臨汝縣西。）

【目】東周君與諸侯謀伐秦，王使相國帥師滅之，遷東周君於陽人聚。周遂不祀。周比亡，凡七邑。南宮靖一云：「作史者當於莊襄元年東周既滅方書『周亡』，然後進秦，使接周統；於莊襄終年呂政嗣位特書『秦亡』，然後正其姓氏，別爲後秦。」

右周三十七王，并東周君計八百七十三年。

秦紀

附列國。按綱目例，凡正統之年，歲下大書；非正統，分注列國君名、年號、甲子下。

莊襄王

名楚，孝文王子。初質於趙，因呂不韋策，歸以爲嗣。其先柏翳，佐舜有功，賜姓嬴；後有非子封秦，秦仲始大。自孝公用商鞅以致富彊，至莊襄滅周。三年而薨。

魏帥五國師敗秦

【綱】甲寅，（前二四七）秦三年，楚十六年，燕八年，魏三十年，趙十九年，韓二十六年，齊十八年。秦伐魏，魏公子無忌帥五國之師敗之，追至函谷還。

【目】蒙驁伐魏，驁，齊人，蒙武之父，蒙恬之祖。取高都、汲。（高都，在今山西晉城縣東北。汲，在今河南汲縣西南。）魏王患之，魏王，魏安釐王。使人請信陵君。信陵君不肯還，其客毛公、薛公見曰：「公子所以重於諸侯者，徒以有魏也。今魏急而公子不恤，一旦秦克大梁，（見卷六周顯王二十九年「因去安邑徙大梁」注。）夷先王之宗廟，夷，滅也。公子何面目立天下乎！」語未畢，信陵君色變，趣駕還魏。魏王持信陵君而泣，以爲上將軍。求援於諸侯，諸侯聞之，皆遣兵救魏。信陵君遂率五國之師，敗驁於河外，（自春秋至戰國，稱黃河之西爲河外。）追至函谷關而還。

秦王政立

秦鑿涇水爲渠

安陵人縮高之子仕於秦，（安陵，魏邑，魏襄王封弟爲安陵君，在今河南鄢陵縣西北。）守管。（即今河南鄭州市。）信陵君攻之不下，使人召高，將以爲五大夫，執爵尉，官名。而使攻管。高對曰：「父攻子守，人之笑也；見臣而下，是倍主也。父教子倍，亦非君之所喜。敢辭！」信陵君怒，使謂安陵君：「生束縮高而致之！不然，無忌將帥十萬之師以造城下。」安陵君曰：「吾先君成侯受詔襄王以守此城也，手受太府之憲，太府，天子藏丹書之所。憲，法也。其上篇曰：『子弒父，臣弒君，有常不赦。常，常法。國雖大赦，降臣亡子不得與焉。』今縮高辭大位以全父子之義，而君曰『必生致之』，是使我負襄王之詔而廢太府之憲也。」縮高聞之曰：「信陵君爲人悍猛而自用，此辭反，必爲國禍。吾已全己，無違人臣之義矣，豈可使吾君有魏患乎！」乃之使者舍，刎頸而死。信陵君聞之，縞素避舍，縞冠素衣，而不居正寢，以自責。而遣使謝安陵君。

綱　五月，秦王薨，子政立。

目　政生十三年矣，國事皆委於文信侯，呂不韋。號仲父。

後秦紀

始皇帝

名政，實姓呂氏。在王位二十五年；幷天下，即帝位，凡十二年，壽五十歲。始皇既立，恃嬴秦之富彊，滅六國，幷天下，焚書阬儒，暴虐不道，二世而亡。

綱　乙卯，（前二四六）秦王政元年，楚十七年，燕九年，魏三十一年，趙二十年，韓二十七年，齊十九年。秦鑿涇水爲渠。（涇水有二源，南源出甘肅固原縣瓦亭鎭大關山麓，北源出固原縣南笄頭山，至平涼市西兩源合流，至涇川縣入陝西境。）水所居曰渠。

目　韓欲疲秦，使無東伐，乃使水工鄭國爲閒於秦，閒，反閒。鑿涇水爲渠。中作而覺，欲殺之。國曰：「臣爲韓延數年之命，然渠成亦秦萬世之利也。」乃使卒爲之。注塡閼之水漑舃鹵之地四萬餘頃，塡，塞也。閼同淤，澱滓濁泥。舃同潟，音昔。鹵同滷，音魯。漑，灌也。舃鹵，鹽地，東方曰舃，西方曰鹵，亦作斥鹵。百畝爲頃。收皆畝一鍾，八斛爲鍾。由是秦益富饒。

郭開毀廉頗

綱　丙辰，（前二四五）秦二年，楚十八年，燕十年，魏三十二年，趙二十一年，韓二十八年，齊二十年。趙王薨。趙王，孝成王丹。廉頗奔魏。

目　趙使廉頗伐魏，取繁陽。（在今河南內黃縣東北。）孝成王薨，悼襄王立，使樂乘代頗。頗怒，攻之，遂出奔魏；魏不能用。趙師數困，王復思之，使視頗尚可用否。頗之仇郭開多與使者金，令毀之。頗見使者，一飯斗米，肉十斤，被甲上馬，以示可用。使者還報曰：「廉將軍老，尚善飯，然與臣坐，頃之三遺矢矣。」矢同屎。王遂不召。楚人迎之。頗一爲楚將，無功，曰：「我思用趙人！」遂卒於楚。

李牧備邊

綱　丁巳，（前二四四）秦三年，楚十九年，燕十一年，魏三十三年，趙悼襄王偃元年，韓二十九年，齊二十一年。趙李牧伐燕，取武遂、方城。（武遂，戰國燕地，即今河北徐水縣西北遂城鎮。方城，在今河北霸縣西北。）

目　李牧者，趙之北邊良將也，嘗居代、鴈門備匈奴，（代，在今河北蔚縣東南，趙代郡治。趙鴈門，在今山西左雲縣西北。）以便宜置吏，市租皆輸入莫府，市，謂軍人貨易之地。市有稅，稅卽租也。莫府，古者出征以幕帳爲府署，故稱幕府。爲士卒費，日擊數牛饗士。習騎射，謹烽火，邊火曰烽，有急則於其高處舉之以爲號。多閒諜。軍中反閒，今之細作。爲約曰：「匈奴入盜則急收保，有敢捕虜者斬！」如是數歲，無所亡失，匈奴皆以爲怯。士日得賞賜而不用，皆願一戰。於是大破匈奴十餘萬騎，單于奔走。單于，匈奴天子之號。十餘歲不敢近趙邊。

秦令民納粟拜爵

綱 戊午，（前二四三）秦四年，楚二十年，燕十二年，魏三十四年，趙二年，韓三十年，齊二十二年。秋七月，秦蝗、疫，令民納粟拜爵。

秦敗五國師

綱 庚申，（前二四一）秦六年，楚二十二年，燕十四年，魏景閔王二年，趙四年，韓三十二年，齊二十四年。楚、趙、魏、韓、衞合從以伐秦，至函谷，皆敗走。

目 諸侯患秦攻伐無已時，故五國合從以伐之。楚王爲從長，楚王，考烈王。春申君用事，取壽陵。（在今河北正定縣。）至函谷，秦師出，五國兵皆敗走。

綱 楚遷于壽春。（即今安徽壽縣。）

綱 癸亥，（前二三八）秦九年，楚二十五年，燕十七年，魏五年，趙七年，韓王安元年，齊二十七年。夏四月，秦大寒，民有凍死者。

嫪毒伏誅

綱 秋九月，秦嫪毒作亂，嫪毒，音牢哀。伏誅，夷三族。秦王遷其太后於雍。

目 初，秦王卽位，年少，太后時時與文信侯私通。文信侯，呂不韋。王益壯，文信侯恐事覺及禍，乃以舍人嫪毒詐爲宦者進之。舍人，左右親近之人。生二子，封毒爲長信侯，政事皆決於毐。至是有告毐實非宦者，王下吏治毐。毐懼，矯王御璽發兵爲亂。王使相國昌平君、昌文君攻之，（昌平君、昌文君，俱失其名。）毐戰敗走，獲之，夷三族。遷太后於雍萯陽宮，（在今陝西鄠縣北。）殺其二子。下令敢諫者死，諫而死者二十七人。齊客茅焦請諫，王大怒，趣召鑊欲烹之。焦徐行至前，曰：「臣聞有生者不諱死，有國者不諱亡。死生存亡，聖主所欲急聞也，陛下欲聞之乎？」王曰：「何謂也？」焦曰：「陛下有狂悖之行，不自知耶？車裂假父，（指嫪毐。）囊撲二弟，（囊撲，以縑囊盛人，投擲而擊殺之。二弟，指毐生二子。）遷母於雍，殘戮諫士，桀、紂之行不至於是矣！令天下聞之，盡瓦解，（如屋瓦解散。）無嚮秦者，臣竊爲陛下危之！臣言已矣！」乃解衣伏質。（質，斬人椹也。）王下殿，手接之，爵以上卿。自駕，虛左方，（虛左，見上周赧王五十七年「從車騎虛左」注。）迎太后歸，復爲母子如初。

綱 楚王完薨。（楚王，考烈王。）盜殺黃歇。

李園說春申君

目 楚考烈王無子，春申君求婦人宜子者進之，甚衆，卒無子。趙人李園進其妹於春申君，既有娠，（懷孕也。）園使妹說春申君曰：「楚王無子，即百歲後將更立兄弟，彼亦各貴其故所親，君又安得長保此寵乎！且君貴，用事久，多失禮於王之兄弟，兄弟立，禍且及身矣。今妾有娠而人莫知，誠以君之重，進妾於王，賴天而有男，則是君之子爲王也。楚國可盡得，孰與身臨不測之禍哉！」春申君乃出之，謹舍而言諸王。王召幸之，遂生男，立爲太子。園妹爲后，園亦貴用事，恐春申君泄其語，陰養死士，欲殺春申君以滅口。王薨，園先入，伏

刺殺春申君

死士於棘門之內，棘門，壽春城棘門。刺殺春申君，滅其家。太子立。是爲幽王。

【綱】甲子，（前二三七）秦十年，楚幽王悍元年，燕十八年，魏六年，趙八年，韓二年，齊二十六年。冬十月，秦相國呂不韋以罪免，出就國。

【目】秦王以不韋奉先王功大，不忍誅，免就國。

李斯諫逐客書

【綱】秦大索，逐客。大搜尋而逐之。客卿李斯上書，客卿，戰國時官名，爲他國遊宦者設。召復故官，遂除其令。

【目】秦宗室大臣議曰：「諸侯人來仕者，皆爲其主遊閒耳，請一切逐之。」於是大索，逐客。客卿楚人李斯亦在逐中，行，且上書曰：「昔穆公取由余於戎，由余，其先晉人，亡入戎。得百里奚於宛，百里奚，楚宛人。迎蹇叔於宋，蹇叔，岐州人，時遊宋。求丕豹、公孫支於晉，丕豹自晉奔秦。公孫支遊晉歸秦。幷國二十，遂霸西戎。孝公用商鞅，衞人。諸侯親服，至今治彊。惠王用張儀，魏人。散六國從，音宗。使之事秦。昭王得范雎，魏人。彊公室，杜私門。由此觀之，客何負於秦哉！今乃棄黔首以資敵國，黔，黑也。秦謂民爲黔首，以其頭黑也。却賓客以業諸侯，此所謂藉寇兵而齎盜糧者也。藉同借。藉寇兵，以兵假寇。齎盜糧，爲盜送糧。臣聞泰山不讓土壤，讓，辭也。故能成其大；江河不擇細流，故能就其深；王者不却衆庶，故能明其德；此五帝、三王之所以無敵也。惟大王圖之。」王乃召李斯，復其官，除逐客之令，卒用斯謀兼天下。

呂不韋徙蜀自殺

【綱】丙寅，（前二三五）秦十二年，楚三年，燕二十年，魏八年，趙幽繆王遷元年，韓四年，齊三十年。秦呂不韋徙蜀，(今四川成都市。)自殺。

目 不韋就國歲餘，諸侯使者請之，相望於道。王恐其爲變，賜不韋書曰：「君何功於秦，封河南十萬戶？何親於秦，號稱仲父？其徙處蜀！」不韋恐誅，飲酖死。酖亦作「鴆」。(見卷四周惠王十五年「季成使以君命酖叔牙」注。)

綱 戊辰，(前二三三)秦十四年，楚五年，燕二十二年，魏十年，趙三年，韓六年，齊三十二年。韓遣使稱藩於秦。

韓非

目 初，韓諸公子非善刑名法術之學，見韓削弱，數以書干韓王，王不能用。於是作孤憤、五蠹、說難等篇；孤憤，言孤直不容於時。五蠹，言蠹政之事五。說難，言遊說之道不易。十餘萬言。至是王使納地效璽於秦，效，呈獻也。請爲藩臣。非因說秦王曰：「大王誠聽臣說，一舉而天下之從不破，從音宗。趙不舉，韓不亡，荊、魏不臣，荊，楚也。齊、燕不親，則斬臣徇國，徇，行示也。以戒爲王謀不忠者。」王悅之，未用。李斯譖之，下吏自殺。

綱 己巳，(前二三二)秦十五年，楚六年，燕二十三年，魏十一年，趙四年，韓七年，齊三十三年。燕太子丹自秦亡歸。

目 初，丹嘗質於趙，與秦王善。及秦王即位，丹質於秦，秦王不禮焉。丹怒，亡歸。

滅韓

綱 辛未，(前二三〇)秦十七年，楚八年，燕二十五年，魏十三年，趙六年，韓九年，齊三十五年。是歲韓亡，凡六國。秦內史勝滅韓，虜王安，置潁川郡。(秦潁川郡治陽翟，即今河南禹縣治。)

郭開譖李牧

滅趙

綱　壬申，（前二二九）秦十八年，楚九年，燕二十六年，魏十四年，趙七年，齊三十六年。秦王翦伐趙，下井陘。（井陘關，在今河北石家莊市西井陘山上。）趙殺其大將軍李牧。

目　秦王翦伐趙，趙使李牧禦之。秦多與趙嬖臣郭開金，使言牧欲反。趙王使趙葱、顏聚代之；牧不受命，遂殺之。

綱　癸酉，（前二二八）秦十九年，楚十年，燕二十七年，魏十五年，趙八年，齊三十七年。是歲趙亡，凡五國。秦滅趙，虜王遷。秦王如邯鄲。（邯鄲，見卷五周顯王十五年「魏伐趙圍邯鄲」注。）

目　故與母家有仇者皆殺之。故，舊也。秦王母，呂不韋所娶邯鄲姬也。

綱　趙公子嘉自立爲代王。（代，在今河北蔚縣東北。）與燕合兵，軍上谷。（秦、漢上谷治沮陽，在今河北懷來縣西南，即燕上谷地。）

綱　楚王薨，楚王，幽王悍。弟郝立。三月，郝庶兄負芻殺之自立。

綱　甲戌，（前二二七）秦二十年，楚王負芻元年，燕二十八年，魏王假元年，齊三十八年。代王嘉元年。舊國五，新國一，凡六。燕太子丹使盜劫秦王，不克。秦遂擊破燕、代兵，進圍薊。（薊，燕都，在今北京市德勝門外，即古薊丘。）

目　初，丹既亡歸，怨秦王，欲報之，以問其傅鞠武。武請約三晉，韓、趙、魏。連齊、楚，媾匈奴以圖之。媾，和也。太子曰：「太傅之計，曠日彌久，令人心惛然，恐不能須也。」頃之，秦將軍樊於期得罪，亡之燕，太子受而舍之。鞠武諫不聽。太子聞衛人荊軻賢，卑辭厚禮而請見之。謂曰：「秦已虜韓臨趙，禍且至燕。燕小，不足以當秦。諸侯又皆服秦，莫敢合從。丹以爲誠得天下之勇士使於秦，劫秦王，使悉反諸侯侵地，若曹沫之與齊桓公盟，（見卷四周釐王元年「魯侯會齊侯盟于柯」紀。）則善矣；不可，則因而刺殺之。彼大將擅兵於外而內有亂，則君臣相疑，以其閒，諸侯得合從，破秦必矣。惟荆卿留意焉！」軻許之。乃舍軻上舍，丹日造門，所以奉養軻無不至。

會秦滅趙，丹懼，欲遣軻。軻曰：「行而無信，則秦未可親也。願得樊將軍首及燕督亢地圖以獻秦王，（督亢，燕之膏腴地，今河北涿縣東南有督亢陂。今徐水、霸縣以北至北京市舊良鄉以南，皆督亢地。）秦王必悅見臣，臣乃有以報。」丹曰：「樊將軍窮困來歸丹，丹不忍也！」軻乃私見於期曰：「秦王遇將軍，可謂深矣，父母宗族皆爲戮沒！今聞購將軍首，（購，以財求也。）金千斤，邑萬家，將奈何？」於期太息流涕曰：「計將安出？」軻曰：「願得將軍之首以獻秦王，秦王必喜而見臣，臣左手把其袖，右手揕其胸，（揕音振，擊也。）則將軍之仇報而燕見陵之愧除矣！」（見陵，被侵也。）於期曰：「此臣之日夜切齒腐心者也！」遂自刎。丹奔往伏哭，然已無可奈何，乃函盛其首。（函，匣也。）又嘗豫求天下之利匕首，（短劍。）以藥淬之，（淬音翠，堅其鋒也。）以試人，血濡縷；（血流如絲。）無不立死者。乃裝遣軻至咸陽，（秦都，今陝西咸陽市東。）見秦王。奉圖以進，圖窮而匕首見，（圖窮，發圖畢。）把王袖而揕之；未至身，王驚起，軻逐王，環柱而走。秦法，羣臣侍殿上者不得操尺寸之兵，左右以手共搏之，且曰：「王負劍！負劍！」（劍長不可拔，故左右教王將劍負之，乃可拔耳。而一時心忙口吃，故止曰「王負劍，負劍」也。王遂拔以擊軻，斷其左股，遂體解以徇。解其肢體以示衆。

王大怒，益發兵就王翦於中山，（即今河北定縣。）與燕、代戰易水西，（易水有中易、北易、南易，俱出河北易縣境。此易水即中易水，出易縣西，東流合於拒馬河。）大破之，遂圍薊。

燕太子丹死

綱 乙亥，（前二二六）秦二十一年，楚二年，燕二十九年，魏二年，齊三十九年，代二年。冬十月，秦拔薊，燕王走遼東，燕王，燕王喜。斬其太子丹以獻於秦。

綱 秦李信伐楚。

目 秦王問於李信曰：「吾欲取荊，楚也。度用幾何人？」對曰：「不過二十萬。」問王翦，翦曰：「非六十萬人不可。」王曰：「將軍老矣，何怯也！」乃使信及蒙恬將二十萬人伐楚；翦謝病，歸頻陽。王翦頻陽人。（在今陝西銅川市東。）

滅魏

綱 丙子，（前二二五）秦二十二年，楚三年，燕三十年，魏三年，齊四十年，代三年。是歲魏亡，凡五國。秦王賁伐魏，賁，翦之子。引河溝以灌其城。魏王假降，殺之，遂滅魏。

楚敗秦軍

綱 楚人大敗秦軍，李信奔還秦，王翦代之。

目 李信大敗楚軍，引兵西，與蒙恬會城父。（楚城父邑，即今河南寶豐縣東父城堡。）楚人因隨之，三日不頓舍，一宿爲舍。大敗之，入兩壁，軍壘。殺七都尉。信奔還，王怒，自至頻陽謝王翦，彊起之。翦曰：「老臣罷病悖亂，大王必不得已用臣，非六十萬人不可！」王許之。於是翦將六十萬人伐楚，王自送至霸上，（地名，在今西安市東。）翦請美田宅甚衆。王曰：「將軍行矣，何憂貧！」翦曰：「爲大王將，有功，終不得封侯，故及大王之鄉臣，請田宅爲子孫業耳。」王大笑。既行，又數使使者歸請之。或曰：「將軍之乞貸亦已甚矣！」翦曰：「王怚中而不信人，（怚音粗，心不精也。）今空國而委我，不有以自堅，顧令王坐而疑我矣。」

王翦大敗楚軍

綱 丁丑，（前二二四）秦二十三年，楚四年，燕三十年，齊四十一年，代四年。秦王翦大敗楚軍，殺其將項燕。

目 王翦取陳以南至平輿，（陳，即今河南淮陽縣。平輿，在河南汝南縣東。）楚人悉國中兵以禦之；翦堅壁不戰，日休士洗沐，而善飲食，撫循之。久之，問「軍中戲乎？」對曰：「方投石、超距。」（投石，飛石重十二斤，行三百步。超距，猶跳躍也。）翦曰：「可矣！」楚既不得戰，引而東。翦追擊，大破之，至蘄南，蘄音其。（此蘄即漢蘄縣，即今安徽宿縣。）殺其將項燕，楚師遂敗走。翦乘勝略定城邑。

滅楚

綱 戊寅，（前二二三）秦二十四年，楚五年，燕三十二年，齊四十二年，代五年。是歲楚亡，凡四國。秦滅楚，虜王負芻，置楚郡。（治壽春，即在今安徽壽縣。）

滅燕代

綱 己卯，（前二二二）秦二十五年，燕三十三年，齊四十三年，代六年。是歲燕、代亡，凡二國。秦王賁滅燕，虜王喜。還滅代，虜王嘉。

綱 秦王翦遂定江南，降百越，置會稽郡。（治吳縣，即今江蘇蘇州市。）

綱鑑易知錄卷八

後秦紀

始皇帝

滅齊

綱　庚辰，秦始皇帝二十六年，（前二二一）王賁襲齊，王建降，遂滅齊。

目　初，齊君王后事秦謹，（君王后，見卷六周赧王三十六年「王以太史敫之女爲后，是爲君王后」目。）與諸侯信，齊亦東邊海上。秦日夜攻五國，五國各自救，以故王建立四十餘年不受兵。君王后死，后勝相齊，與賓客多受秦閒金，（閒，反閒。）勸王朝秦，不脩戰備，不助五國攻秦，秦以故得滅五國。至是王賁自燕南攻齊，猝入臨淄，（齊都。在今山東益都縣西北。）民莫敢格者。（格，鬬也。）建遂降，秦遷之共，（即今河南輝縣。）處之松柏之間，餓而死。齊人怨建聽姦人賓客，不蚤與諸侯合從，以亡其國，歌之曰：「松邪，柏邪！住建共者客邪！」疾建用客之不詳也。

秦王稱皇帝

綱　王初并天下，更號「皇帝」。

目　王初并天下，自以爲德兼三皇，功過五帝，乃更號曰「皇帝」，命爲「制」，（除拜遣議曰命。）令爲「詔」，（布告中外曰令。）自稱曰「朕」。（朕，古人自稱之通號，自此專作帝稱。）追尊莊襄王爲太上皇。

除謚法

綱　除謚法。

目　制曰：「死而以行爲謚，謚者，誄行立號以易名也。則是子議父，臣議君也，甚無謂。自今以來，除謚法。朕爲始皇帝，後世以計數，二世、三世至于萬世，傳之無窮。」

以十月爲歲首

綱　定爲水德，以十月爲歲首。

鄒衍論五德之運

目　初，齊人鄒衍論著終始五德之運，始皇采用其說，以爲周得火德，秦代周，從所不勝，爲水德。始改年，朝賀皆自十月朔；衣服、旌旄、節、旗皆尚黑；析羽爲旌，分析鳥羽爲之，其竿頭則綴以旄牛尾也。節，行者所執之信。古者節長尺二寸，秦、漢以下改爲旌幢之形，後世漸長數尺。節，操也；謂持節者必盡人臣之節也。交龍爲旂，熊虎爲旗。黑，水德屬北方，故尚黑。數以六爲紀。水成數六，故以六寸爲符，六尺爲步。以爲水德之始，剛毅戾深，事皆決於法，刻削毋仁恩和義，水主陰，陰主刑殺，故急法刻削。然後合於五德之數。於是急於法，久不赦。

分天下爲三十六郡

綱　分天下爲三十六郡。內史、北地、隴西、上郡、九原、三川、碭郡、潁川、南陽、邯鄲、上谷、鉅鹿、漁陽、右北平、河東、上黨、大原、代郡、鴈門、雲中、遼東、遼西、東郡、齊郡、薛郡、琅邪、泗水、漢中、巴郡、蜀郡、會稽、九江、鄣郡、南郡、長沙、黔西，凡三十六郡。後又平百粵，立四郡：閩中、南海、桂林、象郡。共四十郡。銷兵器。一法度。禮樂制度。徙豪傑於咸陽。（在今陝西咸陽市東。）

李斯諫分封

目　丞相綰等言：綰音彎，上聲。即，王綰。「燕、齊、荆地遠，請立諸子爲王以鎮之。」始皇下其議，廷尉斯曰：廷，平也。治獄貴平，故號廷尉。斯，李斯。「周封子弟同姓甚衆，然後屬疏遠，相攻擊如仇讎，天子弗能禁。今海內賴陛下神靈一統，皆爲郡、縣，諸子功臣以公稅賦重賞賜之，甚足，易制，天下無異意，則安寧之術也。置諸侯不便。」始皇曰：「天下苦戰鬭不休，以有侯王。賴宗廟，天下初定，又復立國，是樹兵也，而求其寧息，豈不難哉！廷尉議是。」

分天下爲三十六郡，郡置守、尉、監。守，郡守，爲天子守土者。尉，郡丞，佐守者。監，御史，監郡者。

收天下兵，兵器。銷以爲鐘鐻、金人，鐻音據。鐻，樂器，似夾鐘。關中記：「始皇二十六年，有大人十二見於臨洮，身長五丈，足履六尺。始皇以爲瑞，鑄爲金人象之，各重千石，坐高二丈，號曰『翁仲』。」置宮庭中。一法度、衡、石、丈尺。稱上曰衡，稱錘曰權。徙天下豪傑於咸陽十二萬戶。

始皇封禪

求神僊

綱　壬午，二十八年，（前二一九）帝東巡，上鄒嶧山，（在今山東鄒縣東南。）嶧音亦。立石頌功業。封泰山，（在今山東泰安市東北。）立石；下禪梁父。（泰山下小山，一作梁甫，在今山東泰安市南。）遂登琅邪，（山名，在今山東諸城縣東南海濱，今名琅邪臺。）立石。遣徐市入海求神僊，渡淮浮江，至南郡而還。（秦南郡治郢，在今湖北江陵縣東南。）築土曰封，除地曰禪，祭天地也。封泰山而祭天，禪小山而祭山川。服虔曰：「封，增土之高，歸功於天。禪，闢廣土地也。」張晏曰：「天高不可及，於泰山上封禪而祭，冀近神靈也。」文中子曰：「封禪非古也，其秦、漢之侈心乎？」

目　始皇東行郡縣，上鄒嶧山，立石頌功德。上泰山陽，山南曰陽。至巔，巔，山頂。自山陽至巔也。封祠祀，封而祭也。立石頌德；從陰道下，山北曰陰。禪於梁父。遂東遊海上，南登琅邪，作臺，刻石。

求不死藥

方士徐市等上書，方士，方外之士。請得與童男女入海求三神山諸仙人不死藥。三神山即蓬萊、方丈、瀛州，在渤海中，云仙人所居。於是遣市發童男女數千人求之。曰：「未能至，望見之焉。」始皇還過彭城，（即今江蘇徐州市。）齋戒禱祠，欲出周鼎泗水，張守節曰：「秦昭王取九鼎，一飛入泗水，餘八入於秦。」（泗水源出今山東泗水縣東陪尾山。古泗水流境甚長，自泗水縣發源，歷曲阜、濟寧市入江蘇省境，至淮陰市入淮；後徐州市以南悉爲黃河所占。）使千人沒水求之，弗得。乃西南渡淮浮江，至湘山祠，湘山有舜二妃廟，山近湘水，廟在山南，故曰湘山祠。（湘山，在今湖南岳陽縣西南洞庭湖中，一名君山。）逢大風，幾不能渡。上問「湘君何神？」舜南巡，崩蒼梧，二妃追之不及，溺湘水而死，人爲立祠，世稱湘君。對曰：「堯女，舜妻。」始皇大怒，伐赭其山。赭音者，赤也，山無草木則赤。遂自南郡由武關歸。（武關，在今陝西商縣東，即春秋少習。）

張良狙擊始皇

綱　癸未，二十九年，（前二一八）帝東遊，至陽武，（即今河南原陽縣。）韓人張良狙擊，伏而擊也。狙，猿屬，伺物必伏而候之，故凡伏而擊者曰狙擊。誤中副車。副車，從車也。令天下大索十日，不得。遂登之罘，罘音浮。（之罘一作芝罘，在今山東烟臺市東北。）刻石而還。

目　初，韓人張良，五世相韓。良之祖父相韓五世。及韓亡，良散千金之產，弟死不葬，欲爲韓報仇。始皇東遊至陽武博浪沙中，（博浪沙，在今河南原陽縣東南。）良令力士操鐵椎狙擊始皇，誤中副車。始皇驚，求弗得，令天下大索十日。

伐匈奴

綱　丙戌，三十二年，（前二一五）帝巡北邊，遣將軍蒙恬伐匈奴。

築長城

燒詩書百家語

目　初，始皇之碣石，（碣石山所在傳說不一，有謂在今河北昌黎縣海中，或謂在今河北樂亭縣西南，一說在今山東無棣縣，即馬谷山。今皆無考。）使盧生求羨門子高，盧生，方士。羨門，古仙人，名子高。還奏得錄圖書，符讖之書。曰：「亡秦者胡也。」謂二世胡亥。始皇乃巡北邊，遣將軍蒙恬發兵三十萬人，北伐匈奴。

綱　丁亥，三十三年，（前二一四）蒙恬收河南地；（今內蒙古河套以內之地爲河南地。）築長城。

目　蒙恬斥逐匈奴，收河南地，爲四十四縣。築長城，起臨洮，（即今甘肅岷縣。）至遼東，延袤萬餘里。袤音茂，長也。暴師於外十餘年，恬常居上郡統治之。（秦上郡治膚施縣，在今陝西綏德縣東南。）

綱　彗星見。

綱　戊子，三十四年，（前二一三）燒詩、書、百家語。

目　始皇置酒咸陽宮，僕射周青臣進頌曰：射音夜。僕射，秦官。僕，主也，古者重武事，每官必有主射督課之，故名。讀射爲夜者，蓋關中語轉爲此音耳。「陛下神聖，平定海內，以諸侯爲郡縣，無戰爭之患，上古所不及。」始皇悅。博士淳于越曰：博士，秦官，掌典籍者。「殷、周之王千餘歲，封子弟功臣，自爲枝輔。今陛下有四海，而子弟爲匹夫，卒有田恆、六卿之臣，田恆，齊世卿，弑簡公。六卿，晉智、范、中行、韓、趙、魏，共分晉國。何以相救？事不師古而能長久，非所聞也。今青臣又面諛以重陛下之過，非忠臣也！」始皇下其議。丞相李斯言：「五帝不相復，三代不相襲。今陛

作阿房

下創大業，建萬世之功，固非愚儒所知。且越言乃三代之事，何足法也！異時諸侯並爭，厚招遊學。今天下已定，法令出一，百姓當家則力農工，士則習法令。今諸生不師今而學古，以非當世，惑亂黔首。人聞令下，則各以其學議之。入則心非，出則巷議，誇主以爲名，異趣以爲高，率羣下以造謗。如此弗禁，則主勢降乎上，黨與成乎下。禁之便！臣請史官非秦記皆燒之；非博士官所職，天下有藏詩、書、百家語者，皆詣守、尉雜燒之；偶語詩、書者棄市；偶，並也。以古非今者族。所不去者，醫、藥、卜筮、種樹之書。龜曰卜，蓍曰筮。筮音世。欲學法令者，以吏爲師。」制曰：「可。」

【綱】己丑，三十五年，（前二一二）營朝宮，作前殿阿房。阿，曲也。言殿之四阿皆爲房。（阿房宮故址，相傳在今陝西西安市西北。）

【目】始皇以咸陽人多，先王宮庭小，乃營朝宮渭南上林苑中。（上林苑在今西安市西。渭南，此指渭水之南。）先作前殿阿房，東西五百步，南北五十丈，上可以坐萬人，下可以建五丈旗，周馳爲閣道，架木爲棚而行。自殿下直抵南山，（即終南山，一名秦嶺山，在今陝西西安市南。）表山巔以爲闕。（闕，見卷五周顯王十九年「衞鞅築冀闕宮庭」注。）複道渡渭，複道，上下有道也。謂築土爲高，天子自行其上，不與民庶相雜。（渭，指今陝西西安市北之渭水。）屬之咸陽。屬，連也。隱宮、徒刑者，宮，腐刑也，男子割勢，女子幽閉。腐刑患風，須入隱室，故曰隱宮。徒刑，以罪供徭作曰徒刑。七十餘萬人，分作阿房、驪山。（在今陝西臨潼縣東南，與藍田山相連。）關中計宮三百，秦都咸陽，東函谷關，南嶢關，武關，西散關，北蕭關，居四關之中，故曰關中。

阬儒生

使扶蘇監蒙恬軍於上郡

關外四百餘。因徙三萬家驪邑，（今陝西臨潼縣。）五萬家雲陽。（在今陝西三原縣西。）

盧生說始皇爲微行，私出也。以辟惡鬼。所居宮毋令人知，然後不死之藥殆可得也。始皇乃令咸陽旁三百里內，宮觀複道相連，帷帳、鐘鼓、美人充之，充，實也。各按署，按止部署。不移徙。所行幸，天子所至曰幸。有言其處者死。嘗從梁山宮望見丞相車騎衆，（梁山宮，在今陝西乾縣西北。）弗善也。謂惡之。或告丞相，丞相損之。始皇怒曰：「此中人泄吾語！」中人卽中涓，近侍也。捕時在旁者盡殺之。是後，莫知行之所在。羣臣受決事者，悉於咸陽宮。

綱　阬諸生四百六十餘人，使長子扶蘇監蒙恬軍。

目　侯生、盧生相與譏議始皇，因亡去。始皇聞之，大怒曰：「諸生或爲妖言以亂黔首！」使御史按問之。諸生傳相告引，告訴牽引。乃自除犯禁者四百六十餘人，自除，簡別也。皆阬之咸陽。長子扶蘇諫曰：「諸生皆誦法孔子。今以重法繩之，臣恐天下不安。」始皇怒，使北監蒙恬軍於上郡。

綱　庚寅，三十六年，（前二一一）隕石東郡。（秦東郡治濮陽，卽今河南濮陽縣。）

目　有隕石于東郡。或刻之曰「始皇死而地分」。使御史逐問，莫服；盡誅石旁居人，燔其石。史記（秦始皇本紀）：「三十六年秋，使者夜過華陰平舒道，有人持璧遮使者曰：『明年祖龍死。』因忽不見，置其璧去。使者奉璧具聞。始皇默然良久曰：『山鬼固不過知一歲事也。』」蓋祖龍謂始皇，爲明年崩沙丘之兆。

綱　辛卯，三十七年，（前二一〇）冬十月，帝東巡，至雲夢，（古雲夢澤，有今湖北京山縣以南，宜

始皇崩沙丘
胡亥襲位

都縣以東，蘄春縣以西，湖南華容縣以北地，跨大江南北。）祀虞舜。上會稽，（山名，在今浙江紹興縣東南。）祭大禹，立石頌德。秋七月，至沙丘，（在今河北鉅鹿縣南。）崩。丞相李斯、宦者趙高，矯遺詔立少子胡亥爲太子，殺扶蘇、蒙恬。還至咸陽，胡亥襲位。九月，葬驪山。

目　十月，始皇東巡，少子胡亥、丞相李斯從。至雲夢，望祀虞舜于九疑山。（一名蒼梧山，在今湖南寧遠縣南。）浮江下，渡海渚，過丹陽，（即鄣郡，在今安徽當塗縣東。）至錢塘，（即今浙江杭州市。）臨浙江，（古名漸水，流經杭州市區東南，再東北流入海。）上會稽，祭大禹，望于南海，立石頌德。北至琅邪、之罘。（琅邪，見秦始皇二十八年「遂登琅邪」注。之罘，見秦始皇二十九年「遂登之罘」注。）西至平原津而病。（平原津，在今山東德州市南，古黄河所經。）

始皇惡言死，羣臣莫敢言死事。病益甚，乃令中車府令行符璽事趙高，中車府令，主乘輿路車。行符璽事，兼行符璽令事。爲書賜扶蘇曰：「與喪，會咸陽而葬。」未付使者。七月，始皇崩於沙丘，祕不發喪，棺載轀輬車中，轀音溫，輬音涼。轀輬，有窗牖，閉之則溫，開之則涼，故名。所至，上食、奏事如故，獨胡亥、趙高與幸宦者五六人知之。

初，始皇尊寵蒙氏，恬任外將，毅常居中參謀議，（毅，恬弟。）名爲忠信。趙高者，生而隱宮；（隱宮，見秦始皇三十五年「隱宮徒刑者」注。）始皇聞其強力、通獄法，以爲中車府令，使教胡亥決獄。嘗有罪，使毅治之，當死；始皇赦之。高既雅得幸於胡亥，又怨蒙氏，乃與胡亥謀，詐以始皇命誅扶蘇，而立胡亥爲太子。胡亥然之。高曰：「不與丞相謀，恐事不成。」乃見李斯

趙高說李斯立胡亥

曰：「上賜長子書及符璽，皆在胡亥所。定太子，在君侯與高之口耳。事將何如？」斯曰：「安得亡國之言！此非人臣所當議也！」高曰：「君侯材能智慮，功高無怨，長子信之，孰與蒙恬？」斯曰：「皆不及也。」高曰：「長子卽位，必用恬爲丞相，君侯終不懷通侯之印歸鄉里，通侯，列侯。明矣！胡亥慈仁篤厚，可以爲嗣。願君審計而定之！」斯以爲然，乃相與矯詔立胡亥爲太子；更爲書賜扶蘇，數以不能立功，數上書誹謗怨望，而恬不矯正，皆賜死。

扶蘇自殺

扶蘇發書，泣，欲自殺。恬曰：「陛下使臣將三十萬衆守邊，公子爲監，此天下重任也。今一使者來，安知其非詐！復請而死，未暮也。」扶蘇曰：「父賜子死，尙安復請！」卽自殺。恬不肯死，繫諸陽周。（陽周，在今陝西子長縣西北。）

胡亥至咸陽，發喪，襲位，是爲二世皇帝。

九月，葬始皇帝於驪山，下錮三泉，錮，鑄銅鐵以塞隙。三泉，三重之泉。奇器珍怪，徙藏滿之。藏，府藏也。令匠作機弩，有穿近者輒射之。後宮無子者，皆令從死。工匠爲機者，皆閉之墓中。

蒙恬死

二世欲遂殺蒙恬兄弟，兄子子嬰諫曰：「蒙氏，秦之大臣、謀士也，一日棄之，而立無節行之人，是使羣臣不相信，而鬭士之意離也！」弗聽。恬曰：「吾積功信於秦，三世矣。祖驁、父武及恬三世。今將兵三十餘萬，其勢足以倍畔，然自知必死而守義者，不敢辱先人之教以不忘先帝也！」乃吞藥自殺。

殺諸公子公主

復作阿房宮

陳勝吳廣起兵於蘄

二世皇帝

名胡亥，始皇少子，在位三年，壽二十四歲。繁刑重役，誅殺任情，罪盈怨積，而天下叛之。爲趙高所殺，立子嬰爲王，凡四十六日，降於漢。

綱　壬辰，二世皇帝元年，（前二〇九）楚隱王陳勝元年，趙王武臣元年，齊王田儋元年，燕王韓廣元年，魏王咎元年。是歲建國凡五。夏四月，殺諸公子、公主。

目　二世謂趙高曰：「吾已臨天下矣，欲悉耳目之所好，窮心志之所樂，以終吾年壽，可乎？」高曰：「此賢主之所能行，而昏亂主之所禁也。然沙丘之謀，諸公子及大臣皆疑焉。今陛下初立，此其屬意怏怏皆不服，恐爲變；陛下安得爲此樂乎！」二世曰：「爲之奈何？」高曰：「嚴法刻刑，誅滅大臣、宗室，更置所親信，陛下則高枕肆志寵樂矣。」二世乃更爲法律，益務刻深，大臣、諸公子有罪，輒下高鞫治之。鞫音菊，推窮罪也。公子十二人僇死咸陽市，十公主矺死於杜，矺，音宅，裂其肢體而殺之。（杜，在今陝西咸陽市東。）公子將閭呼天自殺。公子高欲奔，不敢，乃上書：「請從死先帝，得葬驪山之足。」二世大悦，賜錢以葬。

綱　復作阿房宮。

綱　秋七月，楚人陳勝、吳廣起兵於蘄。陳勝字涉，吳廣字叔。（蘄縣，即今安徽宿縣。）勝自立爲楚王，以廣爲假王，擊滎陽。

目　是時發閭左戍漁陽者九百人，閭左，貧弱之民居閭里之左。（秦漁陽郡治漁陽縣，在今北京市密雲縣西南。）屯大澤鄉。（在今安徽宿縣西南。）陽城人陳勝、陽夏人吳廣爲屯長。（陽城，在今河南登封縣東

耳餘說陳勝

南。陽夏，即今河南太康縣。）會天大雨，道不通，度已失期，法皆斬。勝、廣因天下之愁怨，乃殺將尉，令徒屬曰：「公等皆失期當斬；假令毋斬，而戍死者固什六七。且壯士不死則已，死則舉大名耳！王、侯、將、相寧有種乎！」衆皆從之。史記（陳涉世家），陳涉少時，嘗與人傭耕，輟耕之壟上，悵恨久之，曰：「苟富貴，無相忘！」傭者笑曰：「若爲傭耕，何富貴也！」涉太息曰：「嗟乎！燕雀安知鴻鵠之志哉！」及起兵，乃從卜者指意，欲驗鬼威衆，乃丹書帛曰「陳勝王」，置人所罾魚腹中。卒買魚得書，怪之。又令吳廣止叢祠中，作狐鳴，呼曰：「陳勝王。」卒皆驚恐。乃詐稱公子扶蘇、項燕，扶蘇，始皇長子，二世殺之；百姓多聞其賢，未知其死。項燕，楚良將，與秦戰爲王翦所殺；楚人憐之，或以爲死，或以爲亡，故詐稱以爲天下倡。爲壇而盟，稱大楚。攻蘄，蘄下。行收兵，比至陳，（即今河南淮陽縣。）卒數萬人，入據之。

大梁張耳、陳餘詣門上謁，（大梁，今河南開封市。）勝素聞其賢，大喜。豪傑父老請立勝爲楚王，勝以問耳、餘。耳、餘曰：「秦爲無道，暴虐百姓；將軍出萬死之計，爲天下除殘也。今始至陳而王之，示天下私。願將軍毋王，急引兵而西，遣人立六國後，自爲樹黨，爲秦益敵。敵多則力分，與衆則兵強。與，黨與。如此野無交兵，縣無守城，誅暴秦，據咸陽，以令諸侯，則帝業成矣！」不聽，遂自立爲王，號「張楚」。欲張大楚國，故稱。郡縣苦秦法，爭殺長吏以應之。

使從東方來，以反者聞，二世怒，下之吏。後至者曰：「羣盜鼠竊狗偸，郡守、尉方捕逐，今盡得，不足憂也。」乃悅。勝以廣爲假王，監諸將擊滎陽。（在今河南滎陽縣西南。）

漢高祖起兵於沛

綱　楚遣諸將徇趙、魏，以周文爲將軍，將兵伐秦。至戲，（戲水在今陝西臨潼縣東，源出驪山，下流入渭。其地有戲亭，一名幽王城，即周文所至者。）秦遣少府章邯拒之，楚軍敗走。

目　張耳、陳餘復請奇兵略趙地。行取曰略。勝以所善陳人武臣爲將軍，耳、餘爲校尉，予卒三千人徇趙。行定曰徇。又令魏人周市徇魏。聞周文，即周章。陳之賢人，習兵，使西擊秦。武臣等收兵得數萬人，號武信君，下趙十餘城。周文行收兵，卒數十萬，至戲，軍焉。二世乃大驚，遣少府章邯擊敗之，少府，秦官，掌山澤陂池之稅，以給私養，自別爲藏，故名。文走。

綱　八月，楚將武臣至趙，自立爲趙王。

目　張耳、陳餘聞諸將爲陳王徇地者，陳王，陳勝。多以讒毀誅，乃說武信君自立爲趙王。從之。使韓廣略燕，李良略常山，（今河北正定縣。）張黶略上黨。（在今山西長治市西。）

綱　九月，楚人劉邦起兵於沛，（在今江蘇沛縣東。）自立爲沛公。

目　沛人劉邦，字季，隆準龍顏。隆，高也。準，鼻也。顏，額顙，謂之龍者，見其非凡。愛人喜施，意豁如也。有大度，不事家人生產作業。初爲泗上亭長，（泗水上之亭，在秦沛縣東南。）亭者，停留行旅宿食處，猶後館驛。秦法十里一亭，亭置長，主督盜賊。單父人呂公奇其狀貌，（單父，在今山東單縣南。）呂公，史失其名，相經云「名文，字叔平。」以女妻之。即呂后。爲縣送徒驪山，時始皇葬驪山，郡、縣皆送徒士役作。徒多道亡，自度比至皆亡之，乃解縱所送徒曰：「公等皆去，吾亦從此逝矣！」徒中壯士願從者十餘人。季被酒，爲酒所加。夜徑澤中，徑，小道也，從小道過澤中。有大蛇當徑，季拔劍斬之。有老嫗哭曰：嫗，婦老之稱。「吾子，白帝子也，今爲赤帝子所殺！」因忽不見。季亡匿芒、碭山澤閒。碭音宕，芒、碭二山名。（碭山在今安徽碭山縣東，芒山在碭山北。）沛令欲應陳涉，主吏蕭何、曹參曰：「君爲秦吏，今背之，恐子弟不聽。願召諸亡在外者以劫衆。」乃召劉季，季之衆已數十百人矣。令悔，閉城，季乃書帛射城上，遺沛父老，爲陳利害。父老乃率子弟殺令，迎季，立以爲沛公。蕭、曹爲收子弟得二三千人，以應諸侯，旗幟皆赤。

項梁起兵於吳

綱 楚人項梁起兵於吳。（吳縣，即今江蘇蘇州市，秦會稽郡治。）

學萬人敵

目 項梁者，下相人，（下相，地當相水之下，故名下相，在今江蘇宿遷縣西。）楚將項燕子也。嘗殺人，與兄子籍避仇吳中。籍，字羽。籍少時學書，不成，去；學劍，又不成。梁怒。籍曰：「書足以記名姓而已！劍，一人敵，不足學；學萬人敵！」於是梁乃教籍兵法，籍大喜，略知其意，又不肯竟學。長八尺餘，力能扛鼎。扛，舉也。才器過人。會稽守殷通欲應陳涉，（秦會稽郡治吳，見上。）使梁將。梁使籍斬通，乃召故所知豪吏，喻以所爲起大事，舉吳中兵，收下縣，收所下之縣。得精兵八千人。梁自爲會稽守，以籍爲裨將。副將。籍時年二十四。

田儋自立爲齊王

綱 齊人田儋自立爲齊王。儋音担。

目 儋，故齊王族也。與從弟榮、横，皆豪健，宗強，能得人，遂自立爲齊王。東略定齊地。

韓廣自立爲燕王

綱 趙將韓廣略燕地，自立爲燕王。

立魏公子咎爲魏王

李良弑武臣

莊賈弑陳勝

綱　燕軍獲趙王，趙王，武臣。既而歸之。

目　趙王與張耳、陳餘略地，王閒出，私出也。爲燕軍所得。囚之，以求割地；使者往請，燕輒殺之。有廝養卒往見燕將曰：艾草者曰廝，炊烹者曰養。「君知張耳、陳餘何如人也？」曰：「賢人也。」曰：「知其志何欲？」曰：「欲得其王耳。」養卒笑曰：「君未知此兩人所欲也。夫武臣、張耳、陳餘，杖馬箠下趙數十城，此亦各欲南面而王。顧其勢初定，且以少長先立武臣。今趙地已服，此兩人亦欲分趙而王。今君乃囚趙王，此兩人名爲求之，實欲燕殺之而分趙自立。夫以一趙尚易燕，況以兩賢王左提右挈，而責殺王之罪，滅燕易矣！」燕將乃歸趙王，養卒爲御而歸。

綱　楚將周市，立魏公子咎爲魏王而相之。

綱　秦廢衞君角爲庶人。

目　初，秦幷天下，而衞獨存，至是二世廢之，衞遂絕祀。

綱　癸巳，二年，（前二〇八）楚懷王心元年，趙王歇元年，齊王田市元年，燕王韓廣二年，魏王豹元年，韓王成元年。是歲楚王勝、趙王武臣、齊王儋、魏王咎皆亡。舊國一，新國五，凡六。冬十一月，趙將李良弑其君武臣。

綱　秦嘉起兵於郯。郯音談。（郯卽漢東海郡治，在今山東郯城縣西南，與東海縣接壤。）

綱　秦益遣兵擊楚。臘月，十二月。楚莊賈弑其君勝，以降於秦。呂臣討賈，殺之，復以陳爲楚。

目　二世益遣長史司馬欣、董翳佐章邯擊楚。臘月，楚王至下城父，楚王，陳勝。（下城父，聚名，在今安徽蒙城縣西北。近城父縣，故名。）其御莊賈殺之以降。勝故涓人呂臣起攻陳，故，舊也。（涓人，見卷六周赧王三年「有以千金使涓人求千里馬者」注。）殺賈，復以陳爲楚。葬勝於碭，謚曰隱王。

張耳陳餘立趙歇

綱　春正月，趙將張耳、陳餘立趙歇爲王。

目　張耳、陳餘收散兵，得數萬人，擊李良；良敗走。客有說之者曰：「兩君羇旅，兩君，耳、餘也。羇，寄也。旅，客也。難可獨立。立趙後，輔以誼，可就功。」乃求得歇立之，居信都。（在今河北衡水縣東。）

秦嘉立景駒爲楚王

綱　秦嘉立景駒爲楚王。

綱　秦攻陳下之，呂臣走，得英布軍，還復取陳。

目　布，六人也，（六縣，在今安徽六安縣北。）嘗坐法黥，墨刑在面。論輸驪山。論，議也。輸驪山作始皇陵。驪山之徒數十萬人，布皆與其徒長豪傑交通，乃亡之江中爲羣盜。番陽令吳芮，番音婆。（番陽縣，在今江西鄱陽縣東。）甚得江、湖閒心，號曰番君。布往見之，其衆已數千人。番君以女妻之，使將其兵擊秦。

沛公得張良

綱　沛公得張良，以爲廄將。

目　楚王景駒在留，（在今江蘇沛縣東南。）沛公往從之。張良亦聚少年百餘人，欲從駒，道遇沛公，遂屬焉。公以良爲廄將，良數以太公兵法說沛公；太公，呂尚。張守節曰：「太公兵法，一帙

項梁殺楚王駒立懷王孫心

嬰母

三戶亡秦

范增請立楚後

三卷。」公善之，常用其策。良與他人言，輒不省，省音醒。良曰：「沛公殆天授！」遂從不去。

綱 項梁擊楚王駒殺之。夏六月，立楚懷王孫心爲楚懷王，懷王之孫名心。韓公子成爲韓王。

目 廣陵人召平，爲楚徇廣陵，（在今江蘇揚州市西北。）未下。聞陳王敗，陳王，陳勝。乃渡江，矯王令拜項梁爲上柱國，曰：「江東已定，急引兵西擊秦。」梁乃以八千人渡江而西。東陽少年殺令，（東陽，在今安徽炳輝縣西北。）相聚，得二萬人，以故令史陳嬰素謹信長者，陳嬰，東陽獄吏。欲立以爲王。嬰母曰：「暴得大名，不祥，不如有所屬。事成猶得封侯，事敗易以亡，非世所指名也。」嬰乃謂軍吏曰：「項氏世世將家，有名於楚。今欲舉大事，將非其人不可。我倚名族，亡秦必矣！」衆從之。於是嬰及英布、蒲將軍皆以兵屬梁，衆遂六七萬。梁曰：「陳王首事，戰不利，未聞所在。今秦嘉立景駒，大逆無道！」乃進擊殺嘉，駒走死。

居鄛人范增，（居鄛，即今安徽巢縣東南。）年七十，好奇計，往說梁曰：「陳勝敗，固當。夫秦滅六國，楚最無罪。自懷王入秦不反，（事見卷六周赧王十六年「誘楚君槐于武關」目。）楚人憐之至今。故楚南公曰：南公，楚人，善言陰陽。『楚雖三戶，亡秦必楚。』（三戶猶言三家，謂楚人怨秦，雖孑遺三家，猶足以亡秦。）今勝首事，不立楚後而自立，其勢不長。今君起江東，楚蠭起之將皆爭附君者，蠭同蜂。蠭起之將，言起兵者衆，如蠭之飛起。以君世世楚將，爲能復立楚之後也。」梁然其言，乃求得懷王孫心於民間，爲人牧羊；六月，立以爲楚懷王，從民望也。都盱眙。（即今江蘇盱眙縣。）以陳嬰爲上柱國，梁自號武信君。

張良請立韓成

張良說梁曰：「君已立楚後，韓諸公子橫陽君成最賢，可立爲王，益樹黨。」梁從之，立爲韓王。以良爲司徒，西略韓地。

【綱】章邯擊魏，齊、楚救之；齊王儋、魏相市敗死，魏王咎自殺。

【目】章邯擊魏，魏使周市求救於齊、楚；齊王及楚將項它皆將兵隨市救魏。章邯大破之，殺齊王及周市。魏王自燒死，其弟豹亡走楚，楚予兵復徇魏地。

【綱】齊人立田假爲王。田假，齊王建弟。秋七月，大霖雨。齊王儋弟榮，逐王假，立儋子市爲王而相之。

【綱】秦下右丞相馮去疾、左丞相李斯吏。去疾自殺，要斬斯，夷三族。以趙高爲中丞相。

李斯說二世行督責

【目】二世數誚讓左丞相李斯：「居三公位，如何令盜如此！」斯恐懼，重爵祿，乃阿二世意，以書對曰：「夫賢主者，必能行督責之術者也。故申子曰：（申不害，見卷五周顯王十八年「韓以申不害爲相」目。）『有天下而不恣睢，睢音誨。猶放縱也。命之曰以天下爲桎梏。』夫不能行督責之術，專以天下自適，而徒勞形、苦神，以身徇百姓，若堯、禹然，則是黔首之役，非畜天下者也，故謂之桎梏也。惟明主能行督責，以獨斷於上，則權不在臣下，然後能滅仁義之塗，絕諫說之辯，犖然行恣睢之心，犖音洛，卓也。而莫之敢逆。如此，羣臣、百姓救過不給，何變之

趙高說二世深拱禁中　趙高紿李斯　腰斬李斯

敢圖！」二世說。於是行督責益嚴，刑者相半於道，而死人日成積於市，秦民益駭懼思亂。

郎中令趙高恃恩專恣，多以私怨殺人；恐大臣言之，乃說二世曰：「天子所以貴者，但以聞聲，羣臣莫得見其面也。今坐朝廷，譴舉有不當，譴，責也。舉，用也。則見短於大臣，非所以示神明於天下也。不如深拱禁中，與臣及侍中習法者待事；事來有以揆之，則大臣不敢奏疑事，天下稱聖主矣。」二世乃不坐朝廷，事皆決於高。李斯以爲言，高乃見斯曰：「關東羣盜多，而上益發繇，同傜。治阿房宮。臣欲諫，爲位賤，此眞君侯之事，君何不諫？」斯曰：「上居深宮，欲諫無閒。」閒音閑，空隙也。高曰：「請候上閒語君。」於是待二世方燕樂，婦女居前，使人告斯「可奏事矣」。斯至上謁，如此者三。二世怒，高因曰：「沙丘之謀，丞相與焉。今陛下爲帝，而丞相貴不益，其意亦望裂地而王矣。且其長男由守三川，（秦三川郡治滎陽，李由爲三川守，守滎陽，在今河南滎陽縣西南。）楚盜皆其傍縣子，以故公行過三川。聞其文書相往來，未得其審，故未敢以聞。且丞相居外，權重於陛下。」二世乃使人按驗三川守與盜通狀。斯聞之，乃上書言高罪，又與右丞相馮去疾、將軍馮劫進諫曰：「羣盜並起，皆以戍、漕、轉、作事苦，賦稅大也。戍，守邊。漕，水運。轉，陸運。作事，役作之事。請且止阿房宮作者，減四邊戍、轉。」二世曰：「君不能禁盜，又欲罷先帝所爲，是上無以報先帝，次不爲朕盡忠力，何以在位！」下吏按罪。去疾、劫自殺。斯自負其辯，有功，無反心，乃就獄。二世屬高治之，屬，付也。高皆妄爲反辭以相傅，相傅，相傅會也。以辭語牽合曰傅會。遂具斯五刑論，論，議罪也。腰斬咸陽市。

斯顧謂其中子曰：中同仲。「吾欲與若復牽黃犬，若，汝也。俱出上蔡東門逐狡兔，李斯上蔡人。（上蔡，在今河南上蔡縣西。）豈可得乎！」遂父子相哭，而夷三族。夷，滅也。三族，父、母、妻族。二世乃以高爲中丞相，事皆決焉。

項梁戰死定陶

綱　章邯擊破楚軍於定陶，（在今山東菏澤縣東南。）項梁死。

目　梁再破秦軍，益輕秦，有驕色。宋義諫曰：「戰勝而將驕卒惰者敗。臣爲君畏之！」弗聽。二世悉起兵益章邯擊楚軍，大破之定陶，梁死。懷王徙都彭城，（即今江蘇徐州市。）并項羽、呂臣軍自將之，號羽爲魯公。

綱　楚立魏豹爲魏王。

宋義爲楚上將軍

綱　章邯擊趙，圍趙王於鉅鹿，趙王，趙歇。（鉅鹿，即今河北鉅鹿縣。）楚以宋義爲上將軍救之。

目　章邯北擊趙，破邯鄲。張耳以趙王走鉅鹿，王離圍之。陳餘北收兵，得數萬人，軍其北，章邯軍其南。趙數請救於楚。楚王聞宋義先策武信君必敗，楚王，懷王。武信君，項梁。召與計事，大悅之，因以爲上將軍，項羽爲次將，范增爲末將，以救趙。義號「卿子冠軍」，卿子，時人相褒尊之辭。上將，故言冠軍。諸別將皆屬焉。

楚遣沛公伐秦

綱　楚遣沛公伐秦。

目　初，楚懷王與諸將約：「先入定關中者王之。」（關中，見秦始皇三十五年「關中計宮三百」注。）是時秦兵尚強，諸將莫利先入關；獨項羽怨秦，奮身願與沛公西。諸老將曰：「羽慓悍猾賊，慓音票，疾也。悍音翰，勇也。猾，史記高祖本紀作「禍」。猾賊，好爲禍害而殘賊也。所過無不殘滅；不如更遣長者，扶義而西，扶，扙也。無侵暴，宜可下。羽不可遣；獨沛公素寬大長者，可遣。」王乃遣沛公收陳王、項梁散卒以伐秦。陳王，陳勝。

綱 甲午，三年，（前二〇七）楚二年，趙二年，齊二年，燕三年，魏二年，韓二年。冬十一月，楚次將項籍矯殺宋義而代之；大破秦軍，虜其將王離。

項羽責宋義

羽斬宋義

沉船破甑

目 宋義至安陽，（在今山東曹縣東。）留四十六日不進。項羽曰：「秦圍趙急，宜疾引兵渡河；漳河也。（漳河，在今河南林縣北，渡漳而東即邯鄲。）楚擊其外，趙應其內，破秦軍必矣！」宋義曰：「今秦攻趙，戰勝則兵罷，我乘其敝；不勝，則我鼓行而西，必舉秦矣。」因下令曰：「有猛如虎，很如羊，很，不聽從也。羊愈牽愈不進。貪如狼，狼性貪。強不可使者，皆斬之！」遣其子襄相齊，送之無鹽，（在今山東東平縣東。）飲酒高會。項羽曰：「今歲饑民貧，卒食半菽，謂以菽雜菜食之。菽，豆也。而飲酒高會。不引兵渡河，因趙食，并力攻秦，乃曰『承其敝』。夫以秦之強，攻新造之趙，其勢必舉，何敝之承？且國兵新破，項梁定陶之敗。主坐不安席，掃境內而屬將軍，國家安危，在此一舉。今不恤士卒，恤，憂也。而徇其私，遣子相齊。非社稷之臣也！」十一月，羽晨朝義，即其帳中斬之。遣使報命於王，王因以羽爲上將軍。羽乃悉引兵渡河，已渡，皆沈船破甑，燒廬舍，持三日糧，以示士卒必死，無還心。與秦軍遇，九戰，皆破之。章邯引却，遂虜王離。時諸侯軍救鉅鹿者十餘壁，軍壘。莫敢縱兵；及楚擊秦，皆從壁上觀。

楚戰士無不一當十，呼聲動天地，觀者人人惴恐。既破秦軍，諸侯將入轅門，軍行以車爲陣，轅相向爲門，故曰轅門。膝行而前，莫敢仰視。羽由是始爲諸侯上將軍，諸侯兵皆屬焉。

彭越歸沛公

【綱】春二月，沛公擊昌邑，（在今山東金鄉縣西北。）彭越以兵從。

【目】越，昌邑人，常漁鉅野澤中，（鉅野澤即大野澤，一名巨澤，在今山東鉅野縣北，濟水故瀆所入，元末爲河所決，遂涸。）爲羣盜。楚兵起，澤閒少年相聚百餘人，請越爲長。略地收散卒，得千餘人，至是以其兵歸沛公。

沛公下陳留

【綱】沛公使酈食其說陳留，食其，音異基。說，音稅。（秦陳留縣，即今河南開封市東南陳留城。）下之。

酈生說沛公

【目】沛公過高陽，（在今河南杞縣西。）高陽人酈食其，家貧落魄，落魄，不得志貌。爲里監門。監里中門。其里人有爲沛公騎士者，食其謂曰：「吾聞沛公慢而易人，多大略，此眞吾所願從遊。」騎士曰：「公不好儒，客冠儒冠來者，輒解而溺其中。溺，小便也。與人言，常大罵，未可以儒生說也。」酈生曰：「第言之。」騎士從容言之。沛公至傳舍，猶今館驛。則使人召酈生。生至，入謁，沛公方踞牀，據物而坐曰踞。使兩女子洗足而見生。生長揖不拜，曰：「足下必欲誅無道秦，不宜倨見長者！」公乃輟洗而起，延生上坐，問計。生曰：「足下兵不滿萬，欲以徑入強秦，此所謂探虎口者也。夫陳留，天下之衝，又多積粟。臣善其令，請得使之令下。」於是遣生行，而引兵隨之，遂下陳留。號生爲廣野君，爲說客，使諸侯。其弟商亦聚衆四千人，來屬沛公。

綱 夏四月，沛公攻潁川，（秦潁川郡治陽翟，即今河南禹縣。）略南陽。（即今河南南陽市。）秋七月，南陽守齮降。齮音擬。齮名，史失其姓。

目 四月，沛公攻潁川，因張良略韓地。六月，略南陽。七月，郡守齮降。引兵而西，無不下者。所過亡得鹵掠，亡，無也。鹵同虜。秦民皆喜。

綱 章邯以軍降楚。

目 章邯軍棘原，（棘原，在今河北鉅鹿縣西南。又鉅鹿縣南有棘陽寨，傳即章邯軍處。）項羽軍漳南。漳水之南。（古漳河自河南臨漳縣東北流，經今鉅鹿縣南，又經南宮等地入滹沱河。）秦兵數却，二世使人讓邯。讓，責也。邯恐，使長史欣請事咸陽，留司馬門三日，司馬門，天子外門，有司馬主武事，故名。趙高不見。欣恐，走還報曰：「趙高用事於中，下無可爲者。今戰勝，高疾吾功；不勝，不免於死。」邯遂與羽約，請降。乃與盟於洹水上，（洹水，見卷六周顯王三十六年「今其將相會盟洹水之上」注。）立邯爲雍王，置楚軍中，而使欣將其軍爲前行。

沛公入武關

綱 八月，沛公入武關。（在今陝西商縣東。）趙高弒帝于望夷宮，望夷宮，秦建，臨涇水以望北夷。（在今陝西三原縣南。）立子嬰爲王。子嬰，二世兄子。九月，子嬰討殺高，夷三族。

指鹿爲馬

目 初，中丞相趙高欲專秦權，恐羣臣不聽，乃持鹿獻於二世曰：「馬也。」二世笑曰：「丞相誤邪，謂鹿爲馬？」問左右，或默，或言鹿。高因陰中諸言鹿者以法。後羣臣皆莫敢言其過。

八月，沛公攻入武關。高前數言「關東盜無能爲」，至是二世使責讓高。高懼，乃與其壻咸陽令閻樂謀，詐爲有大賊，召吏發卒，使樂將之入望夷宮。樂前數二世曰：「足下驕恣，誅殺無道，天下皆畔。其自爲計！」二世曰：「吾願得一郡爲王。」弗許。「願爲萬戶侯。」又弗許。「願與妻子爲黔首。」樂曰：「臣受命丞相，爲天下誅足下；足下雖多言，臣不敢報！」麾其兵進。二世自殺。趙高乃立子嬰爲秦王。

九月，高令子嬰朝見受璽，子嬰稱疾不行。高自往請，子嬰遂刺殺高，三族其家以徇。

子嬰殺高

綱 沛公擊嶢關，（在今陝西藍田縣東南，一名藍田關。）破之。

沛公破嶢關

目 秦遣兵拒嶢關，沛公欲擊之。張良曰：「未可。願益張旗幟爲疑兵，而使酈生、陸賈往說秦將，啗以利。」啗音淡，餌之也。秦將果欲連和，沛公欲許之。良又曰：「不如因其怠而擊之。」沛公遂引兵擊秦軍，大破之。

右秦自莊襄王至子嬰，合四十三年。子嬰爲王四十六日降於漢。

沛公至霸上

沛公入咸陽除秦苛法

綱鑑易知錄卷九

漢紀

太祖高皇帝

太祖高皇帝 姓劉，名邦，字季，沛人也。以布衣起兵，破秦滅楚而成帝業。在位十二年，壽五十二歲而崩。帝豁達大度，寬仁愛人，好謀能聽，知人善任，五載而成帝業，雖日不暇給，規模宏遠矣。然不事詩、書，禮文制度大抵襲秦。

綱 乙未，（前二〇六）楚義帝心元年，西楚霸王項籍元年，漢王劉邦元年，韓三年。雍王章邯、塞王司馬欣、翟王董翳、西魏王豹、河南王申陽、殷王司馬卬、代王趙歇、常山王張耳、九江王英布、衡山王吳芮、臨江王共敖、遼東王韓廣、燕王臧荼、膠東王田市、齊王田都、濟北王田安元年。是歲秦亡，新舊大國三，小國十七，爲二十國，而韓、塞、翟、遼東、膠東、齊、濟北七國皆亡。又韓王鄭昌、齊王田榮元年。凡十五國。冬十月，沛公至霸上，（地名，在今陝西西安市東。）秦王子嬰奉璽、符、節以降。

目 沛公至霸上，秦王子嬰素車、白馬，繫頸以組，（組，印紱。）封皇帝璽、符、節，降軹道旁。（軹道，秦驛亭名，故址在今陝西西安市東北。）諸將請誅之。沛公曰：「始懷王遣我，固以能寬容。且人已降，殺之不祥。」乃以屬吏。

綱 沛公入咸陽，（秦都，在今陝西咸陽市之東。）還軍霸上，除秦苛法。苛，虐也。

蕭何收秦圖籍　樊噲張良請還霸上　張良請聽噲言　約法三章

目　沛公西入咸陽，諸將皆爭取金帛財物；蕭何獨先入收丞相府圖籍藏之，（圖，地圖。籍，民籍。）以此得具知天下阨塞、戶口多少、強弱之處。（阨音隘，塞音賽，邊界。）沛公見秦宮室、帷帳、寶貨、婦女，欲留居之。樊噲諫曰：「凡此奢麗之物，皆秦所以亡也，公何用焉！願急還霸上，無留宮中！」不聽。張良曰：「秦爲無道，故公得至此。夫爲天下除殘賊，宜縞素爲資。今始入秦，卽安其樂，此所謂『助桀爲虐』。且忠言逆耳利於行，毒藥苦口利於病，願聽噲言！」公乃還軍霸上。悉召父老豪傑謂曰：「父老苦秦苛法久矣！諸侯約，先入關者王之；吾當王關中。與父老約，法三章耳：（章，條也。）殺人者死，傷人及盜抵罪。餘悉除去。凡吾所以來，爲父老除害，非有所侵暴，毋恐！」乃使人與秦吏行縣、鄉、邑，告諭之。秦民大喜，惟恐沛公不爲秦王。（謂恐沛公不都關中。）

綱　項籍詐阬秦降卒二十餘萬於新安。（在今河南新安縣西。）

目　項羽率諸侯兵欲西入關。先是，諸侯吏卒、繇戍過秦中，（繇同傜。戍音恕。）秦人遇之多無狀。及秦軍降楚，諸侯吏卒乘勝折辱，奴虜使之，秦吏卒多怨，竊言。羽計衆心不服，至關必危。於是夜擊阬二十餘萬人新安城南，而獨與章邯及長史欣、都尉翳入秦。

項籍屠咸陽

綱　沛公遣兵守函谷關，項籍攻破之。遂屠咸陽，殺子嬰，掘始皇帝冢，大掠而東。

目　或說沛公：「急遣兵守函谷關，無內諸侯軍。」（內音納。）沛公從之。項羽至，大怒，攻破之，進至戲，（戲水在今陝西臨潼縣東，其地有戲亭，一名幽王城，卽項羽進至之戲。）饗士卒，欲擊沛公。

時羽兵四十萬，在鴻門；（鴻門在今陝西臨潼縣東，今名項王營。）沛公兵十萬，在霸上。范增曰：「沛公居山東時，貪財、好色；今入關，財物無所取，婦女無所幸，此其志不在小。急擊勿失！」羽季父項伯素善張良，夜馳告之，欲與俱去。良曰：「良爲韓王送沛公；今有急亡去，不義。」因固要伯入見沛公，公奉巵酒爲壽，巵音支，飲酒器。上酒曰稱壽。約爲婚姻。曰：「吾入關，秋毫不敢有所近，籍吏民，封府庫，而待將軍，所以守關者，備他盜耳。日夜望將軍至，豈敢反乎！願伯具言臣之不敢倍德。」項伯許諾，曰：「旦日不可不蚤自來謝。」去，具以告羽，且曰：「人有大功而擊之，不義；不如因善遇之。」羽曰：「諾。」

沛公謝羽鴻門

沛公旦日從百餘騎來見羽，謝。羽因留飲，范增數目羽，舉所佩玉玦示之者三，玦，玉佩也，如環而有缺。示以當決斷也。羽不應。增出，使項莊入前爲壽，請以劍舞，因擊沛公殺之。

項莊舞劍

莊入爲壽，畢，拔劍起舞。項伯亦拔劍起舞，常以身翼蔽沛公，莊不得擊。於是張良出見樊噲，告以事急。噲帶劍擁盾直入，盾，干也，所以蔽身扞目。瞋目視羽，瞋，怒而張目也。頭髮上指，目眥盡裂。眥，目際。羽曰：「壯士！」賜斗巵酒，一生彘肩，噲立飲啗之。羽曰：「能復飲乎？」

樊噲詰項羽

噲曰：「臣死且不避，巵酒安足辭！夫秦有虎狼之心，天下皆叛。懷王與諸將約曰：『先入咸陽者王之。』今沛公先破秦入咸陽，勞苦功高，未有封爵之賞，而將軍聽細人之說，欲誅有功之人。此亡秦之續耳，竊爲將軍不取也！」羽無以應，命之坐。沛公遂起如廁，廁，溷池。脫身獨騎，噲等步從趣霸上，趣同趨。留張良使謝羽。羽問：「沛公安在？」良曰：「聞將軍有意督過之，脫身獨去，已至軍矣。」因以白璧一雙獻羽，玉斗一雙與增。羽受璧。增拔劍撞破玉斗，曰：「唉，豎子不足與謀！奪將軍天下者，必沛公也，吾屬今爲之虜矣！」

居數日，羽引兵西，屠咸陽，殺秦降王子嬰，燒宮室，火三月不滅。掘始皇帝冢，收貨寶、婦女而東。秦民大失望。韓生說羽曰：「關中阻山帶河，（山、關險阻，河、渭圍繞。）四塞之地，（四面有山、河之固。）地肥饒，可都以霸。」羽見秦殘破，又思東歸，曰：「富貴不歸故鄉，如衣繡夜行耳！」韓生退曰：「人言楚人沐猴而冠，（沐猴，獼猴也。獼猴不耐久冠，以喻楚人性躁。）果然！」羽聞之，烹韓生。

尊懷王爲義帝

綱　春正月，項籍尊楚懷王爲義帝。

目　項羽既入關，使人致命懷王。王曰：「如約。」（初懷王與諸將約，先入定關中者王之。）羽怒曰：「懷王者，吾家所立耳，非有功伐，何以得專主約！」乃陽尊懷王爲義帝，徙於江南，（先都彭城。）都郴。（即今湖南郴縣。）

羽自立爲西楚霸王

綱　二月，項籍自立爲西楚霸王。（孟康曰：「舊名江陵爲南楚，吳爲東楚，彭城爲西楚。」）

目　王梁、楚地九郡，都彭城。（今江蘇徐州市。）

羽立沛公爲漢王

綱　立沛公爲漢王。

目　項羽與范增疑沛公，而業已講解，又惡負約，以巴、蜀道險，（巴，即今四川重慶市。蜀，即今四川成都市。按此謂秦巴郡、蜀郡。）秦之遷人居之，乃曰：「巴、蜀亦關中地也。」故立沛公爲漢王，王巴、蜀、漢中，（秦漢中郡有今陝西南部及湖北西北部地，治南鄭，即今陝西漢中市。）都南鄭。而三分關中。王秦降將，章邯、司馬欣、董翳。以距塞漢路。章邯爲雍王，司馬欣爲塞王，董翳爲翟王。徙魏王豹爲西魏王，立申陽爲河南王，司馬卬爲殷王，徙趙王歇爲代王，立張耳爲常山王，英布爲九江王，吳芮爲衡山王，共敖爲臨江王，徙燕王廣爲遼東王，燕將臧荼爲燕王，徙齊王市爲膠東王，齊將田都爲齊王，田安爲齊北王。

綱　夏四月，諸侯罷兵就國。

綱　漢以蕭何爲丞相，遣張良歸韓。（漢以蕭何爲丞相　遣張良歸韓）

目　初，漢王以項羽負約，怒欲攻之。蕭何曰：「雖王漢中之惡，不猶愈於死乎？」王曰：「何也？」何曰：「今衆不如，百戰百敗，不死何爲！夫能絀於一人之下，（絀同屈。）而信於萬乘之上者，信同伸。湯、武是也。臣願大王王漢中，養其民以致賢人，收用巴、蜀，還定三秦，章邯、司馬欣、董翳三分關中，是謂三秦。天下可圖也。」王曰：「善。」乃就國，以何爲丞相。

項王使卒三萬人從漢王之國。張良送至褒中，（今陝西沔縣東。）王遣良歸韓；良因說王燒絕所過棧道，路險不容行，架木爲棚而渡，名曰棧道。（棧道在今陝西沔縣東北接鳳縣界，舊名連雲棧。）以備盜兵，且示羽無東意。（張良說漢王燒絕棧道）

綱　五月，齊田榮擊走齊王都，遂弒膠東王市，自立爲齊王。秋七月，使彭越擊殺濟北王安，又擊破西楚軍。

目　田榮聞項羽徙田市而立田都爲齊王，大怒。拒擊都；走之，因留市不令之膠東。

（齊王田市徙王膠東，膠東治卽墨，卽今山東卽墨縣。）市畏羽，竊亡之國，榮怒，追擊殺之。是時彭越在鉅野，（在今山東鉅野縣南，漢爲縣。）有衆數萬人，無所屬。榮與越將軍印，使擊田安殺之，遂幷王三齊。齊與濟北、膠東。又使越擊楚，大破其軍。

張良復歸漢

綱　西楚殺韓王成，張良復歸漢。

目　項王以張良從漢王，廢韓王成而殺之，良遂間行歸漢。間行，微行也。良多病，未嘗特將，常爲畫策臣，時時從漢王。

漢王還定三秦

綱　漢王以韓信爲大將，留蕭何給軍食。八月，還定三秦，雍王邯迎戰，敗走廢丘；（廢丘，邯都，在今陝西興平縣東南。）塞王欣、翟王翳降。塞音賽。

從項梁亡歸漢

目　初，淮陰人韓信，（淮陰，在今江蘇淮陰市東南。）家貧，無行，數從其下鄉南昌亭長寄食。（南昌亭，在今江蘇淮安縣西。）亭長，亭者，停留行旅宿食處，猶後之館驛也。秦法十里一亭，亭長主督賊。數音朔。數月，亭長妻患之，乃晨炊蓐食，謂早炊，食於寢蓐也。蓐，薦席。食時，信往，不爲具食。信怒，竟絕去。釣於城下，有漂母見其飢而飯之。漂，水中擊絮。信喜，曰：「吾必有以重報母。」母怒曰：「大丈夫不能自食。吾哀王孫而進食，王孫，猶言公子，尊稱之也。豈望報乎！」淮陰少年或衆辱之曰：「若雖長大，若，汝也。好帶刀劍，中情怯耳。能死，刺我。不能死，出我胯下！」胯，兩股間也。於是信熟視之，俛出胯下。俛同俯。一市皆笑。

及項梁渡淮，信仗劍從之；後又數以策干羽，不用。亡歸漢，未知名。坐法，當斬，其輩皆已斬，次至信，信仰視，適見滕公，夏侯嬰。曰：「上不欲就天下乎，何爲斬壯士？」滕公奇其言，壯其貌，釋不斬。與語，說之，言於王；王亦未之奇也。

蕭何追信

信數與蕭何語，何奇之。王至南鄭，將士皆歌謳思歸，多道亡者。信度何等已數言，度音鐸。王不我用，卽亡去。何不及以聞，自追之。人言於王曰：「丞相何亡。」王怒，如失左右手。居一、二日，何來謁，王罵曰：「若亡，何也？」曰：「臣不敢亡，追亡者耳。」王曰：「所追者誰？」曰：「韓信也。」王復罵曰：「諸將亡者以十數，公無所追；追信，詐也！」何曰：「諸將易得；如信，國士無雙。王必欲長王漢中，無所事信；必欲爭天下，非信無足與計事者。顧王策安決耳！」王曰：「吾亦欲東耳，安能鬱鬱久居此乎！」於是王欲召信拜大將。何曰：「王素慢無禮，今拜大將，如呼小兒，此信之所以亡也。必欲拜之，擇日，齋戒，設壇，具禮，乃可耳。」王許之。

拜大將

諸將皆喜，人人自以爲得大將。至拜，乃韓信也，一軍皆驚。禮畢，上坐。王曰：「丞相數言將軍，將軍何以教寡人乎？」信辭謝，因曰：「大王自料，勇悍仁彊孰與項王？」王默然良久，曰：「不如也。」信再拜賀曰：「惟信亦以爲大王不如也。然臣嘗事項王，請言項王之爲人也：

韓信論項王

項王喑噁叱咤，喑噁，懷怒氣。叱咤，發怒聲。千人皆廢，廢，伏也。然不能任屬賢相，屬，託也。此匹夫之勇耳。見人慈愛，言語嘔嘔，嘔音虛。嘔嘔，和好貌。至人有功當封爵者，印刓敝忍不能予，刓音玩，圓削也。言已刻封爵之印，手持不捨，至印角圓熟，尙忍而不能予人也。此婦人之仁也。雖霸天下，不居關中而都彭城；逐義帝置江南，所過殘滅；民不親附，名雖爲霸，實失天下心，故其彊易弱。今大王誠能反其道，任天下武勇，何所不誅？以天下城邑封功臣，何所不服？以義兵從思東歸之士，何所不散？且三秦王將秦子弟數歲，三秦王，雍王邯、塞王欣、翟王翳。所殺亡不可勝計；又欺其衆降諸侯，及項王阬秦卒，惟此三人得脫。秦父兄怨之，痛入骨髓，而楚彊以威王之。大王入關，秋毫無所害，除秦苛法。於諸侯之約，又當王關中，而失職入漢中，秦民無不恨者。今舉而東，三秦可傳檄而定也。」檄音吸。檄者，陳彼之惡，說此之德，曉慰百姓之書。傳檄而定，言不足用兵也。王大喜，自以爲得信晚，遂部署諸將，部署，處分也。留蕭何收巴、蜀租，給軍糧食。

敗章邯降欣翳

八月，從故道出，（故道，在今陝西鳳縣北。）章邯迎戰，敗走廢丘。王至咸陽，欣、翳皆降。張良遺項王書曰：「漢王失職，欲得關中；如約卽止，不敢東。」又以齊、梁反書遺之，羽以故無西意，而北擊齊。

王陵屬漢

綱　王陵以兵屬漢。

目　陵，沛人，（沛，在今江蘇沛縣東。）聚黨居南陽，（秦南陽郡治南陽縣，今卽河南南陽市。）至是始以屬漢。楚執其母，欲以招之。其母因使者語陵曰：「漢王長者，終得天下；無以我故持二心。」遂伏劍而死。

綱　丙申，（前二〇五）西楚二年，漢二年。是歲楚、常山、河南、韓、殷、雍、魏七國皆亡。凡二大國，及代、九江、衡山、臨江、燕、齊六小國，爲八國。又趙王歇後元，代王陳餘、韓王信皆元年，而齊王假、王廣代立。凡十二國。冬十月，

項籍弑義帝

西楚霸王項籍弑義帝於江中。

目 項籍使人趣義帝行，自彭城徙江南。其大臣稍稍叛之。籍乃密使吳芮、黥布、共敖，擊殺之江中。

陳平歸漢

綱 漢王如陝，（即今河南陝縣。）鎭撫關外父老。

綱 十一月，漢王還都櫟陽。（在今陝西臨潼縣東。）

綱 春正月，楚擊齊，王榮敗走死。楚復立田假爲齊王。

綱 三月，漢王渡河，魏王豹降。虜殷王卬。以陳平爲護軍中尉。

目 陽武人陳平，（陽武縣，在今河南原陽縣東。）家貧，好讀書。里中社，平爲宰，烹牲也。分肉食甚均。父老曰：「善，陳孺子之爲宰！」孺子，平字。平曰：「嗟乎，使平得宰天下，亦如是肉矣！」事魏王咎，爲太僕。不用，去事項羽。殷王反，（殷王卬都朝歌，即今河南汲縣北朝歌鎭。殷王，趙將司馬卬。）羽使平擊降之；還，拜都尉，賜金二十鎰。及漢下殷，羽怒，將誅定殷將吏。爲其定殷無功也。平懼，乃封其金與印，使使歸羽，乃挺身仗劍閒行歸漢。因魏無知求見，王與語，悅之。問：「居楚何官？」曰：「爲都尉。」卽拜都尉，使參乘，乘車之法，尊者居左，御者居中，又一人處其右以備傾側，謂之參乘。典護軍。典，主也。諸將盡讙；讙音歡，譁也。王聞之，益厚平。周勃等言於王曰：「陳平雖美如冠玉，其中未必有也。飾冠以玉，光好外見，中無所有。居家時，嘗盜其嫂。按史記（陳丞相世家）：「平爲人長，美色。人或謂陳平曰：『貧何食而肥若是？』其嫂嫉平之不視家生產，曰：『亦食糠覈

漢王爲義帝發喪　董公遮說

耳。有叔如此，不如無有！』兄伯聞之，逐其婦而棄之。」觀此，則盜嫂之事誣平也。平爲護軍，多受諸將金。願王察之！」王召讓魏無知，無知曰：「臣所言者，能也；王所問者，行也。今有尾生、孝己之行，尾生，古之信士。與女子期於梁下，女子不來；水至，不去，抱梁柱而死。孝己，殷高宗子，有孝行，事親一夜五起。母早死，高宗惑後妻之言，放之而死。而無益勝負之數，王何暇用之乎？」王召讓平曰：「先生事魏不中，事楚而去，今又從吾遊，信者固多心乎？」平曰：「魏王不能用臣，故去。項王不能信人，所任愛，非諸項，卽妻之兄弟。臣聞漢王能用人，故來歸。然臝身來，臝同裸。史記（陳丞相世家）：「平渡河，船人見其美丈夫，獨行，疑其亡將，要中當有金玉寶器；目之，欲殺平。平恐，乃解衣臝而佐刺船。船人知其無有，乃止。」不受金無以爲資。誠臣畫計有可采者，願大王用之；使無可用者，金具在，請封輸官，得乞骸骨。」王乃謝平，厚賜之，拜護軍中尉，盡護諸將。諸將乃不敢復言。

綱　漢王至洛陽，爲義帝發喪，告諸侯討項籍。

目　漢王至洛陽新城，（洛陽，今河南洛陽市東。新城，時屬洛陽。）三老董公遮說曰：三老，官名。秦法十里一亭，十亭一鄉，鄉置三老一人，掌敎化。遮說，遮道而說。「順德者昌，逆德者亡。兵出無名，事故不成。故曰：『明其爲賊，敵乃可服。』項羽無道，放殺其主，殺作「弒」，下同。天下之賊也。夫仁不以勇，義不以力，大王宜率三軍爲之素服，以告諸侯而伐之，則四海之內莫不仰德，此三王之擧也。」於是漢王發喪，哀臨三日，臨，哭也。告諸侯曰：「天下共立義帝，北面事之。今項羽弒之，大逆無道！寡人悉發關中兵，收三河士，三河，河內、河南、河東。願從諸侯王擊楚之殺義帝者！」

綱 夏四月，齊王榮弟横立榮子廣爲王，擊王假走之。

綱 漢王率五諸侯兵伐楚，五諸侯，常山王張耳、河南王申陽、韓王鄭昌、魏王豹、殷王卬。入彭城。項籍還破漢軍，以漢太公、呂后歸。

彭越歸漢

目 項羽雖聞漢東，欲遂破齊而後擊漢，以故漢王得率五諸侯兵，凡五十六萬人伐楚。彭越收魏地，得十餘城，至是將其兵三萬人歸漢，請立魏後。漢王曰：「西魏王豹，眞魏後。」乃以彭越爲魏相國，將其兵略梁地。遂入彭城，收其貨寶美人，日置酒高會。羽聞之，自以精兵三萬，還擊破漢軍。

漢王睢水之敗

漢軍入穀、泗、睢水，（穀水爲睢水分流，一名碭水，故瀆在今安徽碭山縣南。泗水故瀆即舊漕河，在今江蘇徐州、沛縣一帶。睢水故瀆，在今安徽宿縣、靈壁、泗縣一帶。項羽敗劉邦處，在今安徽靈壁縣東。）死者二十餘萬人，水爲不流。圍漢王三匝，會大風，晝晦，王乃得與數十騎遁去。欲過沛，收家室，道逢子盈及女，漢王子名盈，即惠帝。載以行，而太公、呂后爲楚軍所獲。諸侯復背漢與楚。王閒往從呂后兄周呂侯於下邑，從微道而往。周呂侯，名澤。周呂，封名。（下邑，即今河南夏邑縣。）收其兵。

隨何使九江

綱 漢王遣隨何使九江。（九江王都六，六在今安徽六安縣。）

目 初，項羽擊齊，徵兵九江，徵，召也。黥布稱疾，黥布，九江王。遣將將數千人往。及漢入彭城，布又不佐楚。羽由是怨之。至是，漢王西過梁地，問羣臣曰：「吾欲捐關以東等棄之，誰可與共功者？」張良曰：「九江與楚有隙，彭越與齊反梁地，此兩人可急使，而漢將獨韓信可屬大事，當一面。捐之此三人，則楚可破也。」王謂左右曰：「孰能爲我使九江，令倍楚，留項王數月，我取天下可以百全。」謁者隨何請使，謁者，官名。王遣之。

【綱】五月，漢王至滎陽。（在今河南滎陽縣西南。）

漢取敖倉粟

【目】王至滎陽，諸敗軍皆會，蕭何發關中老弱未傅者，傅，著也。未傅，謂未著名籍給公家徭役也。悉詣滎陽，漢軍復大振。楚以故不能過滎陽而西。漢遂築甬道，恐敵鈔掠輜重，故築垣牆如街道，是爲甬道。屬之河，以取敖倉粟。敖本山名，秦初敖氏築倉於上，因以名山，厥後始皇置太倉於此，故名敖倉。（敖山，在今河南滎陽縣北。臨河有倉，故名敖倉。）

【綱】魏王豹叛漢。

【綱】漢王還櫟陽，立子盈爲太子。

【綱】關中饑，人相食。

蕭何守關中

【綱】秋八月，漢王如滎陽，命蕭何守關中，立宗廟、社稷。

【目】王如滎陽，命蕭何侍太子，守關中，爲法令約束，立宗廟、社稷。事有不及奏決者，輒以便宜施行，上來以聞。計關中戶口，轉漕、調兵以給軍，轉，陸運。漕，水運。未嘗乏絕。

韓信擊魏

【綱】漢韓信擊魏，虜王豹，遂北擊趙代。

【目】漢使酈生說魏王豹，酈生，酈食其。且召之。豹不聽曰：「漢王慢而侮人，罵諸侯、羣

韓信破代　韓信破趙　李左車說陳餘

臣如罵奴耳，吾不忍復見也！」於是漢王以韓信爲左丞相，與灌嬰、曹參俱擊魏。王問食其：「魏大將誰也？」對曰：「柏直。」王曰：「是口尚乳臭，安能當韓信！」「騎將誰也？」曰：「馮敬。」曰：「雖賢，不能當灌嬰。步卒將誰也？」曰：「項它。」曰：「不能當曹參。吾無患矣！」信亦問：「魏得無用周叔爲大將乎？」曰：「柏直也。」信曰：「豎子耳！」遂擊虜豹，定魏地。

信請兵三萬人，願以北舉燕、趙，東擊齊，南絕楚糧道。王遣張耳與俱。九月，破代兵，禽夏說。初，項羽徙趙王歇爲代王，立張耳爲常山王，以陳餘不從入關，封之三縣。餘怒，使人說齊王田榮，共襲常山。耳亡走漢，餘迎代王歇復王趙。歇立餘爲代王；餘留輔趙王，而使夏說守代。（趙王歇都襄國，張耳爲常山王亦都襄國，在今河北邢臺縣西南。代王歇都代，在今山西繁時縣西南。）

綱　丁酉，（前二〇四）西楚三年，漢三年。是歲趙、代、九江三國亡。二大國并衡山、臨江、燕、齊、韓五小國，凡七國。冬十月，韓信大破趙軍，禽王歇，斬代王餘，遣使下燕。

目　韓信、張耳擊趙，趙聚兵井陘口，（關名，亦名土門關，在今石家莊市西舊井陘縣東北井陘山上，爲太行八陘之一。）號二十萬。廣武君李左車謂陳餘曰：「信、耳乘勝遠鬭，其鋒不可當。今井陘之道，車不得方軌，方，並也。騎不得成列，其勢糧食必在後。願假臣奇兵三萬，從閒道絕其輜重，閒道，微道。輜重，載衣物車。足下深溝高壘勿與戰。彼前不得鬭，退不得還，野無所掠，不十日而兩將之頭可致麾下，麾，大將之旗。否則必爲二子所禽矣。」餘常自稱義兵，不用詐謀奇計，不用左車策。

信閒視知之，閒諜窺視。大喜，乃敢遂下。未至井陘口，止舍。猶息也。夜半，傳發，傳令使發。遣輕騎二千人，人持一赤幟，從閒道萆山而望趙軍。萆山，依山自覆蔽也。戒曰：「趙空壁逐我，壁，軍壘。卽疾入趙壁，拔其幟而易之。」令裨將傳餐，裨將，副將。曰：「今日破趙會食！」餐，小飯也。謂立駐傳餐而食，待破趙後方乃大食也。乃使萬人先行，出，背水陣；水，綿蔓水也。（綿蔓水出今山西陽泉市西北，東流入河北石家莊市舊井陘縣南。）趙望見皆大笑。平旦，信建大將旗鼓，鼓行出井陘口；趙開壁擊之，大戰良久。於是信、耳佯棄旗鼓，走水上軍，趙果空壁逐之。信所遣騎馳入趙壁，拔趙幟立漢幟。水上軍皆殊死戰，趙軍已不能得信等，欲歸壁，見幟，大驚，遂亂，遁走。漢兵夾擊，大破之，斬陳餘，禽趙王歇。諸將問曰：「兵法：『右倍山陵，前左水澤。』今背水而勝，何也？」信曰：「兵法不曰『陷之死地而後生，置之亡地而後存』乎？且信非得素拊循士大夫也，所謂『驅市人而戰之』，非置死地，使人自爲戰，彼將皆走，尙可得而用之乎！」諸將皆服。

李左車說韓信

信以千金募生得李左車者，解其縛，東鄉坐，師事之。問曰：「僕欲北攻燕，東伐齊，何若而有功？」左車謝曰：「臣，敗亡之虜，何足以權大事！」信曰：「誠令成安君聽足下計，成安君，陳餘。信亦已禽矣！今願委心歸計，足下勿辭。」左車曰：「將軍虜魏王，禽夏說，不終朝而破趙二十萬衆，威震天下，此將軍之所長也。然衆勞卒罷，音疲。其實難用。燕若不服，齊必自彊，此將軍之所短也。善用兵者，不以短擊長，而以長擊短。爲將軍計，莫若按甲休

黥布歸漢

隨何說黥布

兵，北首燕路，首，向也。而遣辯士奉書於燕，暴其所長，燕必不敢不聽從。燕已從而東臨齊，雖有智者不知爲齊計矣。兵固有『先聲而後實』者，此之謂也。」信從其策，燕從風而靡。靡，順從也。遣使報漢，請以張耳王趙，漢王許之。

綱 是月晦，日食。十一月，晦，日食。

綱 十二月，隨何以九江王布歸漢。

目 隨何至九江，說黥布曰：「漢王使臣敬進書大王御者，竊怪大王與楚何親也？」布曰：「寡人北鄉而臣事之。」何曰：「大王與楚俱爲諸侯，而北鄉臣事之者，必以楚爲彊，可託國也。項王伐齊，身負版築，版築，壘具。爲士卒先。大王宜悉衆自將，爲楚前鋒；乃發四千人以助楚。漢入彭城，項王未出齊也。大王宜悉兵渡淮，日夜會戰彭城下；乃無一人渡淮者，垂拱而觀其孰勝。夫託國於人者，固若是乎？大王提空名以鄉楚，而欲厚自託，臣竊爲大王不取也！然大王不倍楚者，以漢爲弱也。夫楚雖彊，天下負之以不義之名，以其背盟約而殺義帝也。今漢王收諸侯，守滎陽，下蜀、漢之粟，堅守而不動。楚人深入敵國，老弱轉糧，進不得攻，退不能解。楚不如漢，其勢亦易見矣。大王不與萬全之漢，而自託於危亡之楚，臣竊爲大王不取也！」布陰許之，未敢泄。

楚使者在傳舍，傳舍，猶今館驛。方急責布發兵，何直入曰：「九江王已歸漢，楚何以得發兵？」因說布殺楚使而攻楚。楚擊破之，布乃閒行與何歸漢。閒行，從微道而行。十二月，至漢。漢王方踞牀洗足，召布入見。布悔，怒，欲自殺。及出就舍，帳御、食飲、從官皆如漢王居，帳，帷帳。御，服御。布又大喜過望。漢益其兵，與俱屯成皐。（即今河南滎陽縣西北成皐故城。）

綱　漢遣酈食其立六國後，未行而罷。

目　楚數侵奪漢甬道，數音朔。漢軍乏食。酈食其曰：「昔湯放桀，武王伐紂，皆封其後。秦伐諸侯，滅其社稷。今誠能立六國後，其君臣、百姓，必皆戴德慕義，願爲臣妾。大王南鄉稱霸，楚必斂衽而朝。」王曰：「善。趣刻印，先生因行佩之矣。」未行，張良來謁。王方食，具以告良。良曰：「臣請借前箸，爲大王籌之：借王前所食之箸，爲王籌畫之。昔湯、武封桀、紂之後者，度能制其死生之命也；今大王能制項籍之死命乎？武王入殷，發粟散財，休馬放牛，示不復用；（見卷二周武王十三年紀。）今大王能之乎？且天下遊士，離親戚，棄墳墓，從大王遊者，徒欲望咫尺之地，今復立六國後，遊士各歸事其主，大王誰與取天下乎？且夫楚唯無彊，六國復橈而從之，彊則六國復屈而從之。大王焉得而臣之乎？誠用客謀，大事去矣！」漢王輟食，吐哺，食在口曰哺。罵曰：「豎儒幾敗而公事！」而，汝也。公，漢王自謂。令趣銷印。荀悅曰：「夫立策決勝之術有三：一曰形，二曰勢，三曰情。形者言其大體得失之數也，勢者言其臨時進退之宜也，情者言其心志可否之實也。策同事等而功殊者，三術不同而已矣。故立六國於陳涉，所謂多己之黨而益秦之敵，取非其有而予人，行虛惠而獲實福也；立六國於漢王，所謂割己之有以資敵，設虛名而受實禍也。故耳、餘、食其所說同而得失異，此同事而異形者也。戰國相持，無臨時之急，一戰勝敗，未必存亡，故累力待時，承敵之斃，此卞莊刺虎之說也。楚、趙與秦勢不並立，安危之機，呼吸成變，而宋義欲待秦、趙之弊，此同事而異勢者也。伐趙之役，韓信水上孤軍，必死無二，而趙以內顧之士攻之。彭城之難，項羽喪其國都，士卒憤激，而漢以怠惰之卒應之。故俱在水上而勝敗不同，此同事而異情者也。故曰權不可預議，變不可先圖，與時遷移，應物變化，此設策之機也。」

楚圍漢於滎陽

陳平請行閒

范增死

綱 夏四月，楚圍漢王於滎陽。亞父范增死。

目 漢王謂陳平曰：「天下紛紛，何時定乎？」平曰：「項王骨鯁之臣，骨不下咽曰鯁。世以謇諤爲骨鯁，謂直言難受，如骨之鯁。亞父、鍾離昧之屬，亞，次也，羽尊范增之稱。不過數人耳。項王爲人，意忌信讒，誠能捐金行閒，行閒，行反閒。以疑其心，破楚必矣。」王乃與平黃金四萬斤，不問其出入。平多縱反閒，言昧等功多，不得裂地，欲與漢滅楚而分其地。羽果疑昧等。及楚圍滎陽急，漢王請和。羽使至漢，陳平爲太牢具舉進，牛曰太牢。具，饌也。而佯驚曰：「吾以爲亞父使也！」乃持去，而更以惡草具進。草，粗也。使歸以報，羽大疑亞父。亞父欲急攻下滎陽，羽不聽。亞父怒曰：「天下事大定矣，君王自爲之，願請骸骨歸！」未至彭城，疽發背死。

漢王走入關

紀信誑楚

綱 五月，漢王走入關。彭越擊楚，楚還兵擊之，漢王復軍成皋。

目 楚圍滎陽益急，漢將軍紀信曰：「事急矣！臣請誑楚。」誑，欺也。於是陳平夜出女子東門二千餘人，楚因擊之。信乃乘王車，出東門，曰：「食盡，漢王降楚。」楚皆之城東觀。王乃令周苛守滎陽，而與數十騎出西門去。羽燒殺信。

轅生說漢王

王入關，收兵欲復東。轅生曰：「願君王出武關，（在今陝西商縣東。）羽必南走。王深壁勿戰，（壁，軍壘。）令滎陽、成皋閒且得休息，而韓信等亦得安輯趙地，連燕、齊，王乃復還滎陽，則楚備多而力分，復與之戰，破之必矣！」王從之。羽果南，王不與戰。會彭越破楚軍殺薛公，羽東擊越，漢王復軍成皋。

漢王走渡河

綱　六月，楚破彭越，還拔滎陽及成皋。漢王走渡河，奪韓信軍，遣信擊齊。

目　項羽既破彭越，還拔滎陽，亨周苛，遂圍成皋。漢王逃去，北渡河，宿小修武。（山名，在今河南獲嘉縣東。）晨，自稱漢使，馳入趙壁。張耳、韓信未起，卽臥內奪其印符，以麾召諸將，易置之。令耳守趙，信收趙兵未發者擊齊。

酈生請據敖倉

楚遂拔成皋欲西。王欲捐成皋以東而屯鞏、洛以距楚。酈生曰：「王者以民爲天，而民以食爲天。夫敖倉，天下轉輸久矣，（轉輸，運糧也。）聞其下藏粟甚多。楚拔滎陽不堅守敖倉，乃引而東，此天所以資漢也。願急進兵，收取滎陽，據敖倉之粟，塞成皋之險，杜太行之道，太行，山名。（太行山，起自今河南濟源縣，北入山西省境。）距蜚狐之口，（蜚狐口，在今河北淶源縣，北跨蔚縣界，爲太行八陘之一。）守白馬之津，（白馬津，在今河南滑縣北。）以示諸侯形制之勢，則天下知所歸矣。」王乃復謀取敖倉。

燒楚積聚

綱　秋七月，有星孛于大角。八月，漢王軍小修武，遣人燒楚積聚。

目　漢王得韓信軍，復大振。引兵臨河，南鄉，欲復與楚戰。鄭忠說止。王乃使劉賈、

梁復爲楚

酈生說齊

蒯徹說韓信

盧綰渡白馬津，入楚地，佐彭越，燒楚積聚，以破其業。

綱　彭越下梁十七城，楚復擊取之。

目　彭越下梁地十七城。項羽聞之，使曹咎守成皋，戒曰：「卽漢欲戰，愼勿與戰！」而自引兵東擊越所下城。圍外黃，（在今河南杞縣東。）數日乃降，羽欲盡阬之。外黃令舍人兒，舍人，親近左右之人。年十三，說羽曰：「彭越強劫外黃，外黃恐，故且降，以待大王。今又阬之，百姓安所歸心哉！且如此，則從此以東十餘城皆莫可下矣！」羽從之。梁復爲楚。

綱　漢王遣酈食其說齊，下之。

目　酈食其說漢王曰：「今燕、趙已定，惟齊未下。諸田宗彊，近楚，多詐；雖遣數萬之師，未可以歲月破也。臣請得奉明詔說齊王，田廣。使爲東藩。」王曰：「善。」酈生乃說齊王曰：「王知天下之所歸乎？」王曰：「不知也。」請問之，生曰：「歸漢。」王曰：「何也？」生曰：「漢王先入咸陽，收天下兵，以責義帝之處，立諸侯之後，與天下同其利，天下賢才樂爲之用。項王有倍約之名，有弒義帝之負，記人之罪，忘人之功，賢才怨之，莫爲之用。故天下之事歸於漢王，可坐而策也。今又已據敖倉，塞成皋，守白馬，距蜚狐，天下後服者先亡矣。」齊王納之，遂與漢平，而罷守備，日與生縱酒爲樂。

韓信欲東兵，聞之而止。蒯徹說曰：蒯徹，後避武帝諱，史改「徹」曰「通」。「將軍受詔擊齊，而漢獨發閒使下之，閒使，微使也。寧有詔止將軍乎？且酈生一士，伏軾，伏，憑也。掉三寸舌，掉，搖動也。下齊七十餘城；將軍以數萬衆，歲餘乃下趙五十城耳。爲將數歲，反不如一豎儒之功乎！」信遂渡河。

韓信破齊

綱 戊戌，（前二〇三）西楚四年，漢四年。冬十月，漢韓信襲破齊，齊王烹酈食其，走高密。（在今山東高密縣西南。）

漢楚軍廣武

綱 漢王復取成皋，與楚皆軍廣武。（在今河南滎陽縣東北。）

目 漢數挑楚戰，（挑動楚戰，猶古之致師也。古者將戰，先使勇力之士犯敵，謂之致師。）曹咎不出。（項羽使曹咎守成皋，戒勿與漢戰，故不出。）使人辱之，咎怒，渡兵汜水。（在今河南滎陽縣西北，北流入黃河。）半渡，漢擊破之，咎自剄。漢王乃引兵渡河，復取成皋，軍廣武，就敖倉食。羽聞之，亦還軍廣武，相守。楚食少，乃爲高俎，置太公其上，（先是太公爲楚所獲，見上二年四月。）告漢王曰：「今不急下，吾烹太公。」王曰：「吾與若俱北面受命懷王，（若，汝也。）約爲兄弟，吾翁卽若翁；必欲烹而翁，（而，汝也。）幸分我一杯羹！」羽怒，欲殺之。項伯曰：「爲天下者不顧家，殺之無益，祇益禍耳！」羽謂漢王曰：「天下匈匈數歲，徒以吾兩人。願與王挑戰，（挑身獨戰，不復須衆也。）決雌雄，毋徒苦天下父子爲也！」王笑謝曰：「吾寧鬬智，不能鬬力。」

數羽十罪

因數之曰：「羽負約，王我於漢，罪一；矯殺卿子冠軍，罪二；救趙不報，而擅劫諸侯入關，罪三；（既破秦軍，不報命懷王，而擅劫諸侯兵入秦。）燒秦宮室，掘始皇帝冢，私其財，罪四；殺秦降王子嬰，罪五；詐阬秦子弟新安二十萬，罪六；王諸將善地，而徙逐故主，罪七；出逐義帝，自都彭城，奪韓、梁地，罪八；使

傷胸捫足

人陰殺義帝江南，罪九；爲政不平，主約不信，天下所不容，大逆無道，罪十也。」羽大怒，伏弩射漢王，傷胸，王乃捫足曰：捫，撫也。「虜中吾指。」因病創臥，創，傷也。張良強請起行勞軍，以安士卒，王從之。疾甚，因馳入成皋。

田橫自立爲齊王

綱 楚救齊。十一月，漢韓信擊破之，殺其將龍且，且音疽。虜齊王廣。田橫自立爲齊王，戰敗走，信遂定齊地。

定齊

目 楚使龍且將兵二十萬救齊。或曰：「漢兵遠鬬窮戰，其鋒不可當，不如深壁。漢兵客居，其勢無所得食，可不戰而降也。」且曰：「吾知韓信爲人，易與耳！寄食於漂母，無資身之策；受辱於胯下，無兼人之勇，不足畏也！」進與漢軍夾濰水而陳。（濰水源出今山東莒縣西北箕屋山，東北流經諸城等縣入海。）陳同陣。信夜令人囊沙，以囊盛沙。壅水上流。日渡擊且，佯敗還走，且喜曰：「吾固知信怯也。」遂追之。信使決壅囊，水大至，且軍大半不得渡。信急擊殺且。追至城陽，（即今山東莒縣。）虜齊王廣。田橫遂自立爲齊王，灌嬰擊走之，盡定齊地。

綱 漢立張耳爲趙王。

綱 漢王還櫟陽，留四日，復如廣武。

立韓信爲齊王

綱 春二月，漢立韓信爲齊王，徵其兵擊楚。

躡足附耳

目 韓信使人言於漢王曰：「齊僞詐多變，反覆之國也，請爲假王以鎮之。」漢王大怒，罵曰：「吾困於此，旦暮望若來；若，汝也。乃自立邪！」張良、陳平躡王足，附耳語曰：「漢方不利，寧能禁信之自王乎？不如因而立之，使自爲守；不然，變生。」王悟，復罵曰：「大丈夫定諸侯，卽爲眞王，何以假爲！」二月，遣良操印立信爲齊王，徵其兵擊楚。

項羽聞龍且死，大懼，使武涉說信，欲與連和，三分天下。信謝之曰：「臣事項王官不過郎中，位不過執戟；言不聽，畫不用，故倍楚而歸漢。漢王授我上將軍印，予我數萬衆，解衣衣我，推食食我，言聽計用，故吾得至於此。夫人深親信我，我倍之，不祥；雖死不易！幸爲信謝項王。」

蒯徹說韓信

武涉已去，蒯徹以相人之術說信曰：「僕相君之面，謂向漢。不過封侯；相君之背，謂倍漢。貴不可言。」信曰：「何謂也？」徹曰：「楚、漢分爭，智勇俱困，兩主之命，縣於足下。縣音懸。莫若兩利而俱存之，三分天下，鼎足而居，其勢莫敢先動。足下據強齊，從燕、趙，因民之欲，西向爲百姓請命，則天下風走而響應矣。蓋聞『天與不取，反受其咎；時至不行，反受其殃。』願足下熟慮之！」信曰：「漢王遇我甚厚，吾豈可以鄉利而倍義乎？」徹曰：「勇略震主者身危，功蓋天下者不賞。今足下戴震主之威，挾不賞之功，欲持是安歸乎？」信謝曰：「先生休矣，吾方念之。」數日，徹復說曰：「夫功者，難成而易敗；時者，難得而易失。時乎，時乎，不再來！」信猶豫，猶豫，獸名，性多疑，聞人聲輒登木，上下不一，故不決謂之猶豫。不忍倍漢；又自以功多，漢終不奪我齊，遂謝徹。徹因去，佯狂爲巫。

黥布爲淮南王

綱　秋七月，漢立黥布爲淮南王。（淮南王都江都，即今江蘇揚州市。）

綱 漢初爲算賦。

目 民年十五以上至五十六，出賦錢，人百二十，爲一算。治庫兵車馬。

綱 漢以周昌爲御史大夫。

綱 楚與漢約，中分天下。九月，歸太公、呂后於漢，解而東歸。

目 項羽自知少助，食盡，韓信又進兵擊之。漢遣侯公說羽，請太公。羽乃與漢約，中分天下，鴻溝以西爲漢，（鴻溝，古汴水之支津，今名賈魯河，楚、漢分界處，在今河南滎陽縣東南。）以東爲楚。九月，歸太公、呂后，解而東歸。漢王欲西歸，張良、陳平曰：「漢有天下大半，楚兵飢疲，今釋弗擊，此養虎自遺患也。」王從之。

綱鑑易知錄卷十

漢紀

太祖高皇帝

韓信彭越期會不至

綱　己亥，漢太祖高皇帝五年，（前二〇二）冬十月，王追項籍至固陵，（即固始，在今河南淮陽縣西北。）齊王信、魏相國越及劉賈誘楚周殷，迎黥布皆會。十二月，圍籍垓下，垓音該。（垓下在今安徽靈壁縣東南。）籍走自殺。楚地悉定。

目　十月，漢王追項羽至固陵，齊王信、魏相國越，期會不至；楚擊漢軍大破之。漢王復堅壁自守，壁，軍壘。謂張良曰：「諸侯不從，奈何？」對曰：「楚兵且破，二人未有分地，其不至固宜。君王能與共天下，可立致也。信之立，非君王意，不自堅；且其家在楚，欲得故邑。越本定梁地，亦望王，而君王不早定。今能出捐此地以許兩人，使各自爲戰，則楚易破也。」王從之。於是信、越皆引兵來。

十一月，劉賈圍壽春，（今安徽壽縣。）誘楚大司馬周殷，殷畔楚，舉九江兵迎黥布皆會。（九江國都六，即今安徽六安縣。）

圍羽垓下

十二月，羽至垓下，兵少食盡，信等以大軍乘之，羽敗入壁，漢及諸侯兵圍之數重。羽夜聞漢軍四面皆楚歌，乃大驚曰：「漢皆已得楚乎，是何楚人之多也！」起飲帳中，悲歌忼慨，泣數行下；左右皆泣，莫能仰視。史記（項羽本紀）：「項王夜起，飲帳中。有美人名虞，常幸從；駿馬名騅，常騎之。於是項王乃悲歌慷慨，自爲詩曰：『力拔山兮氣蓋世，時不利兮騅不逝。騅不逝兮可奈何，虞兮虞兮奈若何！』歌數闋，美人和之。項王泣數行下，左右皆泣，莫能仰視。」於是羽乃乘其駿馬，從八百餘騎，直夜，直，當也。潰圍南出，馳走渡淮。至陰陵，（陰陵山，在今安徽和縣北，接江蘇江浦縣界。）迷失道，問一田父，田父紿曰：紿，欺也。「左。」左，乃陷大澤中，漢騎將灌嬰追及之。

至東城，（縣名，在今安徽定遠縣東南。）乃有二十八騎，漢追者數千人。羽謂其騎曰：「吾起兵八歲，七十餘戰，未嘗敗北。今卒困此，此天亡我，非戰之罪也！今日固決死，必潰圍斬將，令諸君知之。」於是大呼馳下，斬漢一將，一都尉，殺數十百人。謂其騎曰：「何如？」皆曰：「如大王言！」於是羽欲東渡烏江，（在今安徽和縣東北，今名烏江浦。）亭長檥船待，檥，附也。檥船，附船著岸也。曰：「江東雖小，地方千里，亦足王也。願大王急渡！」羽笑曰：「籍與江東子弟八千人渡江而西，今無一人還；縱江東父兄憐而王我，我獨不愧於心乎！」乃刎而死。

楚地悉定，獨魯不下，王欲屠之。至城下，猶聞絃誦之聲。謂其守禮義之國，爲主死節，因持羽頭示之，乃降。以魯公禮，葬羽於穀城。（穀城山，一名黃山，在今山東壽張縣東北東平湖東。）封項伯等四人爲列侯，賜姓劉氏。司馬遷曰：「羽起隴畝之中，三年，遂將五諸侯滅秦，分裂天下，而封王、侯，政由羽出，號爲霸王。位雖不終，近古以來未嘗有也。及羽背關懷楚，放逐義帝而自立，怨王、侯叛己，難矣。自矜功伐，奮其私智，而不師古；謂霸王之業，欲以力征經營天下，五年卒亡其國，身死東城，尚不覺悟，而不自責，過矣。乃引『天亡我，非用兵之罪也』，豈不謬哉！」

【綱】王還至定陶，（在今山東菏澤縣東南。）馳入齊王信壁，奪其軍。

【綱】春正月，更立齊王信爲楚王，魏相國越爲梁王。

【目】韓信至楚，召漂母賜千金。召辱己少年以爲中尉，曰：「此壯士也。」（漂母、少年，見卷六漢元年五月「漢王以韓信爲大將」目。）

漢王卽皇帝位

【綱】二月，王卽皇帝位。

【目】諸侯王皆請尊漢王爲皇帝。二月甲午，卽位於氾水之陽。氾音泛。（卽南氾水，在今山東曹縣北，接菏澤縣界。今菏澤縣南有漢高祖壇遺跡。）

都洛陽

【綱】帝西都洛陽。（洛陽，在今河南洛陽市東。）

【綱】夏五月，兵罷歸家。

【綱】置酒南宮。（今河南洛陽市東北。）

【目】置酒洛陽南宮，上曰：「吾所以有天下者何？項氏所以失天下者何？」高起、王陵對曰：「陛下使人攻城略地，因以與之，與天下同其利；項羽不然，有功者害之，賢者疑之，戰勝而不予人功，得地而不予人利，此其所以失天下也。」上曰：「公知其一，未知其二。夫運籌帷幄之中，決勝千里之外，吾不如子房；鎮國家，撫百姓，給餉餽，不絕糧道，吾不如蕭何；連百萬之衆，戰必勝，攻必取，吾不如韓信。三者皆人傑，吾能用之，此吾所以取天下者也。項羽有一范增而不能用，此所以爲我禽也。」禽同擒。羣臣悅服。

田橫不肯事漢

綱 召故齊王橫，未至自殺。（田橫自立爲齊王，見卷九漢三年十一月綱。）

目 田橫與其徒屬五百餘人入海，居島中。（在今山東即墨縣東嶗山海外，今亦名田橫島。）帝恐其爲亂，赦橫罪，召之曰：「橫來，大者王，小者侯；不來，且舉兵加誅。」橫乃與其客二人乘傳詣洛陽。傳，驛車也。至尸鄉廄置，（尸鄉，地名，在今河南偃師縣西南新蔡鎮，即古西亳。）廄置，置馬以傳驛處。

田橫自剄

謂其客曰：「橫始與漢王俱南面稱孤，今漢王爲天子，而橫乃爲亡虜，北面事之，其恥固已甚矣。且吾烹人之兄，（酈商兄食其，見卷九漢三年十月「齊王烹酈食其」綱。）與其弟並肩而事主；弟，酈商。縱彼不動，我獨不愧於心乎！」遂自剄，令客奉其頭，從使者馳奏之。帝爲流涕，以王禮葬之。二客自剄，餘五百人在島中者，聞之亦皆自殺。

季布

綱 以季布爲郎中。斬丁公以徇。

目 初，楚人季布爲項籍將，數窘辱帝。籍滅，帝購求布千金；以財求曰購。敢有舍匿，罪三族。布乃髡鉗爲奴，髡音坤，剃髮。鉗，以鐵束頸。自賣於魯朱家。朱家，魯之俠士。

朱家說滕公

朱家心知其季布也，買置田舍；買而置之田舍。身之洛陽見滕公，夏侯嬰。曰：「季布何罪！臣各爲其主用，職耳。今上始得天下，而以私怨求一人，何示不廣也！且以布之賢，漢求之急，此不北走胡，南走越耳。夫忌壯士以資敵國，此伍子胥所以鞭荆平之墓也。」荆，楚本號。（鞭楚平王墓，見卷四周敬王十五年「遂鞭平王之屍」紀。）滕公言於上，上乃赦布，召拜郎中，朱家遂不復見之。

布母弟丁公，亦爲項羽將，逐窘帝彭城西。（彭城，即今江蘇徐州市。）短兵接，短兵，刀劍也。戎車相迫，長兵不施，故用短兵以相接擊。帝急，顧謂丁公曰：「兩賢豈相戹哉！」兩賢，丁公與高帝。戹，困也。丁公乃還。至是來謁，帝以徇軍中，徇，行示也。曰：「丁公爲臣不忠，使項王失天下者也。」遂斬之，曰：「使後爲人臣無倣丁公也！」

婁敬請都關中

綱　帝西都關中。秦都咸陽，東函谷關，南嶢關，武關，西散關，北蕭關，居四關之中，故曰關中。以婁敬爲郎中，賜姓劉氏。

目　齊人婁敬戍隴西，守邊曰戍。過洛陽，求見上曰：「陛下都洛陽，豈欲與周室比隆哉？」周以洛陽爲東都。上曰：「然。」敬曰：「洛邑天下之中，有德則易以王，無德則易以亡。夫秦地，謂關中，秦都也。被山帶河，關，山遮蔽如被，河、渭環繞如帶。四塞以爲固；四面山、河之固。卒然有急，百萬之衆可具。此亦搤天下之亢而拊其背也。」搤音厄，持也。亢同肮，音剛，咽喉，喻關中。拊，擊也。背，喻天下。帝問羣臣。羣臣皆山東人，關東也。關西爲秦，關東爲六國。（關東，謂殽山、函谷關之東。）爭言：「周王數百年，秦二世即亡。洛陽東有成皋，（今河南滎陽縣西北成皋故城。）西有澠池，（即今河南澠池縣。）澠音免。倍河向洛，倍同背。河、洛二水。其固足恃也。」上問張良。良曰：「洛陽雖有此固，四面受敵，非用武之國也。關中左殽、函，殽山、函谷。右隴、蜀，隴西、巴、蜀。沃野千里。阻三面而固守，獨以一面東制諸侯，此所謂金城千里，天府之國，天府，天所造之府。敬說是也。」上

張良謝病辟穀

人告韓信反

陳平請僞遊雲夢

卽日西都關中。拜敬郎中，號奉春君，賜姓劉氏。

綱 張良謝病辟穀。辟，除也。

目 良素多病，入關，卽杜門，道引不食穀。道音導。導氣令其和，引體欲其柔。曰：「家世相韓；及韓滅，不愛萬金之資，爲韓報讎彊秦，天下振動。（見卷八秦始皇帝二十九年「韓人張良狙擊誤中副車」目。）今以三寸舌，爲帝者師，封萬戶侯，此布衣之極，於良足矣。願棄人閒事，欲從赤松子遊耳。」赤松子，古仙人。

綱 秋七月，趙王張耳卒。

目 子敖嗣。敖尚帝長女魯元公主爲后。

綱 後九月，治長樂宮。（故址在今陝西西安市西北。）

綱 庚子，六年，（前二〇一）冬十二月，帝會諸侯於陳，執楚王信以歸。至洛陽，赦爲淮陰侯。

目 楚王信初之國，行縣邑，陳兵出入。人有上書告信反者，帝以問諸將，皆曰：「亟發兵阬豎子耳！」帝默然。又問陳平。平曰：「陛下兵精孰與楚，諸將用兵孰過信？」上曰：「皆不及也。」平曰：「如此而舉兵攻之，是趣之戰也。古者天子有巡狩，會諸侯。陛下第出，僞遊雲夢，（雲夢澤，在今湖北京山縣以南，宜都縣以東，蘄春縣以西，湖南容華縣以北。）會諸侯於陳。（今河南淮陽縣。）陳，楚之西界，信聞天子以會出遊，其勢必無事，而郊迎謁；謁而因擒之，此特一力

擒韓信

士之事耳。」帝以爲然。乃告諸侯會陳：「吾將南遊雲夢。」因隨以行。上至陳，信謁上；上令武士縛信，載後車。信曰：「果若人言：若人，謂蒯徹也。（蒯徹說韓信，見卷九漢王四年二月目。）『狡兔死，走狗烹；高鳥盡，良弓藏；敵國破，謀臣亡。』天下已定，我固當烹！」遂械繫以歸。

赦信爲淮陰侯

田肯賀曰：「陛下得韓信，又治秦中。定都關中。秦，形勝之國也，帶河阻山，地勢便利；其以下兵於諸侯，譬猶於高屋之上建瓴水也。建，覆也。瓴，盛水瓶。譬其向下之勢易。夫齊，（此謂古齊國地。）東有琅邪、即墨之饒，（琅邪，山名，在今山東諸城縣海濱，今名琅邪臺。即墨，即今山東即墨縣。）南有泰山之固，（在今山東泰安市東北。）西有濁河之限，濁河，黃河也。踰河即屬趙，故曰限。北有渤海之利；（渤海又稱滄海、北海，以山東、遼東兩半島環抱而成，今遼寧、河北、山東均臨此海。）地方二千里，持戟百萬，此東西秦也。非親子弟，莫可使王齊者。」上曰：「善！」至洛陽，赦信，封淮陰侯。（淮陰縣，在今江蘇淮陰市東南。）

多多益善

信知帝畏惡其能，多稱病，不朝從。居常鞅鞅，同怏。羞與絳、灌等列。絳，絳侯周勃。灌，灌嬰。上嘗從容與信言諸將能將兵多少。上問曰：「如我能將幾何？」信曰：「陛下不過能將十萬。」上曰：「於君何如？」曰：「臣多多益善。」上笑曰：「多多益善，何爲爲我擒？」信曰：「陛下不能將兵，而善將將，此信之所以爲陛下擒也。且陛下乃所謂『天授』，非人力也。」

封功臣

綱　始剖符封功臣爲徹侯。剖，分也。符，信也。徹，通也，言其上通王室也。

目　始封功臣，酇侯蕭何食邑獨多。（本作「鄺」，蕭何初封於此，在今河南永城縣西南。後嗣徙封酇，在今湖北光化縣東北。）功臣皆曰：「臣等身被堅執鋭，多者百餘戰，少者數十合。今蕭何未嘗有汗馬之勞，徒持文墨議論，顧反居臣等上，何也？」帝曰：「諸君知獵乎？追殺獸兎者，狗也；發縱指示者，人也。今諸君徒能得走獸耳，功狗也；至如蕭何，發縱指示，功人也。」羣臣皆莫敢言。

張良願封留

張良亦無戰鬭功，帝使自擇齊三萬戶。良曰：「臣始起下邳，（在今江蘇邳縣東。）與上會留，（見卷八秦二世二年「沛公得張良以爲廐將」目。留，今江蘇沛縣東南。）此天以臣授陛下。陛下用臣計，幸而時中。臣願封留足矣，不敢當三萬戶。」乃封良爲留侯。

陳平不背本

封陳平爲戶牖侯，（戶牖，在今河南蘭考縣東北。）平辭曰：「此非臣之功也。」上曰：「吾用先生謀，戰勝克敵，非功而何？」平曰：「非魏無知，臣安得進？」（魏無知進陳平，見卷九漢二年三月目。）上曰：「子可謂不背本矣！」乃賞無知。

綱 春正月，立從兄賈爲荆王，弟交爲楚王，兄喜爲代王，子肥爲齊王。肥，高祖微時外婦之子。帝懲秦孤立而亡，欲大封同姓以鎭撫天下故也。

曹參爲齊相

綱 以曹參爲齊相國。

目 參之至齊，盡召諸先生，問所以安集百姓。而齊故諸儒以百數，言人人殊。參聞膠西有蓋公，（漢膠西國，即今山東高密縣。）蓋音蛤。善治黃、老言，（黃、老，黃帝、老子。）使人請之。蓋公爲言：「治道貴淸靜，而民自定。」參乃避正堂以舍之。用其言，齊國安集，稱賢相焉。

綱 更以太原郡爲韓國，（漢太原郡治晉陽，即今山西太原市。）徙韓王信王之。（信都馬邑，即今山西朔縣。）

綱　封雍齒爲什方侯。（什方，即今四川什邡縣。）

諸將坐沙中語

目　上已封大功臣二十餘人，其餘爭功不決，未得行封。上從複道望見諸將，（複道，見卷八秦始皇帝三十五年「複道渡渭」注。）往往相與坐沙中語。曰：「此何語？」留侯曰：「陛下起布衣，以此屬取天下。今所封皆故人所親愛，所誅皆平生所仇怨。此屬畏陛下不能盡封，又恐見疑平生過失及誅，故相聚謀反耳。」上乃憂曰：「爲之奈何？」留侯曰：「陛下平生所憎，羣臣所共知，誰最甚者？」上曰：「雍齒與我有故怨，數嘗窘辱我。」留侯曰：「今急先封雍齒，則羣臣人人自堅矣。」於是乃封雍齒爲什方侯，而急趣丞相、御史定功行封。羣臣皆喜，曰：「雍齒尙爲侯，我屬無患矣。」

綱　詔定元功位次。賜丞相何劍履上殿，入朝不趨。

蕭何之功

目　詔定元功十八人位次。皆曰：「曹參功最多，宜第一。」鄂千秋進曰：「參雖有野戰略地之功，此特一時之事耳。上與楚相距五歲，失軍亡衆，跳身遁者數矣，（跳身遁，輕身走出也。）蕭何常從關中遣軍補其處。又軍無見糧，何轉漕關中，（轉，陸運。漕，水運。）給食不乏。陛下雖數亡山東，何常全關中以待陛下。此萬世之功也。今奈何以一旦之功，而加萬世之功哉！何第一，參次之。」上曰：「善。」於是乃賜何帶劍履上殿，入朝不趨。上曰：「吾聞進賢受上賞。」乃封千秋爲安平侯。（安平，今河北深縣北。）

太公爲太上皇

韓王信叛降匈奴

叔孫通起朝儀

綱 帝歸櫟陽。

綱 夏五月，尊太公爲太上皇。

目 上五日一朝太公，太公家令說曰：「皇帝雖子，人主也；太公雖父，人臣也。奈何令人主拜人臣，而使威重不行乎？」後上朝，太公擁篲、迎門、卻行。擁，持也。篲，掃竹也。上大驚，下扶太公。太公曰：「帝，人主，奈何以我亂天下法！」上乃詔尊太公爲太上皇，賜家令金五百斤。

綱 秋，匈奴寇邊，圍馬邑。韓王信叛與連兵。

目 初，匈奴畏秦，北徙。（見卷八秦始皇帝三十三年「蒙恬收河南地」目。）及秦滅，復稍南渡河。單于頭曼有太子曰冒頓；單于猶言漢天子。單音蟬。冒頓音墨特。後有少子，欲殺冒頓而立之。冒頓遂殺頭曼自立。悉復蒙恬所奪故地，控弦之士三十餘萬。控，引也。至是，圍韓王信於馬邑。信使使求和解，漢疑信有二心，使人讓之。讓，責也。信恐誅，遂以馬邑降之。匈奴遂攻太原，至晉陽。（即今山西太原市。）

綱 令博士叔孫通起朝儀。

目 帝悉去秦苛儀，法爲簡易。羣臣飲酒爭功，醉或妄呼，拔劍擊柱，帝益厭之。叔孫通說上曰：「夫儒者難與進取，可與守成。臣願徵魯諸生共起朝儀。」徵，召也。帝曰：「得無難乎？」通曰：「五帝異樂，三王不同禮。禮者，因時世、人情爲之節文者也。臣願頗采古禮，

今乃知爲皇帝之貴

征匈奴

與秦儀雜就之。」上曰：「可試爲之，令易知，度吾所能行者爲之！」於是通使徵魯諸生。有兩生不肯行，曰：「今死者未葬，傷者未起，又欲起禮、樂。禮、樂所由起，積德百年而後可興也。吾不忍爲公所爲，公去矣！」通笑曰：「若眞鄙儒，不知時變！」遂與所徵及上左右與其弟子百餘人，爲綿蕞，蕞音最，本作蕝。引索爲綿，立表爲蕞，謂以茅翦植地，以索牽之，爲纂位尊卑之次。野外習之。月餘，言於上曰：「可試觀矣。」上使行禮，曰：「吾能爲此。」乃令羣臣習肄。

綱　辛丑，七年，（前二〇〇）冬十月，長樂宮成，朝賀，置酒。

目　長樂宮成，諸侯羣臣皆朝賀。先平明，平旦也。謁者治禮，謁者，掌賓贊受事之官。以次引入殿門，陳東、西鄉。衞官俠陛及羅立廷中，俠同挾。陛，升殿之階。皆執兵，張旗幟。於是皇帝傳警出房，天子出則稱警，示戒肅也。引諸侯王以下至吏六百石，以次奉賀，莫不震恐肅敬。禮畢，置法酒。猶言禮酌，謂不飲之至醉也。諸侍坐者皆俯，抑首；以次起上壽。上酒曰稱壽。觴九行，謁者奏「罷酒」；御史執法，舉不如儀者，輒引去。竟朝罷酒，無敢諠譁失禮者。於是上曰：「吾乃今日知爲皇帝之貴也！」拜通太常。掌禮儀祭祀之官。初，秦悉內六國禮儀，內音納。擇其尊君、抑臣者存之。及通制禮，頗有所增損，大抵皆襲秦故。

綱　帝自將討韓王信，信及匈奴皆敗走。帝追擊之，被圍平城，（在今山西大同市東。）七日乃解。

目　上自將擊韓王信，破其軍。信亡走匈奴。上聞冒頓居代谷，（代谷，勾注山谷，在今山西

劉敬料匈奴

白登之圍

繁時縣西北。）使人覘之。窺視也。冒頓匿其壯士、肥牛馬，但見老弱羸畜。使者十輩來，皆言匈奴可擊。上復使劉敬往，劉敬，即婁敬。使未還，悉兵二十二萬北逐之。敬還報曰：「兩國相擊，此宜矜夸，見所長。今臣往，徒見羸瘠邊弱，此必欲見短，伏奇兵以爭利。愚以爲匈奴不可擊也。」上怒罵曰：「齊虜，敬齊人，故云。以口舌得官，今乃妄言沮吾軍！」械繫敬廣武。（在今山西繁時縣西。）遂先至平城，兵未盡到；冒頓縱精兵四十萬騎，圍帝於白登七日，（白登，在今山西大同市東，一名白登臺。）漢兵中外不得相救餉。帝用陳平祕計，使使間厚遺閼氏，閼氏，音煙支，猶漢言皇后。冒頓乃解圍去。史記（陳丞相世家）：「陳平祕計，世莫得聞。」集覽：「平使畫工圖美女，間遣人遺閼氏，言『漢有此美女，今皇帝困阨，欲獻之。』閼氏畏奪己寵，因謂單于曰：『漢天子亦有神靈，得其土地，非能有之。』於是匈奴開其一角，得突出。」依集覽，則計非祕矣。漢亦罷兵歸。斬前使十輩。赦劉敬，曰：「吾不用公言，以困平城。」號爲建信侯。更封陳平爲曲逆侯。（春秋逆時，漢爲曲逆縣，在今河北保定市西南。）平常從征伐，凡六出奇計，輒益封邑焉。史記（陳丞相世家）：「陳平凡六出奇計，奇計或頗祕，世莫能聞也。」集覽：「請捐金行反間，一也；以惡草具進楚使，二也；夜出女子二千人解滎陽圍，三也；躡足請封齊王信，四也；請僞遊雲夢縛信，五也；今解白登之圍，六也。」

綱 十二月，還至趙。

目 上還過趙，趙王敖執子壻禮甚卑，敖，張耳子，尙魯元公主。上箕踞慢罵之。箕踞，傲坐也。謂伸兩足，以手據膝，形如簸箕。趙相貫高、趙午等皆怒曰：「吾王，孱王也！」孱，懦弱也。乃說王，請殺之。敖齧其指出血，曰：「君何言之誤！先人亡國，賴帝得復，德流子孫，秋毫皆帝力也。願君無復出言！」高等相謂曰：「吾王長者，不倍德；且吾等義不辱，何洿王爲！洿同汙。事成，歸王；事敗，則獨身坐耳。」

綱 匈奴寇代，（漢代郡治桑乾，在今河北蔚縣東北。）代王喜棄國自歸。喜，帝兄。立子如意爲代王。戚夫人所生。

徙都長安

綱 春二月，帝至長安，（漢長安，在今陝西西安市西北。）始定徙都。

蕭何治未央宮

目 上至長安。蕭何治未央宮，宮名未央者，取詩「夜未央」，勤政之義也。（未央宮，故址在今陝西西安市西北。）上見其壯麗，甚怒，曰：「天下匈匈數歲，匈匈，擾亂也。成敗未可知，是何治宮室過度也！」何曰：「天下方未定，故可因以就宮室。且天子以四海爲家，非壯麗無以重威，且無令後世有以加也。」上說，遂自櫟陽徙都之。

綱 壬寅，八年，（前一九九）冬，擊韓王信餘寇於東垣。（秦東垣縣，漢改眞定，在今河北正定縣南。）

柏人之變

目 上東擊韓王信餘寇，過柏人。（在今河北唐山市西。）貫高等壁人於廁中，置人於廁壁之中以刺帝。廁，溷池也。上欲宿，心動而去。

綱 十二月，還宮。

劉敬使匈奴結和親

綱 癸卯，九年，（前一九八）冬，遣劉敬使匈奴，結和親。

徙齊楚大族豪傑于關中

趙王敖廢

目 匈奴數苦北邊，上患之。劉敬曰：「天下初定，士卒罷於兵，罷音疲。未可以武服也。冒頓殺父妻母，冒頓以鳴鏑射殺其父頭曼，遂妻其母。以力爲威，未可以仁義說也。誠以適長公主妻之，適同嫡。天子女曰公主。周制：天子嫁女諸侯，至尊不自主婚，使諸侯同姓者主之，故謂之公主。後代帝姊妹爲長公主，帝姑爲大長公主。彼必慕以爲閼氏，生子必爲太子。冒頓在，固爲子壻；死則外孫爲單于；可無戰以漸臣也。」帝曰：「善！」乃取家人子，宮人名號，有上家人子、中家人子。名爲長公主，以妻單于；使劉敬結和親約。

綱 十一月，徙齊、楚大族豪傑于關中。

目 劉敬言：「匈奴河南地，（見卷八秦始皇帝三十三年「蒙恬收河南地」注。）去長安近者七百里，輕騎一日一夜可以至秦中。即關中。且諸侯初起時，非齊諸田、楚昭、屈、景莫能興。諸田，齊大姓。昭、屈、景，楚三大姓。今關中少民，北近匈奴，東有彊族；一日有變，陛下未得高枕而臥也。願徙六國後及豪傑、名家居關中，無事可以備胡，有變率以東伐，此彊本弱末之術也。」於是徙昭、屈、景、懷、田氏及豪傑於關中，懷與田，齊二大族。與利田宅，給與便利之處，不徵徭也。凡十餘萬口。

綱 春正月，趙王敖廢，徙代王如意爲趙王。

目 貫高怨家知其謀，上變告之。變告者，謂非常之事，斥言反背也。於是逮捕趙王敖及諸反者，逮，及也。辭之所及，則追捕之。又逮者，其人在而直追取之，捕者，其人亡當討捕之；故有或但言逮，或但言捕，當知異義也。詔敢從者族。趙午等皆自剄，高獨怒罵曰：「公等皆死，誰白王不反者？」乃轞車膠致，（轞車，車上著板，四周如檻形，載囚其中，令無所見。致同緻。膠致，膠密不得開。致，密也。）詣長安。郎中田叔、客孟舒皆自髡鉗，爲王家奴，以從。高對獄曰：「獨吾屬爲之，王實不知。」搒笞刺剟，（搒音邦，亦笞也。剟音拙，亦刺也。）身無可擊者，終不復言。廷尉以聞。上曰：「壯士！誰知者？」泄公曰：「臣素知之，此固趙國立義不侵爲然諾者也。」（侵，猶過越也。）上使泄公持節往問之曰：「趙王果有謀不？」高曰：「吾三族皆以論死，豈愛王過於吾親哉。顧爲王實不反。」具道所以王不知狀。泄公以報，乃赦敖，廢爲宣平侯，而徙如意王趙。上賢高，赦之。高曰：「所以不死者，白王不反也。今王已出，吾責已塞，死不恨矣。且人臣有簒弒之名，何面目復事上哉！」乃仰絕亢，（亢同肮，音剛，喉也。）遂死。上召叔等，與語，漢廷臣無能出其右者，盡拜守、相。

蕭何爲相國

綱 夏六月晦，日食。以蕭何爲相國。

綱 甲辰，十年，（前一九七）夏五月，太上皇崩。秋七月，葬萬年，（在今陝西臨潼縣東。）令諸侯王國皆立廟。

綱 以周昌爲趙相，趙堯爲御史大夫。

目 定陶戚姬有寵，生趙王如意。呂后年長，益疏。上以太子仁弱，謂如意類己，常留之長安，欲廢太子而立之。大臣爭之，皆莫能得。御史大夫周昌廷爭之彊，上問其說。昌爲人吃，口不便言。又盛怒，曰：「臣口不能言，然臣期期知其不可！陛下欲廢太子，臣期期不奉詔！」上欣然而笑。呂后聞之，跪謝昌曰：「微君，太子幾廢。」

時趙王年十歲，上憂萬歲之後不全也；符璽御史趙堯請爲趙王置貴彊相，及呂后、太子、羣臣素所敬憚者。上問其人，堯以昌對。上乃以昌相趙，而以堯代爲御史大夫。

上猶欲易太子，於是呂后使建成侯呂釋之，（呂釋之所封爲沛郡之建成縣，在今河南永城縣東南。）彊要留侯畫計。留侯曰：「此難以口舌爭也。顧上有所不能致者四人，曰東園公、綺里季、夏黃公、甪里先生。甪音六。漢書音義曰：「東、綺、夏、甪，四姓也。」今令太子爲書，卑辭安車，固請其來。來以爲客，時從入朝，令上見之，則一助也。」於是呂后使人奉太子書招之；四人至，客建成侯家。

綱　九月，代相國陳豨反，帝自將擊之。

目　初，上以陽夏侯陳豨爲代相國，（陽夏，今河南太康縣。）監趙、代邊兵。豨常慕魏無忌之養士，魏無忌，戰國魏公子，號信陵君。及告歸過趙，賓客隨之者千餘乘。周昌求見上，言豨賓客甚盛，擅兵數歲，恐有變。上令人覆案豨客諸不法事，多連引豨。豨恐，遂反。上自擊之。至邯鄲，喜曰：「豨不南據邯鄲而阻漳水，阻，恃也。（漳水有二：一曰清漳，出今山西和順縣北；一曰濁漳，出今山西長治市西南發鳩山，又稱潞水，東流入河南林縣北會清漳。二水東至河北大名縣入衛河。）吾知其無能爲矣！」昌奏：「常山亡二十城，（漢常山郡治元氏，在今河北元氏縣西南。）請誅守、尉。」郡守、郡丞。上曰：「守、尉反

破陳豨殺韓信

乎？」對曰：「不。」上曰：「是力不足，亡罪。」令昌選趙壯士可將者，白見四人，白見，告白於上而見之也。封各千戶，以爲將。左右諫曰：「封此何功？」上曰：「非汝所知。」趙、代地皆豨有。吾徵天下兵未至，今獨邯鄲中兵耳；吾何愛四千戶，不以慰趙子弟！」又聞豨將皆故賈人，上曰：「吾知所以與之矣。」乃多以金購之，豨將多降。

綱　乙巳　十一年，（前一九六）冬，破豨軍。春正月，后殺淮陰侯韓信，夷三族。

目　冬，太尉周勃道太原，道，從也。（太原，即今山西太原市。）入代地，陳豨軍敗。

淮陰侯信舍人弟上變告：舍人，左右親近之人。（變告，見九年十一月「貫高怨家知其謀，上變告之」注。）「陳豨前過趙、代，過辭信，信辟左右曰：辟音璧，屏也。『公之所居，天下精兵處也；而公，陛下之信幸臣也。人言公畔，陛下必不信；再至，則疑矣；三至，必怒而自將。吾爲公從中起，天下可圖也。』豨曰：『謹奉教。』今信陰與豨通謀，欲與家臣夜詐赦諸官徒奴，發以襲呂后、太子。部署已定，待報未發。」呂后與蕭何謀，詐言豨已得死，紿信入賀。紿音台，欺也。使武士縛信，斬之。信曰：「吾悔不用蒯徹之計，（蒯徹說韓信，見卷九漢王四年二月目。）乃爲兒女子所詐！」遂夷三族。

綱　帝還至洛陽。

目　上還，聞韓信言「恨不用蒯徹計」，乃詔捕徹至。上曰：「若教淮陰侯反乎？」若，汝也。對曰：「然。」上怒曰：「烹之！」徹曰：「秦失其鹿，以鹿喻帝位；言秦失其國，如虞人之失鹿。天下共逐之，高材疾足者先得。且當是時，臣獨知信，非知陛下也。跖之狗吠堯；堯非不仁，狗固吠非其主。」上曰：「置之。」

綱 立子恆爲代王。

求遺賢詔

綱 二月，詔郡國求遺賢。

目 詔曰：「蓋聞王者莫高於周文，伯者莫高於齊桓，伯同霸。皆待賢人而成名。今天下賢者智能，豈特古之人乎？患在人主不交故也，士奚由進。今吾以天之靈、賢士大夫定有天下，以爲一家，欲其長久，世世奉宗廟亡絕也。賢人已與我共平之矣，而不與我共安利之，可乎？賢士大夫有肯從我遊者，諸侯王、郡守必身勸，爲之駕，遣詣相國府；有而弗言，覺免；發覺則免其官。年老癃病，勿遣。」

殺彭越

綱 梁王越廢徙蜀。三月，殺之，夷三族。

目 上之擊陳豨也，徵兵於梁；梁王稱病，使將將兵詣邯鄲。上怒，讓之。讓，責也。梁王恐，欲自往謝。其將扈輒曰：「往則爲禽，禽同擒。不如遂反。」王不聽。梁太僕得罪，太僕，官名。亡走漢，告之。上使使掩梁王，掩，襲也。囚之洛陽。有司治：「反形已具，論如法。」赦爲庶人，傳處蜀。傳，驛遞也。至鄭，逢呂后從長安來，王爲呂后涕泣，自言無罪。后與俱至洛陽，白上曰：「彭王壯士，今徙之蜀，此自遺患；不如遂誅之。妾謹與俱來。」乃令人告越復謀反，夷三族。梟首洛陽，下詔：「收視者捕之。」梁大夫欒布使於齊，還，奏事頭下，祠而哭之。吏捕以聞。上欲烹之，布曰：「方上之困彭城，（今江蘇徐州市。）敗滎陽也，（在今滎陽，河南滎陽縣西南。）王與楚則漢破，與漢則楚破。且垓下之會，（見漢高帝五年十二月「圍籍垓下」目。）微彭王，項氏不亡。天下已定，而陛下以苛小案誅滅之，苛，細也。臣恐功臣人人自危也！」於是上乃釋布，拜爲都尉。

綱　夏四月，還宮。

趙佗爲南越王

綱　五月，立故秦南海尉趙佗爲南粵王。（秦、漢南海郡治番禺縣，即今廣東廣州市。）粵同越。

陸賈使南越

目　初，秦南海尉任囂病且死，召龍川令趙佗，（龍川縣，在今廣東龍川縣西北。）行南海尉事。囂死，佗即移檄絕道，檄音吸。聚兵誅秦吏，擊并桂林、象郡，（秦桂林郡治廣信，即今廣西蒼梧縣治。其地有今廣西東部。秦象郡治西捲，在今越南民主共和國北部。其地有今廣西西南部，與今廣東西南部，及越南民主共和國北部地。）自立爲南越武王。至是，詔立以爲南越王，使陸賈即授璽、綬，與剖符通使，使和集百越，無爲南邊患害。賈至，說佗令稱臣奉漢約。歸報，帝大悅，拜賈爲大中大夫。

陸賈說稱詩書

賈時時前說稱詩、書，帝罵之曰：「乃公居馬上得之，乃，汝也。公，帝自謂。安事詩、書！」賈曰：「居馬上得之，寧可以馬上治之乎？且湯、武逆取而以順守之；文武並用，長久之術也。鄉使秦已并天下，行仁義，法先聖，陛下安得而有之！」帝有慙色，曰：「試爲我著秦所以失天下，吾所以得之者，及古成敗之國。」

陸賈新語

賈乃麤述存亡之徵，凡著十二篇。每奏一篇，帝未嘗不稱善，號其書曰「新語」。以素所未聞，故名。史記（酈生陸賈列傳贊）：「余讀陸生新語書十二篇，固當世

黥布反

之辯士。」

綱　帝有疾。

目　帝有疾，惡見人，詔戶者無得入羣臣，十餘日。舞陽侯樊噲排闥直入，排，推開也。闥，宮中小門。大臣隨之。上獨枕一宦者臥。噲等流涕曰：「始陛下與臣等起豐、沛，定天下，何其壯也！今天下已定，又何憊也！憊音敗。且陛下獨不見趙高之事乎？」帝笑而起。

綱　秋七月，淮南王布反，帝自將擊之。立子長爲淮南王。布擊殺荆王賈，又敗楚軍，遂引兵西。

目　初，淮陰侯死，黥布已心恐。及彭越誅，醢其肉以賜諸侯，醢音海。布大恐，發兵反。上召故楚令尹薛公問之。令尹曰：「往年殺彭越，前年殺韓信；此三人者，同功一體之人也，自疑禍及身，故反爾！使布出於上計，山東非漢之有也；出於中計，勝敗之數未可知也；出於下計，陛下高枕而臥矣。」上曰：「何謂也？」對曰：「東取吳，西取楚，幷齊，取魯，傳檄燕、趙，檄，號召之書。固守其所，此上計也。東取吳，西取楚，幷韓，取魏，據敖倉之粟，（敖倉，見卷九漢王二年「以取敖倉粟」注。）塞成皋之口，此中計也。東取吳，西取下蔡，（在今安徽壽縣北。）歸重於越，重，輜重。越，越地。身居長沙，（漢長沙國治臨湘縣，今湖南長沙市。）此下計也。」上曰：「是計將安出？」對曰：「布故驪山之徒，（黥布事見卷八秦二世二年「得英布軍」目。）自致萬乘，此皆爲身，不顧後慮者也；必出下計。」於是上自將兵而東。

布之初反，謂其將曰：「上老，厭兵，必不能來。淮陰、彭越皆死，餘不足畏也。」東擊荆，荆王賈走死；擊楚，楚敗；遂引兵西。賈，帝從兄。楚，帝弟交。

長沙王誘誅黥布

綱　丙午，十二年，（前一九五）冬十月，帝破布軍於蘄西，（蘄水出今湖北蘄春縣東北，西南流至舊蘄州城西北入江。）布亡走，長沙王臣誘而誅之。長沙王臣，吳芮之子，名臣，嗣父爲長沙王。

目　上與布兵遇於蘄西，布兵精甚。上望其置陳如項籍軍，陳同陣。惡之。遙謂布曰：「何苦而反？」布曰：「欲爲帝爾！」上怒罵之，遂大戰。布軍敗走江南，長沙王臣使人誘與走越，殺之。

復沛民

綱　帝還，過沛，（在今江蘇沛縣東。）復其民，世世無有所與。謂復除其賦役，世世無所干預。與同預。

大風歌

目　上還，過沛，留，置酒沛宮，（在沛縣東。）悉召故人、父老、諸母、子弟佐酒，道舊故爲笑樂。酒酣，上擊筑，筑音竹，似瑟而大頭，以竹擊之，故名筑。自歌曰：「大風起兮雲飛揚，威加海內兮歸故鄉，安得猛士兮守四方！」於是起舞，慷慨傷懷，泣數行下，謂沛父兄曰：「遊子悲故鄉。吾雖都關中，千秋萬歲後，吾魂魄猶思沛。且朕自沛公以誅暴逆，遂有天下；其以沛爲朕湯沐邑，以其賦稅，供湯沐之具也。復其民，世世無有所與。」

誅陳豨

綱　太尉周勃誅陳豨，定代地。

綱　立兄子濞爲吳王。

目　更以荆爲吳國。濞，喜之子也。喜，帝兄。

以太牢祠孔子

叔孫通諫易太子

綱 十一月，過魯，以太牢祠孔子。牛羊豕各一曰太牢。

綱 遂還宮。

目 上還長安，疾益甚，愈欲易太子。張良諫，不聽。叔孫通諫曰：「晉獻公以驪姬故，廢太子，國亂數十年。（見卷四周惠王二十二年「晉侯殺其世子申生」紀。）秦以不蚤定扶蘇，自使滅祀，此陛下所親見。（見卷八秦始皇帝三十七年「矯詔立少子胡亥爲太子，殺扶蘇、蒙恬」目。）今必欲廢適而立少，適同嫡。臣願先伏誅，以頸血汙地！」帝曰：「吾直戲耳！」通曰：「太子，天下本，本一搖，天下震動，奈何以天下爲戲乎！」上佯許，而猶欲易之。後置酒，太子侍，留侯所招四人者從，四人，東園公、綺里季、夏黃公、甪里先生。（見高帝十年「以周昌爲趙相」目。）年皆八十餘，鬚眉皓白，衣冠甚偉。上怪問之，四人前對，各言姓名。上乃大驚曰：「吾求公數歲，公避逃我；今何自從吾兒遊乎？」四人曰：「陛下輕士善罵，臣等義不辱，故恐而亡匿。今聞太子爲人仁孝、恭敬、愛士，天下莫不延頸願爲太子死者，故臣等來耳。」上曰：「煩公幸卒調護太子。」四人者出，上召戚夫人指視之曰：「我欲易之，彼四人者輔之，羽翼已成，難動矣！」上起罷酒，遂不易太子，留侯本招此四人之力也。

綱 下相國何廷尉獄，數日赦出之。

目 蕭何以長安地陿，上林中多空地，（上林，苑名，故址在今陝西西安市西及盩厔、鄠縣界。）棄，請令民得入田，毋收藁，藁，禾稈。爲禽獸食。上大怒，下何廷尉，廷，平也。治獄貴平，故號廷尉。械

王衛尉諫繫蕭何

繫之。數日，王衛尉侍，衛尉，官名；王姓，史失其名。前問曰：「相國何大罪，陛下繫之暴也？」上曰：「相國多受賈豎金，賈音古，豎音汝。而爲之請吾苑以自媚於民，故繫治之。」王衛尉曰：「夫職事苟有便於民而請之，眞宰相事；且陛下距楚數歲，相國一搖足，則關以西非陛下有也！相國不以此時爲利，今乃利賈人之金乎？」帝不懌，卽赦出之。何入謝，帝曰：「相國爲民請苑，吾不許，我不過爲桀、紂主，而相國爲賢相。吾故繫相國，欲令百姓聞吾過也。」

盧綰反

【綱】燕王綰謀反。綰，盧綰。春二月，遣樊噲以相國將兵討之，立子建爲燕王。

【綱】詔陳平斬樊噲，以周勃代將其軍。平傳噲詣長安。

【目】帝病甚，人或言：樊噲黨於呂氏，卽一日上晏駕，天子初崩曰晏駕，蓋臣子之心，猶謂宮車當駕而晚出也。欲以兵誅趙王如意之屬。（戚姬生趙王如意，見上高帝十年「以周昌爲趙相」目。）帝大怒，用陳平謀，召絳侯周勃受詔牀下，曰：「陳平馳傳載勃代噲將，至軍，卽斬噲頭。」二人行，計之曰：「噲，帝之故人也，功多，又呂后弟嬃之夫。呂后女弟名嬃。今帝特以忿怒故，欲斬之，恐後悔；寧囚而致上，上自誅之。」未至軍，爲壇，以節召噲，（節，見卷八秦始皇帝二十六年「衣服旄旌節旗皆尙黑」注。）反接，反縛兩手。載檻車，檻同轞。轞車，車上著板，四周如檻形，載囚其中，令無所見。傳詣長安。傳，驛遞。令勃代將，定燕反縣。

高帝崩

【綱】夏四月，帝崩。

【目】上擊黥布時，爲流矢所中，行道，疾甚。呂后迎良醫，入見，上嫚罵之曰：「吾以布衣

盧綰亡入匈奴

提三尺取天下，三尺，劍也。此非天命乎！命乃在天，雖扁鵲何益！」扁鵲，春秋時良醫也，姓秦名越人，與黃帝時扁鵲相類，故仍號扁鵲。又家於盧國，因名盧醫。罷之。后問：「陛下百歲後，蕭相國死，誰令代之？」曰：「曹參。」其次，曰：「王陵，然少戇，戇音撞，愚直也。陳平可以助之。平智有餘，然難獨任。周勃厚重少文，然安劉氏者必勃也。」復問其次，上曰：「此後亦非乃所知也。」乃，汝也。遂崩於長樂宮。（故址在今陝西西安市西北。）

綱 盧綰亡入匈奴。

綱 五月，葬長陵。（長陵一名原陵，又名長山，在今陝西咸陽市東。）

目 初，高祖不脩文學，而性明達，好謀，能聽，自監門、戍卒，見之如舊。初順民心，作三章之約。（見卷九漢王元年「除秦苛法」目。）天下既定，命蕭何次律、令，次謂第其輕重也。以初約三章之法，不足以禦奸，故命蕭何攈摭秦法，作律九章。韓信申軍法，張蒼定章程，張蒼以列侯居相府，領主郡國上計者。章，歷數之章術也。程，法式也，謂權、衡、丈、尺、斛、斗之平法。叔孫通制禮儀，（見高帝六年「令博士叔孫通起朝儀」目。）又與功臣剖符作誓，剖符使世襲其爵，而誓之曰：「使黃河如帶，泰山若礪，國以永存，爰及苗裔。」丹書鐵券，券，符契也，以鐵鐫之，朱書字也。國之所以示信，令其子孫長享爵祿。金匱石室，金匱，猶金縢也。以誓書藏之匱中，而緘之以金，不欲人開之。又以石爲室，置匱其中。（金縢見卷二周武王十四年「錄其冊祝之文，藏於金縢之匱」注。）藏之宗廟。使與國同休。雖日不暇給，規模弘遠矣。

綱 太子盈即位，尊皇后曰皇太后。赦樊噲，復爵邑。令郡國立高廟。

綱鑑易知錄卷十一

漢紀

孝惠皇帝

名盈，高帝太子，在位七年，壽二十歲而崩。謚法：「柔質慈民曰惠。」

呂后殺趙王如意

綱　丁未，孝惠皇帝元年，（前一九四）冬十二月，太后殺趙王如意。

目　太后令永巷囚戚夫人，宮中獄名。永，長也，宮中長巷，幽閉宮女之有罪者。令舂。使之擣米。召趙王如意，三反，相周昌曰：「高帝屬臣趙王，屬，託也。聞太后欲誅之，臣不敢遣。王亦病，不能奉詔。」太后怒，召昌至，復召趙王來。帝自迎入宮，挾與起居飲食。太后欲殺之，不得閒。閒，隙也。帝晨出射，趙王少，不能蚤起；太后使人持酖飲之。酖，亦作「鴆」。（見卷四周惠王十五年「季成使以君命酖叔牙」注。）遂斷戚夫人手足，去眼，煇耳，煇同熏。以藥熏之，令其耳聾。飲瘖藥，瘖音因，瘂也。使居廁中，命曰「人彘」。召帝觀，帝驚大哭，因病，歲餘不能起。使人請太后曰：「此非人所爲。臣爲太后子，終不能治天下。」遂日飲爲淫樂，不聽政。

人彘

綱　戊申，二年，（前一九三）冬十月，齊王肥來朝。（齊王肥，見卷九高帝六年「子肥爲齊王」注。）

目　齊悼惠王來朝，飲太后前，帝以王，兄也，置之上坐。太后怒，酌酖酒賜之。帝欲取飲；太后恐，自起泛之。泛，覆也。齊王大恐，出，獻城陽郡，（城陽郡，後爲城陽國，治莒，即今山東莒縣。）爲魯元公主湯沐邑，以其賦稅供湯沐之具也。乃得歸。

綱　春正月，兩龍見蘭陵井中。（蘭陵，在今山東嶧縣境內。）

綱　隴西地震。（隴西郡治狄道縣，在今甘肅隴西縣西南。）

綱　夏，旱。

蕭何卒

綱　秋七月，相國酇侯蕭何卒，以曹參爲相國。

目　相國何病，上問曰：「君卽百歲後，誰可代君？」對曰：「知臣莫如主。」帝曰：「曹參何如？」曰：「帝得之矣！」七月薨，謚曰文終。何置田宅，必居窮僻處，爲家，不治垣屋，曰：「後世賢，師吾儉；不賢，毋爲勢家所奪。」

參聞何薨，告舍人：「趣治行！」促治行裝。居無何，居無幾時。使者果召參。參去，屬其後相曰：後相，後來相齊者。（參相齊，見卷十高帝六年「以曹參爲齊相國」目。）「以齊獄、市爲寄，愼勿擾也！」寄，託也。擾，亂也。後相曰：「治無大於此者乎？」參曰：「獄、市，所以幷容也；幷包容納。今擾之，姦人何所容乎？」

參代何爲相

始參微時，與何善；及爲將相，有隙。至何且死，所推賢唯參。參代何爲相，舉事無所變更，一遵何約束。擇吏木訥重厚長者，召爲丞相史；言文刻深，欲務聲名者，輒斥去之。日夜飲醇酒。醲厚之酒。賓客見參不事事，皆欲有言，參輒飲以醇酒，莫得開說。見人有細過，專掩匿覆蓋之，府中無事。參子窋爲中大夫，帝怪參不治事，使窋私問之，參怒，笞窋曰：「趣入侍！趣音促。天下事非若所當言也。」若，汝也。至朝時，帝讓參曰：「乃者我使諫君也。」乃，彼也，指窋。參免冠謝曰：「陛下自察聖武孰與高帝？」上曰：「朕乃安敢望先帝！」「臣孰與蕭何賢？」上曰：「君似不及也。」參曰：「陛下言是也。高帝與蕭何定天下，法令既明。今陛下垂拱，參等守職，遵而勿失，不亦可乎！」帝曰：「善。」參爲相三年，百姓歌之曰：「蕭何爲法，較若畫一。較，明也。畫一，整齊也。曹參代之，守而勿失。載其清淨，民以寧壹。」

與匈奴和親

綱　己酉，三年，（前一九二）春，與匈奴和親。

目　匈奴冒頓方彊，（冒頓見卷十高帝六年「匈奴寇邊」目。）爲書遺高后，辭極褻嫚。冒頓書云：「兩主不樂，無以自娛；以其所有，易其所無。」高后怒，議斬其使，發兵擊之。樊噲曰：「臣願得十萬衆，橫行匈奴中！」季布曰：「噲可斬也！前匈奴圍高帝於平城，（見卷十高帝七年「被圍平城」目。）漢兵三十二萬，噲爲上將軍，不能解圍。今歌吟未絶，傷夷甫起，夷亦傷也。而妄言以十萬衆橫行，是面謾也。謾音瞞，欺誑也。且夷狄，得其善言不足喜，惡言不足怒也。」高后曰：「善。」報書遜謝，遺以車馬。冒頓復使使來謝，因獻馬，遂和親。

立皇后張氏

綱　庚戌，四年，（前一九一）冬十月，立皇后張氏。

目　后，帝姊魯元公主女也，（魯元公主，高帝長女，張敖尚之。）太后欲爲重親，故以配帝。

綱　春正月，舉民孝弟力田者，復其身。復除其賦役也。

綱　三月，帝冠。

除挾書律

立原廟

王陵陳平爲左右相

張良卒

周勃爲太尉

綱　除挾書律。

綱　立原廟。原，再也。先既立廟，今又再立，故名。

目　帝以朝長樂宮，太后居此。數蹕煩民，顏師古曰：「天子出則稱警，示戒肅也。入則言蹕，止行人也。」乃築複道武庫南。武庫，在未央宮，蕭何造以藏兵器。叔孫通諫曰：「此高帝月出遊衣冠之道也，高帝衣冠藏在高寢，每月備法駕，一出遊於高廟。其道值所築複道，故云。子孫奈何乘宗廟道上行哉！」帝懼曰：「急壞之！」通曰：「人主無過舉。今已作，百姓皆知之矣。願陛下爲原廟於渭北，（渭北，指咸陽。高廟在渭北，故立原廟，則陵寢衣冠不渡渭水而南遊。）衣冠月出遊之，益廣宗廟大孝之本。」乃詔有司立原廟。裴駰曰：「原廟之作，始於惠帝。」自是之後，皆以原廟便於用俗禮而美觀，其去古人重宗廟之意遠矣。

綱　宜陽雨血。（宜陽，在今河南宜陽縣西。）

綱　辛亥，五年，（前一九〇）冬，雷，桃、李華，棗實。

綱　夏，大旱。秋八月，相國、平陽侯曹參卒。謚曰懿。

綱　壬子，六年，（前一八九）冬十月，以王陵爲右丞相，陳平爲左丞相。

綱　夏，留侯張良卒。謚曰文成。

綱　以周勃爲太尉。掌兵。漢初兩府：曰丞相，曰太尉。

綱　癸丑，七年，（前一八八）春正月朔，日食。

呂台呂產將南北軍

陳平審食其爲右左丞相

綱　夏五月，日食旣。

綱　秋八月，帝崩。班固（漢書孝惠帝紀）贊曰：「孝惠內脩親親，外禮宰相，優寵齊悼、趙隱，可謂寬仁之主。遭呂太后，虧損至德，悲夫！」

綱　太后使呂台、呂產將南、北軍。漢衛宮之兵謂之南軍，京城之兵謂之北軍。

目　帝崩，太后哭泣不下。張良子辟彊，年十五，爲侍中。謂陳平曰：「帝無壯子，太后畏君等。今請拜呂台、呂產爲將，居南、北軍。諸呂皆居中用事，如此太后心安，君等脫禍矣。」從之，諸呂權由此起。

綱　九月，葬安陵。（惠帝安陵，在今陝西咸陽市東。）太子卽位，太后臨朝稱制。

目　初，太后命張皇后取他人子養之，而殺其母，以爲太子；至是卽位。

高皇后呂氏

名雉。惠帝崩，少帝立，后臨朝稱制，八年而崩，壽六十二歲。

綱　甲寅，高皇后呂氏元年。（前一八七）

綱　冬十一月，太后以王陵爲帝太傅。陳平爲右丞相，審食其爲左丞相。任敖爲御史大夫。

目　太后議欲立諸呂爲王，王陵曰：「高帝刑白馬盟曰：『非劉氏而王，天下共擊之。』」陳平、周勃曰：「高帝定天下，王子弟；今太后稱制，王諸呂，無所不可。」及退，陵讓平、勃曰：「始與高帝啑血盟，啑同歃。諸君不在邪！今欲阿意背約，何面目見高帝地下乎？」平、勃

立呂台爲王

曰：「面折廷爭，臣不如君。全社稷，定劉氏之後，君亦不如臣。」於是太后以陵爲帝太傅，實奪之相權；陵遂病免歸。乃以平爲右丞相；審食其爲左丞相，不治事，令監宮中。食其故得幸於太后，公卿皆因而決事。太后怨趙堯，（見卷十高帝十年「以周昌爲趙相，趙堯爲御史大夫」目。）乃抵堯罪。任敖嘗爲沛獄吏，有德於太后，故以爲御史大夫。

綱 夏四月，立張偃爲魯王。張敖子。（魯國都莒，今山東莒縣。以其母魯元公主食邑在魯，因稱魯王。）

綱 封山、朝、武爲列侯。山、朝、武，三侯名，皆他人子。立彊爲淮陽王，不疑爲恒山王。（淮陽國都陳，今河南淮陽縣。恒山國都襄國，今河北邢臺縣西北。）

目 皆太后所名孝惠子也。

綱 立呂台爲呂王。割齊之濟南郡爲呂國。（在今山東菏澤縣西南，漢爲呂都縣，今名呂陵集。）

綱 秋，桃、李華。

綱 乙卯，二年，（前一八六）冬十一月，呂王台卒。

綱 春正月，地震，武都山崩。（漢武都郡治武都縣，在今甘肅徽成縣西。）

綱 夏五月，太后封齊王弟章爲朱虛侯，齊王，悼惠王肥。「弟」，通鑑作「子」。（朱虛，在今山東臨朐縣東北。）令入宿衞。

綱 六月晦，日食。

綱 秋七月，恒山王不疑卒。

行八銖錢

綱　行八銖錢。銖，二十四分兩之一。

綱　太后立山爲恆山王，更名義。

綱　丙辰，三年，（前一八五）夏，江、漢水溢。（江、漢，見卷三周孝王十三年「江、漢水」注。）

綱　秋，星晝見。

綱　伊、洛、汝水溢。（伊水出今河南盧氏縣熊耳山，洛水出今陝西洛南縣冢嶺山。汝水，漢時汝水出今河南安陽市北。）

封呂嬃爲侯

綱　丁巳，四年，（前一八四）夏四月，太后封女弟嬃爲臨光侯。（臨光地無考。）

綱　廢少帝，幽殺之。五月，立恆山王義爲帝，更名弘。以朝爲恆山王。

南越王反

綱　戊午，五年，（前一八三）春，南越王佗反。（南越王佗，見卷十高帝十一年「立故秦南海尉趙佗爲南粵王」目。）

目　有司請禁南越關市、鐵器。南越王曰：「此必長沙王計，（長沙王臣，吳芮之子，嗣父爲長沙王。）欲倚中國擊滅南越而并王之，自爲功也。」遂自稱南越武帝，攻長沙，（今湖南長沙市。）敗數縣而去。

立呂產爲呂王

綱　己未，六年，（前一八二）冬十月，太后廢呂王嘉，立台弟產爲呂王。

綱　春，星晝見。

行五分錢

綱　行五分錢。

立呂祿為趙王

劉章耕田歌

陸賈說陳平

綱 庚申，七年，（前一八一）春正月，日食，晝晦。

綱 二月，太后徙梁王恢為趙王，呂王產為梁王。（趙國都邯鄲，即河北邯鄲市。梁國都碭，在今安徽碭山縣南。）

綱 秋七月，趙王恢自殺，太后立呂祿為趙王。

目 趙王恢以呂產女為后。王有愛姬，后酖殺之。王悲憤，自殺。太后以為用婦人棄宗廟禮，廢其嗣。使使告代王恆，欲徙王趙；代三謝，願守代邊，太后乃立兄子祿為趙王。

是時，諸呂擅權用事。朱虛侯章年二十，有氣力，忿劉氏不得職。嘗入侍燕飲，太后令為酒吏。章自請曰：「臣將種也，請得以軍法行酒。」太后許之。酒酣，章為耕田歌，曰：「深耕穊種，（穊音記，密也。）立苗欲疏；非其種者，鉏而去之！」太后默然。頃之，諸呂有一人醉，亡酒，章追，斬之，還報，左右皆大驚，業已許其軍法，無以罪也。自是諸呂憚之。

陳平嘗燕居深念，陸賈往，直入坐，而平不見。陸生曰：「何念之深也！」平曰：「生揣我何念？」生曰：「足下極富貴，無欲矣；不過患諸呂、少主耳。」平曰：「然。奈何？」生曰：「天下安，注意相；天下危，注意將。將相和調，則士豫附；（豫，素也。）天下雖有變，權不分。為社稷計，在兩君掌握耳。君何不交驩太尉？」（太尉謂周勃。）因為平畫呂氏數事。平用其計，兩人深相結，呂氏謀益衰。

綱 九月，遣將軍周竈將兵擊南越。

呂后崩

【綱】辛酉，八年，（前一八〇）夏，江、漢水溢。

【綱】秋七月，太后崩，遺詔產爲相國，祿女爲帝后。審食其爲帝太傅。

【目】初，太后祓，祓，除也。三月上巳日，臨水洗濯，除去宿垢，謂之祓除不祥。還，過軹道，（在今陝西西安市東北。）見物如蒼犬，來撠掖。撠，持也。掖，肘腋之閒。卜之，云「趙王如意爲祟」，神禍曰祟。遂病掖傷。病甚，乃令祿爲上將軍，居北軍；產居南軍。（南北軍，見上惠帝七年「使呂台、呂產將南北軍」注。）戒曰：「我崩，大臣恐爲變，必據兵衞宮，愼毋送喪，爲人所制！」至是崩。

劉章告齊王發兵誅諸呂

灌嬰與齊連和

酈寄紿說呂祿

【綱】齊王襄發兵討諸呂，相國產使大將軍灌嬰擊之。嬰留屯滎陽，與齊連和。九月，太尉勃、丞相平、朱虛侯章誅產、祿及諸呂，齊王、灌嬰兵皆罷。

【目】諸呂欲爲亂，未敢發。朱虛侯以呂祿女爲婦，知其陰謀，告其兄齊王襄，令發兵西，己爲內應，以誅諸呂，立齊王爲帝。於是齊王發兵擊濟南，（濟南國都東平陵縣，在今山東濟南市東。）遺諸侯王書，陳諸呂罪。產等遣灌嬰將兵擊之。嬰至滎陽，（在今河南滎陽縣西南。）謀曰：「諸呂欲危劉氏，今我破齊，是益其資也。」乃諭齊王與連和，以待呂氏變，共誅之。齊王乃還兵西界待約。

時太尉勃不得主兵。酈商老病，其子寄與祿善，平、勃使人劫商，劫，以力固要之也。令寄紿說祿曰：紿，欺也。「高帝與呂后共定天下，劉氏所立九王，呂氏所立三王，皆大臣之議，諸侯亦以爲宜。今太后崩，帝少，帝，他人子，名弘。而足下不急之國，乃將兵留此，爲大臣諸侯所疑。何不歸將印，以兵屬太尉；屬，付也。請梁王歸相印，梁王，呂產。與大臣盟而之國。齊兵必罷，足下高枕而王千里，此萬世之利也。」祿然其計，猶豫未決。（猶豫，見卷九漢王四年「信猶豫，不忍倍漢」注。）

周勃入北軍

九月，平陽侯窋見產，窋，曹參子。會郎中令賈壽使從齊來，具以灌嬰與齊、楚合從告產，且趣產急入宮。窋聞其語，馳告平、勃。勃欲入北軍，不得，乃令襄平侯紀通持節，（節，見卷八秦始皇二十六年「衣服旄旌節旗皆尚黑」注。）矯內勃北軍。復令寄語祿，解印以兵授勃。勃入軍門，令曰：「爲呂氏右袒，袒，露臂也。爲劉氏左袒！」軍中皆左袒。然尚有南軍，平乃召朱虛侯章佐勃。勃令章監軍門，令窋告衞尉：「毋入產殿門！」產欲入宮爲亂，至殿門，弗得入，徘徊往來。

劉章殺呂產

勃尚恐不勝，未敢公言誅之，乃謂章曰：「急入宮衞帝！」予卒千餘人，入宮門，擊產殺之。帝遣謁者持節勞章，章欲奪其節，不得，則從與載，就謁者同車共載。因節信馳斬長樂衞尉呂更始。長樂，宮名。還報勃，勃起拜賀。遂遣人分部悉捕諸呂男女，無少長皆斬之，而廢魯王張偃。遣章告齊王罷兵，灌嬰兵亦罷歸。

諸大臣迎立代王恒

綱 諸大臣迎立代王恒。（代國都桑乾縣，在今河北蔚縣東北。）後九月，至，即位。誅呂后所名孝惠子弘等。赦。

目 諸大臣謀曰：「少帝及諸王，皆非眞孝惠子也；呂后詐名他人子而立之，以彊呂氏。即長用事，吾屬無類矣！」或言：「齊王，高帝長孫，可立。」大臣皆曰：「呂氏幾危宗廟。

今齊王舅駟鈞，虎而冠，卽立齊王，復爲呂氏矣。代王，高帝子，最長，仁孝寬厚；太后家薄氏，謹良。」乃召代王。

代郎中令張武等曰：「漢大臣習兵，多詐。願稱疾毋往，以觀其變。」中尉宋昌曰：「秦失其政，豪傑並起，卒踐天子之位者，劉氏也；天下絕望，一矣。高帝封王子弟地，犬牙相制，其境土交接，若犬牙不正相當而相銜入也。此所謂磐石之安也；磐，大石也。荀子：「國安于磐石。」天下服其彊，二矣。除秦苛政，約法令，施德惠，人人自安，難動搖，三矣。夫以呂太后之嚴，立三王，擅權制；然而太尉以一節入北軍，一呼士皆左袒。此乃天授，非人力也。今大臣雖欲爲變，百姓弗爲使，故因天下之心，而欲迎立大王。大王勿疑也！」王乃命昌參乘，亦作「驂乘」。乘車之法：尊者居左，御者居中，又一人處其右，以備傾側，謂之驂乘。武等六人乘傳，詣長安，傳，驛車也。至渭橋，（秦渭橋，一名横橋，在今陝西咸陽市東。始皇時咸陽跨渭水南北，以此橋通兩岸宮殿。漢承秦，後改名中渭橋。）羣臣拜謁稱臣，王下車答拜。太尉勃進曰：「願請閒。」請空閒處語，不於衆中顯論也。昌曰：「所言公，公言之；所言私，王者無私。」勃乃跪上天子璽、符。王謝曰：「至邸而議之。」邸，舍也。漢制，凡郡國朝宿之舍在京師者，率名邸。

後九月晦，至邸。丞相平等皆再拜言曰：「願大王卽天子位！」王西鄉讓者三，南鄉讓者再，遂卽位。章弟東牟侯興居請除宮，除宮，漢書本紀作「淸宮」。乃與太僕滕公入宮，滕公，夏侯嬰。載少帝出。奉法駕迎帝，卽夕入未央宮。夜，拜宋昌爲衛將軍，鎭撫南、北軍；以張武

誅少帝

爲郎中令，行殿中。行，巡察也。有司分部誅少帝及諸王於邸。帝還至前殿，夜下詔書，赦天下。

太宗孝文皇帝 名恒，高帝中子，初封代王。惠帝無嗣，呂后崩，大臣迎立之。在位二十三年，壽四十六歲而崩。謚法：「慈惠愛人曰文。」漢興，掃除煩苛，與民休息。至於孝文，加之以恭儉，專務以德化民，是以海內富庶。興於禮義，斷獄數百，幾至刑措，至於制度、禮樂，則謙遜而未遑也。

陳平周勃爲左右相

綱 壬戌，太宗孝文皇帝元年，（前一七九）冬十月，以陳平爲左丞相，周勃爲右丞相，灌嬰爲太尉。論功，益戶有差。

目 陳平謝病，曰：「高祖時，勃功不如臣，及誅諸呂，臣功亦不如勃；願以右丞相讓勃。」從之。

袁盎論周勃

勃朝罷趨出，意得甚，上禮之恭，常目送之。郎中袁盎進曰：「丞相何如人也？」上曰：「社稷臣。」盎曰：「丞相功臣，非社稷臣。夫社稷臣，主在與在，主亡與亡。以身徇主，與之同存亡也。方呂氏時，劉氏不絕如帶。時丞相本兵柄，不能正。呂后崩，大臣共誅諸呂，丞相適會其成功。今丞相如有驕主色，而陛下謙讓；臣主失禮，竊爲陛下不取也！」後朝，上益莊，丞相益畏。

除收孥相坐律令

綱 十二月，除收孥相坐律令。孥，妻子也。收錄其妻子，沒爲官奴婢。

目 詔曰：「法者，治之正也。今犯法已論，論，議罪也。而使無罪之父母、妻子、同產坐之，同產，同所生也。及爲收孥，朕甚不取！其除收孥諸相坐律令！」

立皇太子

綱　春正月，立子啓爲皇太子。

立皇后竇氏

綱　三月，立竇氏爲皇后。

目　后，太子母也，故立之。后弟廣國與兄長君，厚賜田宅，家於長安。周勃、灌嬰等曰：「吾屬不死，命且懸此兩人。兩人所出微，不可不爲擇師傅、賓客。又復效呂氏，大事也！」於是乃選士之有節行者與居。兩人由此爲退讓君子，不敢以尊貴驕人。

振窮養老

綱　詔定振窮養老之令。

目　詔曰：「方春和時，草木羣生，皆有以自樂，而吾百姓鰥、寡、孤、獨，或阽於危亡，阽音店，近邊欲墮意。而莫之省憂。爲民父母，將何如？其議所以振貸之。」又曰：「老者非帛不煖，非肉不飽。今歲首，不時使人存問長老，又無布帛、酒肉之賜，將何以佐天下子孫孝養其親哉！具爲令。」有司請八十已上，月賜米、肉、酒；九十已上，加帛、絮。

綱　夏四月，齊、楚地震，山崩，大水潰出。

令四方毋來獻

綱　令四方毋來獻。

目　時有獻千里馬者。帝曰：「鸞旗在前，鸞亦作「鑾」。編以羽毛，列繫幢旁，載於車上，謂之鸞旗；車駕出，則陳於道而先行。屬車在後，屬，相連屬也。古者諸侯貳車九乘，秦滅九國，兼其車服，故大駕屬車八十一乘，法駕半之。吉行日五十里，吉行，巡行。師行三十里；師行，征伐。朕乘千里馬，獨先安之？」下詔曰：「朕不受獻也，其令四方毋復來獻！」

脩代來功

綱 封宋昌爲壯武侯。（壯武，漢膠東國縣，在今山東卽墨縣西。）

目 帝既施惠天下，諸侯、四夷，遠近驩洽；乃脩代來功，封宋昌爲壯武侯。

綱 秋八月，右丞相勃免。

目 帝益明習國家事。朝而問右丞相勃曰：「天下一歲決獄幾何？」勃謝不知。又問：「一歲錢穀出入幾何？」勃又謝不知；惶愧，汗出沾背。上問左丞相平。平曰：「有主者。陛下卽問決獄，責廷尉；廷，平也。治獄貴平，故曰廷尉。問錢穀，責治粟內史。」卽司農。上曰：「然則君所主者何事也？」平謝曰：「宰相者，上佐天子，理陰陽，順四時；下遂萬物之宜；外鎭撫四夷諸侯；內親附百姓，使卿大夫各得任其職焉。」帝乃稱善。勃大慙，乃謝病免，平專爲丞相。

南越稱臣奉貢

綱 遣大中大夫陸賈使南越，南越王佗稱臣奉貢。

目 初，隆慮侯竈擊南越，（隆慮卽今河南林縣。）隆慮侯周竈擊南越，見上高后七年九月綱。會暑溼，大役，不能踰嶺。（大庾嶺，在今廣東南雄縣北，江西大庾縣南。）趙佗因此以兵威、財物賂遺閩越、西甌、駱，閩，東越別名，春秋七閩地，戰國越人所居，故稱閩越，卽福建等地。（勾踐之後無諸自立於閩中，稱閩越王。）西甌，在今廣西鬱林、貴縣一帶。駱，一稱甌駱，古百越之一，在今越南民主共和國北部。）役屬焉，皆役屬於南越。東西萬餘里。乘黃屋左纛，天子車，翠羽蓋，以黃繒爲裏，是爲黃屋。纛音讀，以犛牛尾爲之，如斗，在乘輿車衡上左方注之，故曰左纛。稱制與中國侔。

文帝賜趙佗書

帝乃爲佗親冢在眞定者置守邑，（眞定國都眞定，在今河北正定縣南。）歲時奉祀；召其昆弟厚賜之。復使陸賈使南越，（賈前使南越見卷九高帝十一年「立故秦南海尉趙佗爲南粵王」目。）賜佗書曰：「朕，高皇帝側室之子也，棄外，奉北藩於代。孝惠皇帝卽世，高后自臨事，不幸有疾，諸呂爲變，賴功臣之力誅之。朕以王、侯、吏不釋之故，不得不立。乃者，猶言彼時。聞王遺將軍隆慮侯書，求親昆弟，請罷長沙兩將軍。朕以王書，罷將軍博陽侯。親昆弟在眞定者，已遣人存問，脩治先人冢。前日聞王發兵於邊，爲寇不止，長沙苦之；雖王之國，庸獨利乎？必多殺士卒，傷良將吏，寡人之妻，孤人之子，獨人父母；得一亡十，朕不忍爲也。雖然，王之號爲帝。兩帝並立，亡一乘之使以通其道，亡同無。是爭也；爭而不讓，仁者不爲也。願與王分棄前惡，終今以來，通使如故。」

趙佗報文帝書

賈至南越，佗恐，頓首謝罪，願奉明詔，長爲藩臣，奉貢職。下令國中曰：「兩雄不俱立，兩賢不並世。漢皇帝，賢天子，今去帝制、黃屋、左纛。」因爲書，稱「蠻夷大長老夫臣佗，大長猶言酋長。昧死再拜上書皇帝陛下：老夫，故越吏也，高皇帝幸賜臣佗璽，以爲南越王。孝惠皇帝義不忍絕，所賜老夫者甚厚。高后用事，別異蠻夷，出令曰：『毋與蠻夷越金鐵、田器、馬、牛、羊；卽予，予牡，毋予牝。』老夫處僻，馬、牛、羊齒已長。自以祭祀不脩，有死罪，使內史藩、中尉高、御史平，凡三輩上書謝過，皆不反。又風聞父母墳墓已壞削，兄弟宗族已誅論。論，議法也。吏相與議曰：『今內不得振於漢，外無以自高異。』故更號爲帝，自帝其國，非敢有害於天下。高皇后聞之，大怒，削去南越之籍，使使不通。老夫竊疑長沙王讒臣，故發兵以伐其邊。老夫處越四十九年，於今抱孫焉。然夙興夜寐，寢不安席，食不甘味者，以不得事漢也。今陛下幸憐，復故號，通使漢如故，老夫死，骨不腐矣。」

召吳公爲廷尉

綱 召河南守吳公爲廷尉。（河南郡治雒陽，即今河南洛陽市。）吳公，史失其名。以賈誼爲大中大夫。

吳公薦賈誼

目 上聞河南守吳公治平，政治均平。爲天下第一，召以爲廷尉。吳公薦洛陽人賈誼，（洛陽，今河南洛陽市。）帝召以爲博士，時年二十餘。一歲中，超遷至大中大夫。請改正朔，易服色，定官名，興禮樂，以立漢制，更秦法；帝謙讓未遑也。

陳平卒

綱 癸亥，二年，（前一七八）冬十月，丞相、曲逆侯陳平卒。諡曰獻。

綱 十一月，以周勃爲丞相。

詔舉賢良方正能直言極諫者

綱 是月，晦，日食，詔舉賢良方正能直言極諫者。

目 潁陰侯騎賈山上書曰：潁陰侯，灌嬰。騎，騎郎。（潁陰縣，即今河南許昌市。）「臣聞雷霆之所擊，無不摧折者；萬鈞之所壓，無不糜滅者。糜，爛也。今人主之威，非特雷霆也；勢重，非特萬鈞也。開道而求諫，和顏色而受之，用其言而顯其身，士猶恐懼而不敢自盡，而況於縱欲、恣暴，惡聞其過乎！昔者周蓋千八百國，以九州之民，養千八百國之君，君有餘財，民有餘力，而頌聲作。秦皇帝以千八百國之民自養，力罷不能勝其役，財盡不能勝其求，身死纔數月耳，天下四面而攻之，宗廟滅絕矣。秦皇帝居滅絕之中，而不自知者，何也？亡養老之義，亡輔弼之臣，退誹謗之人，殺直諫之士，是以天下已潰而莫之告也。今陛下使天下舉賢良方正之士，天下之士，莫不精白以承休德；乃直與之馳驅射獵，一日再三出，臣恐朝廷之懈弛也。陛下節用愛民，平獄緩刑，天下莫不說喜。臣聞山東吏布詔令，民雖老羸癃疾，扶杖而往聽之，願少須臾毋死，思見德化之成也。今功業方就，名聞方昭，豪俊之臣，方正之士，直與之日日獵射，擊兔、伐狐，以傷大業，絕天下之望，臣竊悼之！夫士，脩之於家而壞之於天子之庭，臣竊愍之。陛下與衆臣宴游，與大臣、方正朝廷論議，游不失樂，朝不失禮，議不失計，軌事之大者也。」軌，法度也。上嘉納其言。

止輦受言

上每朝，郎、從官上書疏，未嘗不止輦受其言。言不可用置之，言可用采之，未嘗不稱善。

袁盎諫馳峻阪

帝從霸陵上，霸陵，城名，本秦穆公所築，漢文帝置墓陵於此，因置霸陵縣。（霸陵，本秦芷陽縣，在今陝西西安市東北。）欲西馳下峻阪。中郎將袁盎騎，並車擥轡。並音傍，依也。擥同攬。盎騎依並帝車，攬持其轡，不容馳下。上曰：「將軍怯邪？」盎曰：「臣聞『千金之子，坐不垂堂。』聖主不乘危，不儌幸。今陛下騁六飛，天子五路駕六馬，六馬之疾若飛，故曰六飛。史記（袁盎傳）作「六騑」。馳下峻山，有如馬驚車敗，陛下縱自輕，奈高廟、太后何！」上乃止。

袁盎引卻慎夫人坐

親耕藉田

賈誼說上積貯

上所幸慎夫人，在禁中常與皇后同席坐。及幸上林，苑名。布席，盎引卻慎夫人坐。夫人怒，上亦怒。盎因前說曰：「臣聞尊卑有序，則上下和。今已立后，夫人乃妾；妾、主豈可與同坐哉！且陛下獨不見『人彘』乎？」上說，語夫人，賜盎金五十斤。

綱 春正月，親耕藉田。

目 賈誼說上曰：「一夫不耕，或受之飢；一女不織，或受之寒。生之有時，而用之亡度，則物力必屈。古之治天下，至纖，至悉，故其畜積足恃。今背本而趨末者甚衆，淫侈之俗，日日以長，天下財產，何得不蹷！蹷，竭也。卽不幸有方二三千里之旱，國胡以相恤？卒然邊境有急，卒音猝。數十百萬之衆，國胡以餽之？夫積貯者，天下之大命也。苟粟多而財有餘，何爲而不成！以攻則取，以守則固，以戰則勝，懷敵附遠，何招而不至！今敺民而歸之農，皆著於本，著，附也。使天下各食其力，末技、游食之民轉而緣南畝，緣，循也。則畜積足而人樂其所矣。」上感誼言，詔曰：「夫農者，天下之本也。其開藉田，朕親率耕，以給宗廟粢盛。」古者天子耕藉田千畝，爲天下先。藉，蹈藉也，言親自蹈履於田而耕之。天子三推，三公五推，卿大夫九推，庶人受以終畝。

綱 三月，立趙幽王子辟彊爲河閒王，幽王卽趙王友，爲呂后所殺。（河閒國都樂成縣，在今河北獻縣東南。）朱虛侯章爲城陽王，（城陽國都莒縣，今山東莒縣。）東牟侯興居爲濟北王，（濟北國都盧縣，在今山東長清縣南。）子武爲代王，（代國都桑乾縣，在今河北蔚縣東北。）參爲太原王，（太原國都晉陽，卽今山西太原市。）揖爲梁王。（梁國治碭縣，在今安徽碭山縣南。）

目 有司請立皇子爲諸侯王。詔先立河間、城陽、濟北王，然後立皇子。有司請王諸子，先詔諸兄之無後者而立之。

除誹謗妖言法

綱 夏五月，除誹謗、妖言法。

目 詔曰：「古之治天下，朝有進善之旌，旌，旛也，堯設之五達之道，令民進善者，立於旌下言之。誹謗之木，堯立誹謗之木，慮政有闕失，使言事者書之於木。所以通治道而來諫者也。今法有誹謗、妖言之罪，是使衆臣不敢盡情，而上無由聞過失也，將何以來遠方之賢良！其除之！」

賜天下今年田租之半

綱 秋九月，賜天下今年田租之半。

目 詔曰：「農，天下之大本也，民所恃以生也。而民或不務本而事末，故生不遂，朕今親率羣臣農以勸之。其賜天下民今年田租之半。」

綱 甲子，三年，（前一七七）冬十月晦，日食。十一月晦，又食。

綱 丞相絳侯勃免就國。（絳即春秋晉新田，漢置絳縣，在今山西侯馬市東北。）

灌嬰相

綱 以灌嬰爲丞相。罷太尉官。

綱 淮南王長來朝，（淮南國都壽春邑，今安徽壽縣。）殺辟陽侯審食其。（辟陽，在今河北衡水縣西。）

目 初，趙王敖獻美人於高祖，得幸，有娠。娠，懷孕也。及貫高事發，美人亦坐繫。美人弟因審食其言呂后；呂后妒，弗肯白。美人已生子，恚，恚，恨怒也。即自殺。吏奉其子詣

擊匈奴

濟北王反

以張釋之爲廷尉

上，上悔之，封以爲淮南王。

王蚤失母，附呂后，故呂后時得無患。而常怨食其，以爲不彊爭之，使其母恨而死也。及上卽位，驕蹇不奉法；上常寬假之。是歲入朝，往見食其，自袖鐵椎椎殺之，馳走闕下，肉袒謝罪。帝傷其志爲親，故赦弗治。以此歸國益驕恣，警蹕稱制，擬於天子。袁盎諫曰：「諸侯太驕，必生患。」上不聽。

綱 夏五月，匈奴入寇。帝如甘泉，（甘泉，山名，一名石鼓原，又名車箱嶺，在今陝西三原縣西北。）遣丞相嬰將兵擊走之；遂如太原。（今山西太原市。）濟北王興居反，遣大將軍柴武擊之。秋七月，還宮。八月，興居兵敗自殺。

目 初誅諸呂，朱虛侯功尤大，大臣許以趙王章，以梁王興居。章弟。帝聞其初欲立齊王，故絀其功，絀同黜。割齊二郡以王之。城陽、濟北。興居自以失職奪功，頗怏怏；聞帝幸太原，以爲天子且自擊胡，遂發兵反。帝遣柴武擊之，濟北王興居兵敗自殺。

綱 以張釋之爲廷尉。

目 釋之初爲騎郎，十年不得調。調，陞也。袁盎薦之爲謁者。掌賓贊受事之官。朝畢，因前奏事。上曰：「卑之毋甚高論，令今可行也。」釋之乃言秦、漢閒得失。上說，拜謁者僕射。射音夜。（後漢書百官志：「謁者僕射一人。」（僕射，見卷八秦始皇三十四年「僕射周靑臣」注。）從行，從上行也。登虎圈。圈，養獸閑也。虎圈，在上林苑中。圈之上有樓觀，故曰登。（虎圈，故址在今陝西西安市西北。）上問上林尉諸禽獸簿，尉不能對。虎圈嗇夫從旁代尉對，嗇夫，掌聽訟於虎圈者。甚悉，欲以觀其能。觀，示也。口對響應，無窮者。帝曰：「吏不當若是邪！」詔釋之拜嗇夫爲上林令。釋之曰：「陛下以周勃、張相如何如人也？」上曰：「長者。」釋之曰：「此兩人言事曾不能出口，豈效此嗇夫喋喋利口捷給哉！喋喋，多言貌。以嗇夫口辯而超遷之，臣恐天下隨風而靡，靡，相順從也。爭爲口辯而無其實。舉錯不可不審也！」帝曰：「善。」就車，召使參乘。徐行，問秦之敝。拜公車令。（後漢書）百官志：「公車司馬令一人，掌宮南闕門，凡吏民上章，四方貢獻，及徵舉對策者。」

張釋之劾太子梁王

頃之，太子與梁王共車入朝，不下司馬門。天子門有司馬主武事，故名。釋之追止之，劾不敬。劾，彈也。薄太后聞之；帝免冠，謝教兒子不謹。后乃使使承詔赦太子、梁王，然後得入。帝由是奇釋之，拜爲中大夫；是歲爲廷尉。

上行出中渭橋，（卽秦渭橋，在今陝西咸陽市東。）有一人從橋下走，乘輿馬驚；捕屬廷尉。釋之奏：「犯蹕，天子入則言蹕，止行人也。當罰金。」上怒，釋之曰：「法者，天子所與天下公共也。今法如是，更重之，是法不信於民也。且方其時，上使使誅之則已。今已下廷尉；廷尉，天下之平也，平其不平曰平。壹傾，一傾側不平。天下用法皆爲之輕重，民安所措其手足！」上曰：「廷尉言是也。」

其後人有盜高廟坐前玉環，得，下廷尉治。釋之奏當：「棄市。」殺人曰棄市。王制：「刑人於

張蒼相

以賈誼爲長沙王太傅

市，與衆棄之。」上大怒曰：「人無道，乃盜先帝器！吾欲致之族，而君以法奏之，非吾所以共承宗廟意也。」共同恭。釋之免冠，頓首謝曰：「法如是，足也。今盜宗廟器而族之，假令愚民取長陵一抔土，抔，以手掬之也。不敢斥言毀撤山陵，故以取土爲譬。（長陵高帝陵，在今陝西咸陽市東。）陛下且何以加其法乎？」帝乃白太后許之。

綱 乙丑，四年，（前一七六）冬十二月，丞相嬰卒，以張蒼爲丞相。

目 蒼好書，博聞，尤邃律歷。邃，深也。律，候氣之管。歷，算數也，所以紀歲月日時分數。

綱 召河東守季布，（河東郡治安邑縣，在今山西運城縣東北。）至，罷歸郡。

目 上召河東守季布，欲以爲御史大夫。有言其使酒難近者；至，留邸一月，見罷。布因進曰：「臣待罪河東，陛下無故召臣，此人必有以臣欺陛下者。今臣至，無所受事，罷去，此人必有毀臣者。夫以一人之譽而召臣，以一人之毀而去臣，臣恐天下有以闚陛下之淺深也！」上良久曰：「河東，吾股肱郡，故特召君爾。」

綱 以賈誼爲長沙王太傅。

目 上議以賈誼任公卿之位。大臣多短之曰：「年少初學，專欲擅權，紛亂諸事。」上於是疏之，不用其議，以爲長沙王太傅。

後帝思誼，召至。入見，上方受釐，釐同禧，祭祀福胙也。坐宣室，未央宮前殿正室也，齋則居之。因感鬼神事，而問鬼神之本。誼具道所以然之故；至夜半，帝前席。既罷，曰：「吾久不見賈生，自以爲過之，今不及也。」

綱　下絳侯周勃廷尉獄，既而赦之。

目　周勃既就國，每河東守、尉行縣至絳，守，郡守。尉，郡丞。行，巡察也。勃恐誅，常被甲，令家人持兵以見之。人有告勃欲反，下廷尉逮治。薄太后謂帝曰：「絳侯始誅諸呂，綰皇帝璽，綰，繫也。居北軍，不以此時反，今居一小縣，顧欲反邪！」帝乃使使持節赦之，復爵邑。勃既出，曰：「吾嘗將百萬軍，然安知獄吏之貴乎！」

綱　丙寅，五年，（前一七五）春二月，地震。

造四銖錢除盜鑄令

綱　夏四月，更造四銖錢，除盜鑄令。

目　初，秦用半兩錢，高祖嫌其重，更鑄莢錢。民間名曰榆莢錢，言如榆莢之薄，即五分錢也。於是物價騰踴，米石萬錢。至是更造四銖錢，除盜鑄錢令。

賈誼賈山諫除盜鑄令

賈誼諫曰：「法使天下公得鑄錢，敢雜以鉛、鐵者，其罪黥。黥，墨刑，在面。然鑄錢非殽雜爲巧，殽同淆。則不可得贏；贏，餘利也。而殽之甚微，爲利甚厚。夫事有召禍而法有起姦；今令細民人操造幣之勢，各隱屏而鑄作，隱屏，隱身屏跡。因欲禁其厚利微姦，雖黥罪日報，其勢不止。不如收之。」收銅於官，而官自鑄。賈山亦諫，以爲：「錢者，無用器也，而可以易富貴。富貴者，人主之操柄也。令民爲之，是與人主共操柄，不可長也。」皆不聽。

寵幸鄧通

時大中大夫鄧通方寵幸，上欲其富，賜之蜀嚴道銅山，（嚴道，在今四川雅安市西。銅山，在今四川榮經縣北。）使鑄錢。吳王濞有豫章銅山，（豫章郡治南昌，今江西南昌市。銅山，在今浙江安吉縣東，一名鄣山，一名銅峴山。）招致天下亡命者以鑄錢，命，名也。脫其名籍而逃亡。東煮海水爲鹽，以故無賦，不賦於民。而國用饒足。以是吳、鄧錢布天下。

【綱】徙代王武爲淮陽王。（淮陽國都陳縣，即今河南淮陽縣。）

【綱】丁卯，六年，（前一七四）冬十月，桃、李華。

淮南王反徙蜀死

【綱】淮南王長謀反，（淮南國都壽春邑，即今安徽壽縣。）廢徙蜀，道死。

【目】淮南王長謀反，事覺，召至長安。赦，徙處蜀。袁盎諫曰：「上素驕淮南王，弗爲置嚴傅、相，以故至此。今暴摧折之，臣恐卒逢霧露病死，陛下有殺弟之名，奈何？」上曰：「吾特苦之爾！」王果憤恚不食死。上聞，哭甚悲，謚曰厲王。

以賈誼爲梁王太傅

【綱】以賈誼爲梁王太傅。

賈誼上疏

【目】誼上疏曰：「臣竊惟今之事勢，可爲痛哭者一，言諸侯強大，反側難制。可爲流涕者二，一言朝廷奉蠻夷，輕重倒置；二言玩細娛，不圖大患。可爲長太息者六。一言服用奢僭，二言俗吏不知大體，三言經制不定，四言當輔導太子，五言當審定取舍，六言當優禮大臣。進言者皆曰：『天下已安已治矣。』臣獨以爲未也。夫抱火厝之積薪之下而寢其上，厝同措。火未及然，因謂之安；方今之勢，何以異此！

夫樹國固必相疑之勢，立國險固，諸侯強大，則必與天子有相疑之勢。甚非所以安上而全下也。

今或親弟謀爲東帝；淮南王長。親兄之子西鄉而擊；齊悼惠王子濟北王興居。鄉同向。今吳又見告矣。吳王濞不遵漢法，有告之者。天子春秋鼎盛，鼎，方也。行義未過，德澤有加焉，猶尙如是；況莫大諸侯，權力且十此者乎！屠牛坦一朝解十二牛，而芒刃不鈍者，其排擊剝割，皆衆理解也；解，支節。至於髖髀之所，髖音寬，髀音彼，股骨。非斤則斧。夫仁義恩厚，人主之芒刃也；權勢法制，人主之斧斤也。今諸侯王皆衆髖髀也，釋斧斤之用，而欲嬰以芒刃，嬰，觸也。臣以爲不缺則折。欲天下之治安，莫若衆建諸侯而少其力。力少則易使以義，國小則亡邪心。令海內之勢，如身之使臂，臂之使指，莫不制從，下無倍畔之心，倍同背，畔同叛。上無誅伐之志，法立而不犯，令行而不逆，臥赤子天下之上而安，赤子，幼君也。植遺腹，植，立也。遺腹，君未生者。朝委裘，以君所服之裘，委之於位，受羣臣之朝也。而天下不亂。陛下誰憚而久不爲此！

天下之勢方病大瘇，瘇同腫。一脛之大幾如要，要同腰。一指之大幾如股，平居不可屈伸。失今不治，必爲錮疾，後雖有扁鵲，扁鵲，春秋時良醫也。姓秦名越人，與黃帝時扁鵲相類，故仍號扁鵲。不能爲已。可痛哭者，此病是也！

天下之勢方倒縣。縣同懸。天子者，天下之首也；蠻夷者，天下之足也。今匈奴慢侮侵掠，而漢歲致金、絮、采、繒以奉之。足反居上，首顧居下，倒縣如此，莫之能解，猶謂國有人乎？可爲流涕者此也！今不獵猛獸而獵田彘，不搏反寇而搏畜菟，楚人謂虎爲於菟。翫細娛而不圖大患，翫同玩。德可遠施，威可遠加，而直數百里外，威令不伸，可爲流涕者此也！今帝之身自衣皁綈，皁，黑色。綈，厚繒。而富民牆屋被文繡；天子之后以緣其領，庶人孼妾以緣其履：此臣所謂舛也。夫百人作之，不能衣一人，欲天下亡寒，胡可得也。一人耕之，十人聚而食之，欲天下亡飢，不可得也。飢寒切於民之肌膚，欲其亡爲姦邪，不可得也。可爲長太息者此也！

商君遺禮義，棄仁恩，并心於進取；行之二歲，秦俗日敗。故家富子壯則出分，家貧子壯則出贅；贅音醊，瘤也。男附女家，謂之贅壻，言猶人身之有贅瘤也。借父耰鉏，慮有德色；慮，疑也。母取箕箒，立而誶語；責誚也。抱哺其子，口飼曰哺。與公併倨；對敵而相拒也。婦姑不相說，則反脣而相稽；相與計較也。其慈子、嗜利，不同禽獸者亡幾矣。今其遺風餘俗，猶尚未改，棄禮義，捐廉恥日甚，月異而歲不同矣，今其甚者殺父兄矣。而大臣特以簿書不報期會之閒，以爲大故，至於俗流失，世壞敗，因恬而不知怪，以爲是適然爾。夫移風易俗，使天下回心鄉道，類非俗吏之所能爲也。筦子曰：筦同管。管仲著書名管子。『禮、義、廉、恥，是謂四維。四維不張，國乃滅亡。』是豈可不爲寒心哉！豈如今定經制，經制，常法也。令君君、臣臣，上下有差，父子六親，各得其宜。此業一定，世世常安，而後有所持循矣。若夫經制不定，是猶渡江、河，亡維楫，維以繫舟，楫以進舟。中流而遇風波，船必覆矣。可爲長太息者此也！

夏、殷、周爲天子，皆數十世；秦爲天子，二世而亡。人性不甚相遠也，何三代之君有道之長，而秦無道之暴也？古之王者，太子乃生，乃，始也。固舉以禮，有司齋肅端冕，見之南郊，以太子見於天也。過闕則下，過廟則趨，故自爲赤子而教固已行矣。孩提有識，三公、三少，三公，太師、太傅、太保。三少，少師、少傅、少保。明孝仁禮義，以道習之，逐去邪人，不使見惡行，選天下之端士有道術者，使與居處，故太子乃生而見正事，聞正言，行正道，左右前後皆正人也。夫三代之所以長久者，以其輔翼太子有此具也。秦使趙高傅胡亥，而教之獄，所習者非斬、劓人，劓，割鼻之刑。則夷人之三族也。故今日卽位，而明日射人，忠諫者謂之誹謗，深計者謂之妖言，其視殺人，若艾草菅然。艾同刈。菅，似茅而滑澤。豈惟胡亥之性惡哉？彼其所以道之者非其理故也。鄙諺曰：『前車覆，後車誡。』天下之命，縣於太子，太子之善，在於蚤諭教與選左右。夫心未濫而先諭教，則化易成也；教得而左右正，則太子正，而天下定矣。

凡人之智，能見已然，不能見將然。夫禮者禁於將然之前，而法者禁於已然之後，是故法之所爲用易見，而禮之所爲用難知也。若夫慶賞以勸善，刑罰以懲惡，先王執此之政，堅如金石；行此之令，信如四時；據此之公，無私如天地；豈顧不用哉？然而曰禮云、禮云者，貴絕惡於未萌而起教於微眇，使民日遷善、遠罪而不自知也。爲人主計者，莫如先審取舍，取舍之極定於內，而安危之萌應於外矣。夫人之置器，置諸安處則安，置諸危處則危。天下，大器也，在天子之所置之。湯、武置天下於仁、義、禮、樂，累子孫數十世，此天下所共聞也。秦王置天下於法令刑罰，禍幾及身，子孫誅絕，此天下所共見也。今或言禮義之不如法令，教化之不如刑罰，人主胡不引殷、周、秦事以觀之也！人主之尊，譬如堂，羣臣如陛，衆庶如地。此言高卑有等也。陛，升堂之階級也。故陛九級上，廉遠地，則堂高；陛無級，廉近地，則堂卑。此言陛高堂亦高，陛卑堂亦卑也。廉，堂隅也。高者難攀，卑者易陵，理勢然也。故古者聖王制爲等列，內有公、卿、大夫、士，外有公、侯、伯、子、男，然後有官師、小吏，延及庶人，等級分明，而天子加焉，故其尊不可及也。

諺曰：『欲投鼠而忌器。』此善喩也。鼠近於器尙憚不投，恐傷其器，況於貴臣之近主乎！廉恥節禮以治君子，故有賜死而亡戮辱，是以黥劓之罪不及大夫，以其離主上不遠也。臣聞之：履雖鮮不加於枕，鮮，新也。冠雖敝不以苴履。苴音疽，藉也。夫已嘗在貴寵之位，天子改容而禮貌之矣，吏民嘗俯伏以敬畏之矣；今而有過，帝令廢之可也，退之可也，賜之死可也，滅之可也；若夫束縛之，繫緤之，緤同紲，音屑。輸之司寇，編之徒官，小吏詈罵而搒笞之，搒亦笞也。殆非所以令衆庶見也。古者大臣有坐不廉而廢者，曰『簠簋不飾』；簠、簋，音撫、癸，皆禮器，飾整齊也。坐汙穢淫亂者，曰『帷薄不脩』；薄同箔，簾也。卿大夫帷，士以簾，所以自障蔽。坐罷軟不勝任者，罷同疲。曰『下官不職』。以上三句見大戴禮及孔子家語。故貴大臣定有罪矣，猶未斥然正以呼之也，尙遷就而爲之諱也。其在大譴、大呵之域者，譴，責也。呵，問也。則白冠氂纓，氂，犛牛尾。纓，喪服用氂爲纓以飾冠。盤水加劍，凡殺牲以盤水取頸血，以示亦若此。造請室而請罪爾，請室，請罪之室。不執縛繫引而行也。其有中罪者，聞命而自弛，弛，廢也，自廢而死。上不使人頸盭而加也。盭音戾，綠色綬也。言不使人以綬加於頸。其有大罪者，北面再拜，跪而自裁；上不使人捽抑而刑之也。捽，持頭髮也。抑，按之也。曰：『子大夫自有過爾，吾遇子有禮矣。』遇之有禮，故羣臣自憙；憙音喜，好爲志氣也。嬰以廉恥，嬰，加也。故人矜節行。化成俗定，則爲人臣者皆顧行而忘利，守節而仗義，故可以託不御之權，可以寄六尺之孤，此厲廉恥、行禮誼之所致也，主上何喪焉！此之不爲，而顧彼之久行，言何所喪失，而不爲此投鼠忌器之法，而反久行彼陛無級之事乎？故曰可爲長太息者此也。」

上深納其言，養臣下有節。是後大臣有罪，皆自殺，不受刑。按史記賈誼傳，爲梁王太傅，王墜馬死，誼自傷爲傅無狀，常哭泣，後歲餘亦死。

薄昭自殺

綱鑑易知錄卷十二

漢紀

太宗孝文皇帝

綱 戊辰，七年，（前一七三）六月，未央宮東闕罘罳災。（未央宮，故址在今陝西西安市西北長安故城中。）罘罳音浮司，即今之亮隔，蓋宮殿簷戶閒也。罘，浮；罳，絲也；謂織絲之文，輕疎浮虛貌。

綱 己巳，八年，（前一七二）夏，封淮南厲王子四人爲列侯。（淮南厲王四子，子安爲阜陵侯，子勃爲安陽侯，子賜爲周陽侯，子良爲東成侯。）

目 民有歌淮南王者曰：「一尺布，尙可縫；一斗粟，尙可舂；兄弟二人不相容！」帝聞而病之。封王子安等四人爲列侯。

綱 長星出東方。

綱 辛未，十年，（前一七〇）冬，將軍薄昭有罪，薄昭，太后弟。自殺。

目 薄昭殺漢使者，帝不忍加誅，使公、卿從之飲酒，欲令自引分。分，斷也。昭不肯，使羣臣喪服往哭之，乃自殺。

綱 壬申，十一年，（前一六九）夏，梁王揖卒，徙淮陽王武爲梁王。

目　梁懷王薨，無子。徙淮陽王武爲梁王。（梁即大梁，今河南開封市。）後歲餘，賈誼亦死；死時年三十三矣。

鼂錯言邊事

綱　匈奴寇狄道。（在今甘肅臨洮縣西南。）

目　時匈奴數爲邊患，太子家令鼂錯言曰：「兵法曰：『有必勝之將，無必勝之民。』由此觀之，安邊境，立功名，在於良將，不可不擇也。臣又聞用兵之急者有三：一曰得地形；二曰卒服習；三曰器用利。故器械不利，以其卒予敵也；卒不可用，以其將予敵也；將不知兵，以其主予敵也；君不擇將，以其國予敵也。四者，兵之至要也。臣又聞以蠻夷攻蠻夷，中國之形也。今匈奴地形、技藝，與中國異。上下山阪，出入溪澗，險道傾仄，且馳且射，風雨罷勞，飢渴不困，此匈奴之長技也。若夫平原易地，輕車突騎，勁弩長戟，射疏及遠，下馬地鬭，劍戟相接，此中國之長技也。帝王之道，出於萬全。今降胡、義渠，春秋時戎國，秦昭王滅之，置義渠縣。來歸義者，長技與匈奴同，可賜之堅甲利兵，益以邊郡之良騎，平地通道，則以輕車、材官制之；材官，有材多力之士。兩軍相爲表裏，而各用其長技，此萬全之術也。」帝嘉之，賜書寵答焉。錯爲人峭直刻深，以其辯得幸太子，號曰「智囊」。

募民徙塞下

綱　募民徙塞下。

目　鼂錯又言曰：「胡人擾亂邊境，備塞卒少則入。不救，則邊民絕望而降敵；救之，纔到則胡又已去。聚而不罷，爲費甚大；罷之，則胡復入。如此連年，則中國貧苦，而民不安矣。陛下幸憂邊境，發卒治塞，甚大惠也。然令遠方之卒，守塞一歲而更，不知胡人之能。不如選常居者，先爲室屋，具田器，乃募民，募，招集也。免罪，拜爵，復其家，復除其賦役。予冬夏衣、廩食。胡人入驅，而能止其所驅者，止，獲也。以其半予之，如是則邑里相救助，赴胡不避死。其與東方之戍卒，不習地勢而心畏胡者，功相萬也。」上從其言，募民徙塞下。

河決酸棗

綱 癸酉，十二年，（前一六八）冬十二月，河決酸棗，（在今河南延津縣北，即春秋鄭酸棗邑。）東潰金隄；（一名千里隄，在今河南濬縣西南及滑縣東。）興卒塞之。

除關無用傳

綱 春三月，除關，無用傳。傳，信也，兩行書繒帛，分持其一，出入關合之，乃得過，謂之傳。今除去關，出入無禁，不用傳也。

入粟拜爵免罪

綱 詔民入粟邊，得拜爵、免罪。賜農民今年半租。

目 鼂錯言曰：「聖王在上而民不凍飢者，非能耕而食之，織而衣之也，爲開其資財之道也。今海內爲一，無有水旱之災，而畜積未及者，何也？地有遺利，民有餘力，生穀之土未盡墾，山澤之利未盡出，游食之民未盡歸農也。夫腹飢不得食，膚寒不得衣，雖慈母不能保其子，君安能以有其民哉！夫珠、玉、金、銀，飢不可食，寒不可衣；粟、米、布、帛，一日弗得，而飢寒至。是故明君貴五穀而賤金玉。方今之務，莫若使民務農而已矣。欲民務農，在於貴粟。今募天下入粟縣官，不敢指斥天子，故稱縣官。得以拜爵、除罪，則富人有爵，農民有錢，粟有所渫。渫音屑，散也。而貧民之賦可損，所謂損有餘，補不足，令出而民利者也。

爵者，上之所擅，出於口而無窮；粟者，民之所種，生於地而不乏。使人入粟於邊，以受爵、免罪，不過三歲，塞下之粟必多矣。」帝從之。錯復言：「邊食足以支五歲，可令入粟郡縣；郡縣足支一歲，可時赦，勿收農民租。如此，德澤加於萬民，民愈勸農，大富樂矣。」詔賜農民今年租稅之半。

親耕桑

【綱】甲戌，十三年，(前一六七)春二月，詔具親耕、桑禮儀。

【目】詔曰：「朕親耕以供粢盛，皇后親桑以奉祭服；其具禮儀。」

除祕祝

【綱】夏，除祕祝。祕，密也。

【目】初，秦時祝官有祕祝，卽有災祥，祥，變異之氣。輒移過於下。至是詔曰：「禍自怨起，福由德興，百官之非，宜由朕躬。今祕祝之官，移過於下，朕甚不取。其除之！」

除肉刑

【綱】五月，除肉刑。

【目】齊太倉令淳于意有罪，上供曰太倉。淳于，複姓。當刑，刑，肉刑也，斷趾、黥、劓之屬。其少女緹縈上書曰：「妾父爲吏，齊中皆稱其廉平，今坐法當刑。妾傷夫死者不可復生，刑者不可復屬，屬，續也。雖欲改過自新，其道無由。願沒入爲官婢，以贖父刑罪。」天子憐悲其意，詔「除肉刑，有以易之，具爲令！」當黥者鉗爲城旦、舂，當劓者笞三百，當斬趾者笞五百。

上既躬脩玄默，懲惡亡秦之政，論議務在寬厚，恥言人之過失；化行天下，告訐之俗易。吏安其官，民樂其業，畜積歲增，戶口寖息。風流篤厚，禁罔疏闊，罔同網，疏同疎。罪疑

除田之租稅

匈奴入寇

者予民，是以刑罰大省，至於斷獄四百，有刑錯之風焉。

綱 六月，除田之租稅。

目 詔曰：「農，天下之本，務莫大焉。今勤身從事而有租稅之賦，是爲本末者無以異也。本，農也。末，賈也。言農與賈，俱出租，無異也。其除之！」

綱 乙亥，十四年，（前一六六）冬，匈奴入寇；遣兵擊之，出塞而還。

目 匈奴十四萬騎，入朝那、蕭關。（朝那縣，在今甘肅平涼市西北，接寧夏回族自治區固原縣界。蕭關在今寧夏回族自治區固原縣東南，一名隴山關，又名隴阺。）上親勒兵，欲自征匈奴。羣臣諫，不聽，皇太后固要，上乃止。以張相如、欒布爲將軍，擊逐出塞而還。

綱 赦作徒魏尚復爲雲中守。（漢雲中郡治雲中縣，卽今內蒙古托克托縣。）

目 上輦過郎署，駕人以行曰輦。郎署，郎官府署。問郎署長馮唐曰：「父家安在？」對曰：「趙人。」上曰：「昔有爲我言趙將李齊之賢，戰於鉅鹿下。（鉅鹿，在今河北鉅鹿縣南。）今吾每飯，意未嘗不在鉅鹿也。」對曰：「尚不如廉頗、李牧之爲將也。」上拊髀曰：髀，股之外也。「嗟乎，吾獨不得頗、牧爲將耳！豈憂匈奴哉！」唐曰：「陛下雖得之，弗能用也。」上曰：「公何以知之？」對曰：「上古王者之遣將也，跪而推轂，天子親爲推其車轂。曰：『閫以內，閫，門限也。謂郭門內。寡人制之；閫以外，將軍制之。』軍功爵賞皆決於外，歸而奏之，此非虛言也。李牧爲趙將，軍市租，軍市，謂軍人貨易之地。市有稅，稅卽租也。皆自用饗士；賞賜不從中覆，不必覆奏朝廷。委任而責成功，故牧得盡其智能，而趙幾霸。今魏尚爲雲中守，其軍市租，盡以饗士卒，匈奴遠避，不近雲中之塞。虜嘗一入，尚擊之，所殺甚衆。上功幕府，（上功，上斬首捕虜之功。古者出征，以幕帳爲府署，故曰幕府。）一言不相應，（應音英。不相應，斬捕之數不合。）文吏以法繩之。且尚坐上功首虜差六級，（秦法：斬敵一首，拜爵一級，故因謂一首爲一級。）陛下下之吏，削其爵，罰作之。由此言之，陛下雖有頗、牧，弗能用也！」上說。是日，令唐持節赦魏尚，復以爲雲中守，而拜唐爲車騎都尉。

增諸祀壇場珪幣

綱　春，增諸祀壇場珪幣。（祭神之玉帛。）

目　詔廣增諸祀壇場珪幣，且曰：「先王遠施不求其報，望祀不祈其福，（祭其國中之山川曰望，謂不必至其處，但遙望其方而祭之。）右賢左戚，（先賢後親。）先民後己，至明之極也。今吾聞祠官祝釐，（祠官，攝行祀事者。釐同禧，福也。）皆歸福於朕躬，不爲百姓，朕甚愧之。其令祠官致敬，無有所祈！」

綱　丙子，十五年，（前一六五）春，黃龍見成紀。（漢成紀縣，在今甘肅秦安縣北。）

目　初，張蒼以漢得水德，魯人公孫臣以爲當土德，其應，黃龍見；蒼以爲非是，罷之。至是，帝召臣爲博士，與諸生申明土德，草改歷、服色事。（草，刱也。改，易也。歷，所以紀歲月日時。服，如王制虞深衣，夏燕衣，殷縞衣，周玄衣。色，如夏尚黑，殷尚白，周尚赤，秦尚黑。）蒼由此自絀。

綱　夏四月，帝如雍，（在今陝西鳳翔縣南。）始郊見五帝。

鼂錯爲中大夫

作渭陽五帝廟

剌六經作王制

立齊王子六人爲王

立淮南王子三人爲王

綱　秋九月，親策賢良能直言極諫者，以鼂錯爲中大夫。

目　錯以對策高第，擢爲中大夫。又言宜削諸侯及法令可更定者，書凡三十篇。上雖不盡聽，然奇其材。

綱　作渭陽五帝廟。（五帝，五天帝。廟在今陝西咸陽市東渭城。）

目　趙人新垣平言長安東北有神氣，成五采。乃作渭陽五帝廟。

綱　丁丑，十六年，（前一六四）夏四月，親祠之。以新垣平爲上大夫。

目　上郊祠渭陽五帝廟，貴平至上大夫。而使博士、諸生剌六經中作王制，（剌，采取也。所以述先王之制度，故名。）議巡狩、封禪事。

綱　分齊地，立悼惠王子六人爲王。

目　立悼惠王肥子將閭爲齊王，（齊國都臨淄，今山東益都縣西北。）志爲濟北王，（濟北國都盧縣，在今山東長清縣南。）賢爲菑川王，（菑川國都劇縣，在今山東壽光縣東南。）雄渠爲膠東王，（膠東國都卽墨縣，今山東卽墨縣。）卬爲膠西王，（膠西國都高密，今山東高密縣。）辟光爲濟南王。（濟南國都東平陵縣，今山東濟南市東。）

綱　分淮南地，立厲王子三人爲王。

目　安爲淮南王，勃爲衡山王，（衡山國都六縣，在今安徽六安縣北。）賜爲廬江王。（廬江國都舒縣，在今安徽廬江縣西。）

詔改元治汾陰廟

【綱】詔更以明年爲元年。治汾陰廟。（汾陰，在今山西萬榮縣西榮河鎮北。）

候日再中

【目】新垣平言：「闕下有寶玉氣。」而使人持玉杯詣闕獻之，刻曰「人主延壽」。又言：「候日再中。」候，推測也。日再中，日昃而復回午也。居頃之，日卻，卻，退也。復中。於是始更以十七年爲元年，令天下大酺。酺音蒲，布也。王者布德，大飲酒也。平言：「周鼎在泗水中。今河決，通於泗，而汾陰有金寶氣，意鼎出乎！」於是治廟汾陰，欲祠出鼎。

誅新垣平

【綱】戊寅，後元年，（前一六三）冬十月，新垣平伏誅。

【目】人有上書告平「所言皆詐也」，下吏治，誅夷平。

議佐百姓詔

【綱】詔議可以佐百姓者。

【目】詔御史曰：「閒者，閒，近也。數年不登，又有水旱、疾疫之災，朕甚憂之。意朕之政有所失，而行有過與？何以致此？夫度田非益寡，計民未加益，而食之甚不足者，毋乃百姓之從事於末以害農者蕃，爲酒醪以靡穀者多，醪音牢。靡，散也。六畜之食焉者衆與？六畜，牛、羊、馬、犬、豕、雞。其與丞相、列侯、吏二千石、博士議之；有可以佐百姓者，率意遠思，無有所隱！」

復與匈奴和親

【綱】己卯，二年，（前一六二）夏，復與匈奴和親。

【目】匈奴連歲入邊，殺略甚衆。上患之，乃遺匈奴書。單于亦使當戶報謝，單于猶言漢天子。匈奴官有左右大當戶。復和親。

申屠嘉相

綱 秋八月，丞相蒼免，以申屠嘉爲丞相。

目 張蒼免。帝以后弟廣國賢，后，竇氏。有行，欲相之，曰：「恐天下以吾私廣國，久念不可。」而申屠嘉故以材官蹶張從高帝，以足蹋弩張之曰蹶張。爲人廉直，門不受私謁，遂以爲丞相。

申屠嘉責鄧通

是時鄧通方愛幸。（鄧通見卷十一文帝五年「除盜鑄令」目。）嘉嘗入朝，通居上旁，怠慢。嘉奏事畢，因言曰：「陛下幸愛羣臣，卽富貴之；至於朝廷之禮，不可以不肅。」罷朝，嘉坐府中，爲檄召通：檄，文書。「不來，且斬！」通恐，言上；上曰：「汝第往。」通詣丞相，免冠徒跣，徒跣，赤足。頓首謝。嘉坐自如，責曰：「朝廷者，高帝之朝廷也。通小臣，戲殿上，大不敬，當斬。吏，今行斬之！」通頓首出血，不解。上度丞相已困通，使使持節召通，而謝丞相曰：「此吾弄臣，弄，戲也。君釋之！」通至，爲上泣曰：「丞相幾殺臣！」

匈奴寇上郡雲中

綱 癸未，六年，（前一五八）冬，匈奴寇上郡、雲中，（上郡治膚施縣，在今陝西綏德縣東南。）詔將軍周亞夫等屯兵以備之。周亞夫，周勃次子。

目 匈奴入上郡、雲中，殺略甚衆，烽火通於甘泉、長安。邊火曰烽，有急則於高處擧之以爲號。（甘泉，在今陝西三原縣西北。）遣將軍令免屯飛狐，（關名，太行八陘之一，亦名飛狐陘，今名黑石嶺，在今河北淶源縣北，接蔚縣界。）蘇意屯句注，（在今山西繁峙縣西北。）張武屯北地，（北地郡治馬嶺縣，在今甘肅寧縣西南。）周亞夫次細柳，次，凡師一宿爲舍，再宿爲信，過信爲次。（細柳，倉名，在今陝西咸陽市西南，當渭水北岸。）

用亞夫爲中尉　帝崩

劉禮次霸上，（霸上，地名，在今西安市東。）徐厲次棘門，（秦闕門，在渭水北岸，今陝西咸陽市東北。）以備胡。上自勞軍，至霸上及棘門軍，直馳入，將以下騎迎送。已而之細柳軍，軍士吏被甲，銳兵刃，彀弓弩持滿，彀，張也。持滿，引滿而不發。先驅至，先驅，前導也。不得入。曰：「天子且至！」軍門都尉曰：「將軍令曰：『軍中聞將軍令，不聞天子之詔。』」上至，又不得入。於是上乃使使持節詔將軍：「吾欲勞軍。」亞夫乃傳言「開壁門」。門士請車騎曰：「將軍約：軍中不得驅馳。」於是天子乃按轡徐行。至營，亞夫持兵揖曰：「介冑之士不拜，介，甲也。冑，兜鍪也。曲禮曰：「介者不拜，爲其拜而蓌拜。」朱熹曰：「蓌，猶言有所枝拄，不利屈伸也。」請以軍禮見。」天子爲動，改容，式車，使人稱謝：「皇帝敬勞將軍。」成禮而去。羣臣皆驚。上曰：「嗟乎，此眞將軍矣！曩者霸上、棘門軍，若兒戲爾，其將固可襲而虜也。至於亞夫，可得而犯邪！」稱善者久之。月餘，匈奴遠塞，兵罷。拜亞夫爲中尉。

綱　夏，大旱，蝗。詔弛利、省費以振民。弛，廢也。利，謂山澤、魚鹽、竹木之利。

綱　甲申，七年，（前一五七）夏六月，帝崩，遺詔短喪。令天下吏民三日皆釋服。

綱　葬霸陵。（文帝陵，在今陝西西安市西北。）

目　帝即位二十三年，宮室、苑囿、車騎、服御，無所增益；有不便，輒弛以利民。弛，廢也。嘗欲作露臺，以臺上不屋顯露爲名，非謂承露也。召匠計之，直百金。直，價也。漢以一斤爲一金。食貨志：「黃金一斤直萬錢。」上曰：「百金，中人十家之產也。中人，貧富之間。吾奉先帝宮室，常恐羞之，

立太宗廟

復收半租三十而稅一

減笞法

何以臺爲！」身衣弋綈，弋，黑色。綈，厚繒。所幸愼夫人，衣不曳地；帷帳無文繡，以示敦朴，爲天下先。治霸陵，皆瓦器，因其山，不起墳。吳王詐病不朝，賜以几杖。几所以凭，杖所以倚。羣臣袁盎等諫說雖切，常假借納用焉。張武等受賂金錢，覺，更加賞賜，以愧其心。專務以德化民。是以海內安寧，後世鮮能及之。

綱 太子啓卽位。尊皇太后曰太皇太后，皇后曰皇太后。

綱 秋九月，有星孛于西方。

孝景皇帝 名啓，文帝太子，在位十六年，壽四十八歲而崩。謚法：「布義行剛曰景。」帝遵孝文之業，至於移風易俗，黎民淳厚。周云成、康，漢言文、景，美矣，然稽古禮文之事，猶多闕焉。

綱 乙酉，孝景皇帝元年，（前一五六）冬十月，尊高皇帝爲太祖，孝文皇帝爲太宗，令郡國立太宗廟。

目 丞相嘉等奏：嘉，申屠嘉。「功莫大於高皇帝，德莫聖於孝文皇帝。高皇帝宜爲太祖之廟，孝文皇帝宜爲太宗之廟，天子世世獻。獻，祭也。天子七廟，以次祧遷，惟太祖、太宗不遷。郡國宜各立太宗廟。」制曰：「可。」

綱 夏，復收民田半租，三十而稅一。今復者，蓋嘗除也。文帝除之，至景帝而復收。然止收半租，自是遂爲常制。

綱 減笞法。

目　初，文帝除肉刑，外有輕刑之名，內實殺人；笞五百者率多死。是歲詔曰：「加笞重罪無異；幸而不死，不可爲人。其定律：笞五百曰三百，三百曰二百。」

綱　以張歐爲廷尉。

目　歐事帝於太子宮，雖治刑名家，爲人長者，未嘗言案人。專以誠長者處官，官屬亦不敢太欺。

綱　丙戌，二年，（前一五五）冬十二月，有星孛于西南。

綱　夏四月，太皇太后崩。太皇太后，孝文母薄氏。

綱　六月，丞相嘉卒。

目　時內史鼂錯數請閒言事，輒聽。寵幸傾九卿，法令多所更定。丞相嘉自絀，疾錯。內史門東出不便，（錯時爲內史。）更穿一門南出。南出者，太上皇廟堧垣也。堧垣，廟外垣內餘地。嘉聞，爲奏，請誅錯。客有語錯，錯恐，夜入宮自歸。自首也。至朝，嘉請，請奏也。上曰：「錯所穿乃外堧垣，故冗官居其中；冗官，散官也。且我使爲之，錯無罪。」嘉罷朝，曰：「吾悔不先斬錯，乃爲所賣！」歐血而死。

綱　以陶青爲丞相，鼂錯爲御史大夫。

陶青相鼂錯爲御史大夫

綱　彗星出東北。

綱　秋，衡山雨雹。

竇嬰諫傳梁王

七國反

綱 熒惑逆行守北辰，月出北辰閒，歲星逆行天廷中。熒惑南方火星。居其宿曰守。歲星，木星，歷二十八宿，宣徧陰陽，十二月一次。此星行一次而四時之功畢，故曰歲星。

綱 丁亥，三年，(前一五四)冬十月，梁王武來朝。

目 梁孝王以竇太后少子，故有寵。居天下膏腴之地，賞賜不可勝道。上嘗與宴飲，從容言曰：「千秋萬歲後，傳於王。」王辭謝，雖知非至意，然心內喜。詹事竇嬰引巵酒進上曰：巵，飲酒器。「天下者，高祖之天下。父子相傳，漢之約也，何以得傳梁王！」太后因此憎嬰；嬰因病免，太后除嬰門籍。梁王以此益驕。

綱 春正月，長星出西方。洛陽東宮災。

綱 吳王濞、膠西王卬、膠東王雄渠、菑川王賢、濟南王辟光、楚王戊、趙王遂反。以周亞夫爲太尉，將兵討之。殺御史大夫鼂錯。二月，亞夫大破吳、楚軍，濞亡走越，戊自殺。

目 初，孝文時，吳太子入見，得侍皇太子飲博，局戲。爭道，行棊之路。不恭；皇太子引博局提殺之。局，棊盤。提，擲也。吳王稱疾不朝京師，始有反謀。文帝賜吳王几杖，老，不朝，吳謀益解。然以銅鹽故，百姓無賦；他郡國吏欲來捕亡人者，公共禁弗予。如此者四十餘年。

鼂錯數言吳過，可削；文帝不忍。及帝卽位，錯曰：「高帝封三庶孽，分天下半。今吳王不朝，於古法當誅。文帝不忍，德至厚，王當改過自新，反益驕，誘天下亡人謀作亂。今

鼂錯請削吳國

削之亦反，不削亦反。削之，其反亟，禍小；不削，其反遲，禍大。」上令列侯、公卿、宗室雜議，莫敢難；獨竇嬰爭之。

鼂錯請削諸國

錯又言楚、趙有罪，楚王戊，高帝弟交孫。趙王遂，高帝孫，幽王友子。皆削一郡。膠西有姦，膠西王卬。削其六縣。

方議削吳，吳王恐，因發謀舉事。聞膠西王勇，好兵，使人說之，又身至膠西面約。遂發使約齊、菑川、膠東、濟南，皆許諾。

初，楚元王好書，元王名交。與魯申公、穆生、白生俱受詩於浮丘伯，浮丘，複姓，齊人。及王楚，以三人爲中大夫。穆生不嗜酒，元王每爲設醴。醴，甘酒。及孫戊卽位，常設，後忘設焉。穆生退曰：「可以逝矣！醴酒不設，王之意怠。不去，楚人將鉗我於市。」鉗，以鐵束頸。遂謝病去。戊坐削地事，遂與吳通謀。申公、白生諫戊，戊胥靡之，胥靡，聯繫相從服役囚徒之名。使雅舂於市。雅舂，正身舂之也。

及削吳會稽、豫章郡書至，吳王遂起兵，殺漢吏；膠西、膠東、菑川、濟南、楚、趙亦皆反。遺諸侯書，罪狀鼂錯，欲合兵誅之。

周亞夫將擊吳楚

初，文帝且崩，戒太子曰：「卽有緩急，周亞夫眞可任將兵。」至是，上乃拜亞夫爲太尉，將三十六將軍往擊吳、楚。遣酈寄擊趙，欒布擊齊；竇嬰屯滎陽，（在今河南滎陽縣西南。）監齊、趙兵。

初，錯更令三十章，諸侯讙譁。錯父聞之，從潁川來，（潁川郡治陽翟縣，卽今河南禹縣。）謂錯曰：「上初卽位，公爲政用事，侵削諸侯，疏人骨肉，口語多怨，公何爲也？」錯曰：「不如此，天子不尊，宗廟不安。」父曰：「劉氏安矣而鼂氏危！」遂飲藥死，曰：「吾不忍見禍逮身！」後十餘日，七國反，以誅錯爲名。

袁盎計殺鼂錯

上與錯議出軍事，錯欲令上自將兵而身居守。錯素與吳相袁盎不善。盎夜見竇嬰，爲言吳所以反，願至上前，口對狀。嬰入言，上乃召盎。盎入，上方與錯調兵食。問之，盎曰：「願屛左右。」上屛人，獨錯在。盎曰：「臣所言，人臣不得知。」乃屛錯。盎曰：「吳、楚相遺書，言賊臣鼂錯擅適諸侯，適同謫。削奪之地，以故反，欲西共誅錯，復故地而罷。今獨有斬錯，發使赦之，復其故地，則兵可無血刃而俱罷。」上默然良久，曰：「顧誠何如？吾不愛一人以謝天下。」錯殊不知。上使中尉召錯，紿載行市，紿，欺也。錯衣朝衣斬東市。乃使盎使吳。

鄧公訟鼂錯

謁者僕射鄧公爲校尉，以言軍事見上，曰：「吳爲反計數十歲矣，以誅錯爲名，其意不在錯也。夫鼂錯患諸侯強大不可制，故請削之，以尊京師，萬世之利也。計畫始行，卒受大戮。內杜忠臣之口，外爲諸侯報仇，臣竊爲陛下不取也！」帝喟然曰：「吾亦恨之！」

盎至吳，吳欲劫使將，盎得閒脫亡歸報。

趙涉說亞夫

周亞夫言於上曰：「楚兵剽輕，剽輕，快捷也。難與爭鋒，願以梁委之，文帝封子武於大梁，後徙睢陽。（大梁，今河南開封市。睢陽，今河南商丘市南。）絕其饟道，饟同餉。乃可制也。」上許之。亞夫乘六乘傳，傳，驛車也。欲急，故乘傳車六乘也。將會兵滎陽。發至霸上，趙涉遮說亞夫曰：遮說，遮道而說。

「吳王知將軍且行，必置人於殽、澠之間；（殽山，在今河南澠池、洛寧兩縣之間。澠水，在今澠池縣南，亦名西渡水。）且兵事尙神密，將軍何不右去，走藍田，（藍田山，在今陝西藍田縣南，有藍關。）出武關，（在今陝西商縣東。）抵洛陽，直入武庫。蕭何造，以藏兵器。諸侯聞之，以爲將軍從天而下也。」亞夫如其計，至洛陽，喜曰：「今吾據滎陽，滎陽以東，無足憂者。」使吏搜殽、澠閒，果得吳伏兵。乃請涉爲護軍，而東北走昌邑。（在今山東金鄉縣西。）

亞夫破吳楚

吳攻梁急，亞夫使輕騎出淮泗口，（古泗水於淮安、淮陰間入淮處，謂之淮泗口。）絕吳、楚兵後，塞其饟道。吳兵欲西，梁城堅守，不敢西；卽走漢軍，亞夫堅壁不戰。壁，軍壘。軍中夜驚，內相攻擊，擾亂至帳下，亞夫堅臥不起，頃之，復定。吳奔壁東南陬，陬音鄒，隅也。亞夫使備西北；已而其精兵果奔西北，不得入。吳、楚士卒多飢死叛散，乃引而去。二月，亞夫出精兵追擊，大破之。吳王濞棄軍夜亡走，楚王戊自殺。

綱 是月晦，日食。越人誅濞。齊王將閭及卬、遂皆自殺，雄渠、賢、辟光皆伏誅。

復置關用傳

綱 戊子，四年，（前一五三）春，復置關，用傳出入。以七國反，備無常也。

綱 夏四月，立子榮爲皇太子，徹爲膠東王。

綱 己丑，五年，（前一五二）春正月，作陽陵邑，景帝壽陵。（在今陝西咸陽市東。）募民徙居之。

公主嫁匈奴

綱 遣公主嫁匈奴單于。

綱 庚寅，六年，（前一五一）冬十二月，雷，大霖雨。

綱　秋九月，廢皇后薄氏。

綱　辛卯，七年。（前一五〇）冬十一月，廢太子榮爲臨江王。（臨江國都江陵縣，今湖北江陵縣。）

目　初，燕王臧荼孫女臧兒嫁王仲，生男信與兩女；仲死，更嫁田氏，生蚡。文帝時，臧兒長女爲金王孫婦，生女俗。卜筮之，曰：「兩女皆當貴。」臧兒乃奪金氏婦，內之太子宮，生男徹。及帝即位，長公主嫖，嫖音飄。景帝姊名嫖。欲以女嫁太子榮，其母栗姬以後宮諸美人皆因公主見帝，怒不許；公主欲予徹，王夫人許之。由是公主日讒栗姬，而譽徹之美，帝亦自賢之。王夫人知帝嗛栗姬，嗛同銜，恨也。因怒未解，陰使人趣大行請立栗姬爲皇后。大行，鴻臚屬官，即今行人。帝怒曰：「是而所宜言邪！」而，汝也。遂按誅大行，而廢太子。太傅竇嬰力爭不能得，乃謝病免。栗姬恚恨而死。

綱　春，丞相青免，青，陶青。以周亞夫爲丞相。罷太尉官。

綱　夏四月，立夫人王氏爲皇后，膠東王徹爲皇太子。

綱　以郅都爲中尉。

目　始都爲中郎將，敢直諫。嘗從入上林，賈姬如廁，廁，溷池。野彘卒入廁。上目都，都不行；欲自救姬。都伏上前曰：「亡一姬，復一姬進，天下所少，寧賈姬等乎！陛下縱自輕，奈宗廟、太后何！」上乃還。都爲人，勇悍公廉，不發私書，問遺無所受，請謁無所聽。及爲中尉，尤嚴酷，行法不避貴戚；列侯、宗室見都，側目而視，號曰「蒼鷹」。

臨江王榮自殺

梁王殺袁盎

綱　壬辰，中元年，（前一四九）夏四月，地震。

綱　衡山、原都雨雹。（漢上郡有原都縣，當在今甘肅境。）

目　大者尺八寸。

綱　癸巳，二年，（前一四八）春三月，徵臨江王榮，下吏，榮自殺。

綱　夏四月，有星孛于西北。

綱　秋九月，梁王武使人殺袁盎。

目　初，梁孝王以至親有功，得賜天子旌旗，出蹕入警。王寵信羊勝、公孫詭，勝、詭使王求爲漢嗣。栗太子廢，太后欲以梁王爲嗣，嘗因置酒謂帝曰：「宮車晏駕，用梁王爲繼。」帝跪曰：「諾。」袁盎等曰：「昔宋宣公不立子而立弟，（宋宣公子與夷，弟穆公。）以生禍亂，五世不絕。小不忍，害大義，故春秋大居正。」（公羊傳隱公三年：「宣公舍與夷而立穆公。宣公死，穆公立。穆公逐其二子莊公馮與左師勃，終致國乎與夷。莊公馮弑與夷。故君子大居正。宋之禍，宣公爲之也。」）由是太后議格。（格音閣，止也。）梁王由此怨盎，乃與勝、詭謀，陰使人刺殺盎及他議臣十餘人。於是天子意梁，逐賊，果梁所爲。遣田叔往按，捕勝、詭；勝、詭匿王後宮。內史韓安國見王，泣曰：「大王訹邪臣浮說，（訹音戌，誘也。）犯上禁，撓明法。天子以太后故，不忍致法；太后日夜涕泣，幸大王自改，大王終不覺寤。有如太后宮車卽晏駕，大王尙誰攀乎？」語未卒，王泣數行下，令勝、詭自殺，出之。

田叔燒梁獄辭

使鄒陽見皇后兄王信曰：「長君弟得幸於上，長君，稱王信。弟，謂田蚡也。而長君行迹多不循道理者。今梁王即伏誅，太后無所發怒，切齒側目於貴臣，竊爲足下憂之。長君誠爲上言，毋竟梁事；太后德長君入骨髓，而長君之弟幸於兩宮，竇太后、王皇后。金城之固也。」長君乘閒言之，乘閒，乘空閒處。帝怒稍解。時太后憂梁事，不食，日夜泣不止，帝亦患之。田叔等還至霸昌廄，悉燒梁獄辭，空手來見。帝曰：「梁事安在？」田叔曰：「上毋以梁事爲問也！今梁王不伏誅，是漢法不行也；伏法而太后食不甘味，臥不安席，此憂在陛下也。」上大然之，使叔等謁太后，曰：「梁王不知也；爲之者，幸臣羊勝、公孫詭之屬耳，謹已伏誅，梁王無恙也。」太后立起坐餐，氣平復。梁王因上書請朝，伏闕謝罪，太后、帝大喜，相泣，復如故。然帝益疏王，不與同車輦矣。以田叔爲賢，擢爲魯相。

綱 甲午，三年，（前一四七）夏四月，地震。

綱 旱，禁酤酒。酤音沽，賣也。

綱 秋九月，蝗。有星孛于西北。是月晦，日食。

綱 丞相亞夫免。

周亞夫諫侯王信及匈奴降王

目 初，上廢栗太子，周亞夫固爭之，不得。而梁王每與太后言亞夫短。太后欲侯王信，王皇后兄。帝與亞夫議之。亞夫曰：「高帝約：『非有功不侯。』信雖后兄，無功，侯之，非約也。」帝默然而止。後匈奴王徐盧等六人降，帝欲侯之以勸後。亞夫曰：「彼背其王而降，侯之，則何以責人臣不守節者乎？」帝曰：「丞相議不可用。」乃悉侯之。亞夫因謝病，免。

劉舍相

綱　以劉舍爲丞相。

綱　丙申，五年，（前一四五）秋八月，未央宮東闕災。

詔讞疑獄

綱　九月，詔獄疑者讞之。讞，平議也。

目　詔曰：「獄者，人之大命，死者不可復生，朕甚憫之。諸獄疑，若雖文致於法，以文法致人於罪曰文致。而於人心不厭者，厭，服也。輒讞之。」

郊五時

綱　丁酉，六年，（前一四四）春二月，郊五畤。郊五畤，卽祀五帝也。（見上文帝十五年「作渭陽五帝廟」注。）

綱　三月，雨雪。

綱　夏四月，梁王武卒。分梁地王其子五人。（買爲梁王，明爲濟川王，彭離爲濟東王，定爲山陽王，不識爲濟陰王。）

目　梁孝王薨。太后哭，不食，曰：「帝果殺吾子！」帝哀懼不知所爲，乃分梁爲五國，盡立孝王男五人爲王；女五人皆食湯沐邑。太后乃說，爲帝加一餐。

更減笞法定箠令

綱　更減笞法。定箠令。

目　旣減笞法，笞者猶不全；乃更減笞三百曰二百，笞二百曰一百。又定箠令：箠長五尺，其本大一寸，竹也；末薄半寸，皆平其節。當笞者笞臀；畢一罪，乃更人。自是笞者得全。

匈奴入寇

【綱】六月，匈奴寇鴈門、上郡。（鴈門郡治善無縣，今山西左雲縣北。）

李廣

【目】匈奴入鴈門、上郡。李廣爲上郡守，嘗從百騎出，卒遇匈奴數千騎；廣騎欲馳還，廣曰：「吾去大軍數十里，今走，匈奴追射我立盡。今我留，匈奴必以我爲大軍之誘，不敢擊。」令諸騎曰：「前！」未到匈奴陳二里所，令皆下馬解鞍，以示不走。匈奴有白馬將出，（將之乘白馬者。）護其兵；廣上馬，與十餘騎奔，射殺之而還，解鞍，令士卒皆縱馬臥。會暮，胡兵終怪之，不敢擊，夜引而去。

【綱】秋七月晦，日食。

【綱】以甯成爲中尉。

【目】自郅都死，（中二年竇太后殺之。）長安宗室多暴犯法。上乃召甯成爲中尉。其治效郅都，其廉不如，然宗室、豪傑人人惴恐。

詔治獄先寬

【綱】戊戌，後元年，（前一四三）春正月，詔治獄者務先寬。

【目】詔曰：「獄，重事也。人有智愚，官有上下。獄疑者讞有司；有司所不能決，移廷尉；讞而後不當，讞者不爲失。欲令治獄者務先寬。」

【綱】夏，大酺五日，民得酤酒。（於是，禁六年矣。）

【綱】地震。

衞綰相直不疑爲御史大夫

目　震凡二十二日。

綱　丞相舍免。

綱　秋七月晦，日食。

綱　八月，以衞綰爲丞相，直不疑爲御史大夫。

目　初，綰以中郎將事文帝，醇謹無他。上爲太子時，召文帝左右飲，而綰稱病不行。文帝且崩，屬上曰：「綰長者，善遇之。」故上亦寵任焉。不疑爲郎，同舍有告歸，誤持其同舍郎金去。同舍郎疑不疑，不疑買金償。後告歸者至而歸金，亡金郎大慙，以此稱爲長者。人或毁不疑，以爲盜嫂。不疑曰：「我乃無兄。」然終不自明也。

綱　下條侯周亞夫獄，（條，在今河北吳橋縣西。）亞夫不食死。

目　帝召周亞夫賜食，獨置大胾，胾音恣，大塊肉也。無切肉，又不置箸。亞夫心不平，顧謂尚席取箸。尚席，官名，掌武帳帷幔。上視而笑曰：「此非不足君所乎？」猶言此莫不滿於君處乎？亞夫免冠謝上，上曰：「起！」亞夫因趨出。上目送之曰：「此鞅鞅，鞅同怏。非少主臣也。」居無何，亞夫子爲父買工官尚方甲楯可葬者，工官，卽尙方之工。尚方，少府屬官，掌工作御刀劍諸好器物。楯同盾。爲人所告，事連汙亞夫。召詣廷尉，不食五日，歐血而死。

綱　己亥，二年，（前一四二）春正月，地一日三動。

戒二千石脩職事詔

禁采黃金珠玉

帝崩

綱 夏四月，詔戒二千石脩職事。二千石，謂郡守、國相，俸月百二十斛。又有眞二千石，月百五十斛。又有中二千石，中，滿也，月百八十斛。

目 詔曰：「雕文刻鏤，傷農事者也；錦繡纂組，纂，赤組。組，印紱。害女紅者也。紅同工。農事傷則飢之本也，女紅害則寒之原也。夫飢寒並至，而能亡爲非者寡矣。朕親耕，后親桑，以奉宗廟粢盛、祭服，爲天下先，欲天下務農、蠶，素有蓄積，以備災害。今歲或不登，民食頗寡，其咎安在？或詐僞爲吏，以貨賂爲市，行同商賈。漁奪百姓，奪民若漁獵然。侵牟萬民。侵民如牟賊也。牟，食苗根蟲。其令二千石各脩其職；不事官職、耗亂者，耗亂，不明也。丞相以聞，請其罪。」

綱 秋，大旱。

綱 庚子，三年，（前一四一）冬十月，日、月皆赤。凡五日。

綱 十二月，雷，日如紫；五星逆行守太微；月貫天廷中。太微，天帝南宮也。龍星右角曰天廷。

綱 春正月，詔勸農桑，禁采黃金、珠、玉。

綱 帝崩，太子徹卽位。年十六。

綱 尊皇太后爲太皇太后，皇后爲皇太后。二月，葬陽陵。（陽陵見上景帝六年「陽陵邑」注。）

綱鑑易知錄卷十三

漢紀

世宗孝武皇帝

名徹，景帝太子，在位五十四年，壽七十歲而崩。謚法：「威強睿德曰武。」帝征伐四夷，海內虛耗，末年不免輪臺之悔。如武帝之雄才大略，使其不改文、景之恭儉以濟斯民，雖詩、書所稱，何以加焉！

董仲舒賢良三策

綱　辛丑，世宗孝武皇帝建元元年，（前一四〇）改元有年號始此。冬十月，舉賢良方正直言極諫之士，以董仲舒爲江都相。（江都國都江都縣，在今江蘇揚州市西南。）治申、韓、蘇、張之言者，申、韓、蘇、張，申不害、韓非、蘇秦、張儀。皆罷之。

目　舉賢良方正直言極諫之士，上親策問之。廣川董仲舒對曰：（廣川，在今河北衡水縣東南。）「臣謹按春秋之中，視前世已行之事，以觀天人相與之際，甚可畏也。國家將有失道之敗，而天乃先出災害以譴告之。不知自省，又出怪異以警懼之。尙不知變，而傷敗乃至。以此見天心之仁愛人君，而欲止其亂也；自非大亡道之世者，亡同無。天盡欲扶持而全安之。事在勉強而已矣。勉強學問，則聞見博而知益明；勉強行道，則德日起而大有功。此皆可使還至而立有效者也。還音旋。道者，所繇適於治之路也，繇同由。仁、義、禮、樂皆其具也。故聖王已沒，而子孫長久，安寧數百歲，此皆禮樂教化之功也。夫周道衰於幽、厲，非道亡也，幽、厲不繇也。至於宣王，思昔先王之德，興滯補敝，明文、武之功業，周道粲然復興。故治亂興廢在於己，非天降命，不可反也。臣聞：命者，天之令也；性者，生之質也；情者，人之欲也。堯、舜行德則民仁壽，桀、紂行暴則民鄙夭，皆治亂之所生，故不齊也。王者欲有所爲，宜求其端於天。天道之大者在陰陽。陽爲德，陰爲刑，刑主殺而德主生，是故陽常居大夏而以生育長養爲事，陰常居大冬而積於空虛不用之處，以此見天之任德不任刑也。王者承天意以從事，故任德教而不任刑也。今廢先王德教之官，獨任執法之吏，而欲德教之被四海，難矣！爲人君者，正心以正朝廷，正朝廷以正百官，正百官以正萬民，正萬民以正四方。四方正，遠近莫敢不壹於正，而無有邪氣奸其閒者，是以陰陽調而風雨時，羣生和而萬物殖，諸福之物，可致之祥，莫不畢至，而王道終矣。今陛下貴爲天子，富有四海，行高而恩厚，知明而意美，愛民而好士，可謂誼主矣。然而天地未應，而美祥莫至者，凡以教化不立，而萬民不正也。夫萬民之從利，如水之走下，不以教化隄防之，不能止也。古之王者，莫不以教化爲大務。立學校以教於國，設庠序以化於邑，漸民以仁，摩民以誼，節民以禮，故其刑罰甚輕而禁不犯者，教化行而習俗美也。聖王之繼亂世也，掃除其跡而悉去之。譬之琴瑟不調，甚者必解而更張之，乃可鼓也。爲政而不行，甚者必變而更化之，乃可理也。古人有言曰：『臨淵羨魚，不如退而結網。』今臨政願治，不如退而更化。漢得天下以來，常欲治，而至今不可善治者，失之於當更化而不更化也。」

上復策之，仲舒對曰：「臣聞聖王之治天下也，少則習之學，長則材諸位，隨其材而授之位。爵祿以養其德，刑罰以威其惡，故民曉於禮誼而恥犯其上。武王行大誼，平殘賊，周公作禮樂以文之；至於成、康，囹圄空虛四十餘年；囹圄，獄名，秦曰囹圄。此教化之漸，而仁義之流也。至秦則不然，師申、韓之說，申不害、韓非，皆善刑名法術之學。楊子問道篇：「申、韓之術，不仁之至矣。」憎帝王之道，以貪狼爲俗，狼性貪，故謂貪爲貪狼。誅名而不察實，誅，責也。爲善者不必免，而犯惡者未必刑也。是以百官皆飾虛辭而不顧實，外有事君之禮，內有背上之心，造僞飾詐，趨利無恥；是以刑者甚衆，死者相望，而姦不息，俗化使然也。今陛下并有天下，莫不率服，而功不加於百姓者，殆王心未加焉。曾子曰：『尊其所聞，則高明矣；行其所知，則光大矣。高明光大，不在於他，在乎加之意而已。』願陛下因用所聞，設誠於內而致行之，則三王何異哉！陛下夙寤晨興，務以求賢，亦堯、舜之用心也，而未云獲者，士不素厲也。夫不素養士而欲求賢，譬猶不琢玉而求文采也。故養士莫大乎太學。太學者，賢士之所關也，教化之本原也。願興太學，置明師，以養天下之士，數考問以盡其材，則英俊宜可得矣。郡守、縣令，民之師帥，所使承流而宣化也；師帥不賢，則主德不宣，恩澤不流。臣愚以謂使諸列侯、郡守，各擇其吏民之賢者，歲貢各二人，以給宿衞，且以觀大臣之能；所貢賢者有賞，所貢不肖者有罰。夫如是諸侯、吏二千石盡心於求賢，天下之士可得而官使也。毋以日月爲功，實試賢能爲上，量材而授官，錄德而定位，則廉恥殊路，賢不肖異處矣。」

上三策之，仲舒復對曰：「臣聞：天者，羣物之祖，故遍覆包函而無所殊。聖人法天而立道，亦溥愛而亡私。春者，天之所以生也；仁者，君之所以愛也；夏者，天之所以長也；德者，君之所以養也；霜者，天之所以殺也；刑者，君之所以罰也。孔子作春秋，上揆之天道，下質諸人情，書邦家之過，兼災異之變，以此見人之所爲，其美惡之極，乃與天地流通而往來相應，此亦言天之一端也。天令之謂命，命非聖人不行；質樸之謂性，性非教化不成；人欲之謂情，情非制度不節。是故王者上謹於承天意，以順命也；下務明教化民，以成性也；正法度之宜，別上下之序，以防欲也：脩此三者，而大本舉矣。人受命於天，固超然異於羣生，入有父子兄弟之親，出有君臣上下之誼，會遇相聚有耆老長幼之施，粲然有文以相接，驩然有恩以相愛。故孔子曰：『天地之性人爲貴。』明於天性，知自貴於物，然後知仁誼，知仁誼然後重禮節，重禮節然後安處善，安處善然後樂循理，樂循理然後謂之君子。臣又聞之：聚少成多，積小至鉅，故聖人莫不以晻致明，晻同暗。以微致顯。言出於己，不可塞也；行發於身，不可掩也。故盡小者大，愼微者著。積善在身，猶長日加益，而人不知也；積惡在身，猶火銷膏，而人不見也。此唐、虞之所以得令名，而桀、紂之可爲悼懼者也。夫樂而不亂，復而不厭者，謂之道。道者，萬世亡敝；敝者，道之失也。先王之道，必有偏而不起之處，故政有眊而不行，舉其偏者以補其敝而已矣。三王之道，所祖不同，非其相反。夏尙忠，殷尙敬，周尙文者，所繼之捄當用此也。捄同救。道之大原出於天，天不變道亦不變，是以禹繼舜，舜繼堯，三聖相授而守一道，亡捄敝之政也。繇是觀之，繼治世者其道同，繼亂世者其道變。今漢繼大亂之後，若宜少損周之文致，用夏之忠者。夫天亦有所分予：予之齒者去其角，上曰齒，下曰牙。傅之翼者兩其足，是所受大者不得取小也。古之所予祿者，不食於力，不動於末，與天同意者也。天子大夫者，下民之所視傚，豈可以居賢人之位，而爲庶人行哉！夫皇皇求財利，常恐乏匱者，庶人之意也；皇皇求仁義，常恐不能化民者，大夫之意也。若居君子之位，當君子之行，則舍公儀休之相魯，（見卷四周考王十七年「魯侯以公儀休爲相」紀。）無可爲者矣。春秋大一統者，春秋隱公元年：「春王正月」。公羊傳：「春者何？歲之始也。曷爲先言王而後言正月？王正月也。何言乎王正月？大一統也。」註：「王者受命改正朔，自甸、侯以至要、荒咸奉之，故曰大一統。」天地之常經，古今之通誼也。今師異道，人異論，百家殊方，指意不同，是以上無以持一統，法制數變，下不知守。臣愚以爲諸不在六藝之科、孔子之術者，六藝，六經也，禮、樂、書、詩、易、春秋。皆絕其道，勿使並進，邪辟之說滅息，然後統紀可一，而法度可明，民知所從矣。」天子善其對，以仲舒爲江都相。

丞相衞綰因奏：「所舉賢良，或治申、韓、蘇、張之言，亂國政者，請皆罷。」奏可。

仲舒少治春秋，爲博士，進退容止，非禮不行，學士皆師尊之。及爲江都相，事易王。江都易王名非。王，帝兄，素驕，好勇。仲舒以禮匡正，王敬重焉。嘗問之曰：「粵王句踐與大夫泄庸、種、蠡伐吳，粵同越。種，文種。蠡，范蠡。滅之。寡人以爲粵有三仁，何如？」仲舒對曰：

三銖錢

竇嬰相

「昔魯君問伐齊於柳下惠，惠有憂色，曰：『吾聞伐國不問仁人。此言何爲至於我哉！』徒見問耳，猶且羞之，況設詐以行之乎？夫仁人者，正其誼，不謀其利；明其道，不計其功。是以仲尼之門，五尺之童，羞稱五伯，（齊桓、晉文、宋襄、楚莊、秦穆。）爲其先詐力而後仁義也。繇此言之，則粵未嘗有一仁也。」王曰：「善。」

綱 春二月，行三銖錢。

綱 夏六月，丞相綰免。（衞綰。）以竇嬰爲丞相，田蚡爲太尉，趙綰爲御史大夫，王臧爲郎中令。迎申公爲大中大夫。

目 上雅嚮儒術，嬰、蚡俱好儒，推轂趙綰爲御史大夫，（薦舉人才，如推車轂，令其前進。）王臧爲郎中令。綰請立明堂，（孝經以爲宗祀之所，孟子以爲王者之堂。然則是天子之外朝，猶後世大朝會之正衙也。）薦其師申公。上使使者奉安車蒲輪，（用蒲裹車輪，取其安也。）束帛加璧迎之。（下設束帛，上加以璧。）既至，問治亂之事，申公年八十餘，對曰：「爲治者不在多言，顧力行何如耳！」時上方好文詞，見申公對，默然；然已招致，則以爲大中大夫，舍魯邸，議明堂、巡狩、改歷、服色事。（歷、服色，見卷十二漢文帝十五年「草改歷服色事」注。）

綱 壬寅，二年，（前一三九）冬十月，趙綰、王臧下吏，自殺。丞相嬰、太尉蚡免；申公免歸。以石建爲郎中令，石慶爲內史。

目 太皇太后好黃、老言，不悅儒術。趙綰請毋奏事東宮。太后大怒，陰求綰、臧姦利事，以讓上；因廢明堂事，下綰、臧吏，皆自殺。嬰、蚡免，申公亦以疾免歸。

萬石君

初，景帝以石奮及四子皆二千石，號奮爲「萬石君」。萬石君無文學，而恭謹無與比。子孫爲小吏，來歸謁，必朝服見之，不名。有過失，不責讓，爲便坐，對案不食；然後諸子相責，因長老肉袒謝罪，改之，乃許。子孫勝冠者在側，雖燕居必冠。其執喪，哀戚甚悼。子孫遵教，皆以孝謹聞。及綰、臧獲罪，太后以爲儒者文多質少，今萬石君不言而躬行，乃以其子建爲郎中令，慶爲內史。建在上側，事有可言，屏人恣言極切；至廷見，如不能言者。上以是親之。

綱　春二月朔，日食。

許昌相

綱　三月，以許昌爲丞相。

綱　以衞青爲大中大夫。

目　陳皇后驕妬擅寵而無子，寵寖衰。上嘗過姊平陽公主，爲曹參曾孫平陽夷侯曹壽所尚，故稱。悅謳者衞子夫，主因奉送入宮，恩寵日隆。子夫同母弟青，冒姓衞氏，青之父鄭季爲縣吏，給事平陽侯家，與侯妾衞媼通而生青，故冒姓衞。爲侯家騎奴。侯家，平陽侯家。召爲建章監、侍中。建章，宮名。（故址在今陝西西安市西南。）既而以子夫爲夫人，青爲大中大夫。

綱　夏四月，有星如日，夜出。

綱　置茂陵邑。武帝陵邑。（在今陝西興平縣東北。）

帝始爲微行

綱 癸卯，三年，（前一三八）冬十月，河水溢于平原。（平原郡治平原縣，在今山東平原縣南。）

綱 大饑，人相食。

綱 秋七月，有星孛于西北。

綱 閩越擊東甌，（東甌一名甌越，爲古百越居甌江者，在今浙江溫州市一帶。閩越，王都東冶，在今福建福州市冶山山麓。）遣使發兵救之，遂徙其衆於江、淮閒。

綱 九月晦，日食。

綱 帝始爲微行，微行，私出也。遂起上林苑。

目 上招選天下文學材智之士，簡拔其俊異者寵用之。莊助、朱買臣、吾丘壽王、司馬相如、東方朔、枚皋、終軍等，漢書莊助作「嚴助」，避明帝諱。吾丘，複姓。並在左右，每令與大臣辨論，中外相應以義理之文，大臣數屈焉。然相如特以辭賦得幸，朔、皋不根，猶言不經也，謂不通經術。持論好詼諧，詼，謿戲也。諧，和韻之言。上以俳優畜之。俳，戲；優，倡也。朔時直諫，有所補益。

是歲，上始爲微行，常入南山下射獵，（南山卽終南山，在今陝西西安市東南王曲鎭南。）馳騖禾稼之地，民皆號呼罵詈。鄠、杜令欲執之，（鄠音戶，在今陝西鄠縣北。杜，在今陝西西安市東。）示以乘輿物，乃得免。又嘗夜至柏谷，塢名。（柏谷水有柏谷亭，在今河南靈寶縣西南朱陽鎭，漢武帝微行至此。）逆旅主人疑爲姦盜，逆旅，客舍也。聚少年欲攻之；主人嫗異上狀貌，嫗，老婦之稱。飲翁以酒而縛

東方朔諫治上林

司馬相如諫獵

之，上始得脫。

又使吾丘壽王除上林苑，除，治也。（上林苑在今陝西西安市西。）屬之南山。屬，連也。東方朔諫曰：「夫南山，天下之阻，陸海之地也。山出玉、石、金、銀、銅、鐵、良材，百工所取給，萬民所仰足也。又有秔、稻、梨、栗、桑、麻、竹箭之饒，土宜薑、芋，水多鼃、魚，鼃同蛙。貧者得以給足。今規以爲苑，絕陂池水澤之利，澤障曰陂。而取民膏腴之地，上乏國用，下奪農桑，其不可一也。盛荊、棘之林，大虎、狼之墟，壞人冢墓，發人室廬，其不可二也。垣而囿之，騎馳車鶩，有深溝大渠。夫一日之樂，不足以危無隄之輿，何足以此而危殆無所隄障之車輿。其不可三也。」上悅，乃拜朔爲大中大夫、給事中，然遂起上林苑。

上又好自擊熊、豕野獸，司馬相如諫曰：「天子清道而後行，中路而馳，猶時有銜橛之變；銜，馬勒也。橛音掘，車鉤心也。銜橛之變，言馬銜或斷，鉤心或出，則致傾敗而傷人。況乎涉豐草，騁丘墟，前有利獸之樂，而內無存變之意，其爲害也不難矣。夫輕萬乘之重不以爲安樂，出萬有一危之塗以爲娛，臣竊爲陛下不取。蓋明者遠見於未萌，而知者避危於無形，旣固多藏於隱微，旣同禍。而發於人之所忽者也。故鄙諺曰：『家累千金，坐不垂堂。』畏簷瓦墮中人也。此言雖小，可以諭大。」上善之。

綱　甲辰，四年，（前一三七）夏，有風如血。

綱　秋九月，有星孛于東北。

行半兩錢

置五經博士

田蚡相

汲黯爲主爵都尉

綱 乙巳，五年，（前一三六）春，罷三銖錢，行半兩錢。

綱 置五經博士。

綱 丙午，六年，（前一三五）春二月，遼東高廟災。

綱 夏四月，高園便殿火；帝素服五日。

綱 五月，太皇太后崩。孝文皇后竇氏。

綱 六月，丞相昌免，昌，許昌。以田蚡爲丞相。

目 蚡驕侈：治宅甲諸第，田園極膏腴，多受四方賂遺。每入奏事，坐語移日，所言皆聽；薦人或起家至二千石，權移主上。上乃曰：「君除吏已盡未？拜官曰除。吾亦欲除吏。」嘗請考工地益宅，考工，少府官屬。少府有考工室，工作器械之所。上怒曰：「君何不遂取武庫！」武庫在未央宮，蕭何造，以藏兵器。是後乃稍退。

綱 秋八月，有星孛于東方，長竟天。

綱 閩越擊南越；遣大行王恢等將兵擊之。

綱 以汲黯爲主爵都尉。

目 始黯爲謁者，以嚴見憚。東越相攻，上使黯往視之；不至，還，報曰：「越人相攻，固其俗然，不足以辱天子之使。」河內失火，（漢河內郡治懷縣，在今河南武陟縣西南。）延燒千餘家，上使往視之，還，報曰：「家人失火，屋比延燒，不足憂也。臣過河南，貧人傷水旱萬餘家，

令郡國舉孝廉

或父子相食，臣謹以便宜，持節發倉粟以賑之。臣請歸節，伏矯制之罪。」上賢而釋之。以數切諫，不得留內，遷爲東海太守。（漢東海郡治郯縣，在今山東郯城縣西。）好清靜，擇丞史任之，郡守之屬有丞，有諸曹掾史。責大指而已，不苛小。黯多病，臥閤內不出；歲餘，東海大治。召爲主爵都尉。其治務在無爲，引大體，不拘文法。爲人，性倨少禮，面折，不能容人之過。時天子方招文學，嘗曰：「吾欲云云。」猶言「如此如此」，史略其辭耳，蓋所言欲施仁義也。黯對曰：「陛下內多欲而外施仁義，奈何欲效唐、虞之治乎！」上怒，罷朝，謂左右曰：「甚矣汲黯之戇也！」戇，愚直也。羣臣或數黯，黯曰：「天子置公卿輔弼之臣，寧令從諛承意，陷主於不義乎！且已在其位，縱愛身，奈辱朝廷何！」黯多病，賜告者數，休假曰告。不愈。莊助復爲請告，上曰：「汲黯何如人哉？」助曰：「使黯任職居官，無以踰人；然至其輔少主，守成深堅，招之不來，麾之不去，雖自謂賁、育，賁，孟賁；育，夏育，皆古勇士。亦不能奪之矣。」上曰：「然。古有社稷之臣，至如黯，近之矣！」

綱　丁未，元光元年，（前一三四）冬十一月，初令郡國舉孝、廉各一人。

目　從董仲舒之言也。

綱　遣將軍李廣、程不識將兵屯北邊。

目　廣與不識俱以將兵有名當時。廣行無部伍、行陳，大將軍營五部，部校尉一人。部有曲，曲有軍候一人。伍，行伍也。陳同陣。就善水草舍止，人人自便，不擊刁斗自衞，古者軍有刁斗；以銅作鐎，

李程將兵不同
策士
祠五畤
祠竈求神仙
立太一祠
誘擊匈奴

受一斗，晝炊飲食，夜擊持行。莫府省約文書；古者出征，以帳幕爲府署，故曰幕府。然亦遠斥候，斥，度；候，望也；所以望烽燧。未嘗遇害。不識正部曲、行伍、營陳，擊刁斗，治軍簿至明，軍不得休息；亦未嘗遇害。然匈奴畏李廣之略，士卒亦多樂從廣而苦程不識。

綱 夏五月，詔舉賢良文學，親策之。得公孫弘。

綱 戊申，二年，(前一三三)冬十月，帝如雍，祠五畤。(雍五畤，見卷十二景帝中六年「五畤」注。)

綱 始親祠竈，遣方士求神仙。

目 李少君以祠竈卻老方見，上尊之。少君善爲巧發奇中。時時發言有所中也。言：「祠竈則致物，炎帝作火官，死爲竈神。致物，或藥物，或鬼物，或祥瑞之物。而丹砂可化爲黃金，丹砂，朱砂。蓬萊仙者可見；見之，以封禪則不死。」蓬萊，在勃海中，仙人所居。築土曰封，除地曰禪，祭天地也。於是天子始親祠竈，遣方士入海求蓬萊安期生之屬，安期生，秦時賣藥東海邊，時人皆言千歲公。而事化丹砂諸藥齊爲黃金。齊同劑。久之，少君病死，天子以爲化去，不死；而海上燕、齊怪迂之士，多更來言神仙事矣。

綱 立太一祠。亳人謬忌奏祠太一方曰：「天神貴者太一，太一佐曰五帝。」於是天子立其祠長安東南郊。

綱 夏六月，遣閒誘匈奴單于入塞，將軍王恢等伏兵邀之，不獲，恢以罪下吏，自殺。

目 馬邑豪聶壹，(馬邑，即今山西朔縣。豪，謂以貲財及武力雄於鄉里者。)因大行王恢言：「匈奴初和親，前年與匈奴和親。親信，邊可誘以利，伏兵襲擊，必破之道也。」上召問公卿，王恢以爲擊之便。上從恢議，以韓安國、李廣、王恢爲將軍，將車騎、材官三十餘萬，匿馬邑旁谷中。陰使聶壹亡入匈奴，謂單于曰：「吾能斬馬邑令、丞，以城降，財物可盡得。」於是單于穿塞，將十萬騎入武州塞。（武州，漢鴈門郡屬縣，與平城相近，在今山西左雲縣南。）得鴈門尉史，（漢鴈門郡治善無縣，在今山西左雲縣西北。）郡丞曰尉，尉有史。知漢兵所居。單于大驚，乃引兵還。漢兵追至塞，弗及，乃皆罷兵。上怒，下恢廷尉，恢自殺。自是匈奴絕和親；然尚貪樂關市，嗜漢財物，漢亦關市不絕以中其意。

殺竇嬰

綱　庚戌，四年，（前一三一）冬十二月晦，殺魏其侯竇嬰。（魏其，在今山東臨沂市南。）

目　初，孝景時，竇嬰爲大將軍，田蚡乃爲諸郎。田蚡，王太后同母異父弟。已而，蚡日益貴幸。嬰失勢，賓客益衰，獨潁陰灌夫不去。（潁陰在今河南許昌市。）嬰乃厚遇夫，相爲引重。夫剛直使酒，數因醉忤蚡。蚡乃奏案夫家屬橫潁川，（潁川郡治陽翟縣，即今河南禹縣。）得棄市罪。嬰上書論救，上令與蚡東朝廷辯之。東朝，太后之朝。上問朝臣：「兩人孰是？」唯汲黯是嬰，韓安國兩是之；鄭當時是嬰，後不敢堅。太后怒，不食，曰：「今我在也，而人皆藉吾弟；藉，陵踐也。令我百歲後，皆魚肉之乎！」上不得已，遂族灌夫，使有司案治嬰，得棄市罪，論殺之。

綱　春三月，丞相蚡卒。

綱　夏四月，隕霜殺草。

薛澤相

綱　五月，以薛澤爲丞相。

河間獻王

綱 辛亥，五年，(前一三〇)冬十月，河間王德來朝，(漢河間國都樂成縣，在今河北獻縣東南。)獻王德，景帝子。獻雅樂，對詔策。春正月，還而卒。

目 河間獻王脩學好古，實事求是，務得事實，每求眞是。以金帛招求四方善書，得書多與漢朝等。時淮南王安亦好書，(淮南國都壽春邑，今安徽壽縣。安，淮南厲王子，故阜陵侯。)所招致率多浮辨；獻王所得，皆古文先秦舊書，周官、尚書、禮、禮記、孟子、毛氏詩、左氏春秋之屬，禮，周禮。采禮樂古事，稍稍增輯至五百餘篇，被服造次必如儒者，山東諸儒多從之遊。是歲十月來朝，獻雅樂，對三雍宮及詔策所問三十餘事，三雍宮：辟雍、明堂、靈臺。推道術而言，得事之中，文約指明。正月，王薨，謚曰獻。

唐蒙通南夷

綱 通南夷，置犍爲郡。(犍爲郡治僰道縣，即今四川宜賓市。)通西夷，置一都尉。

目 番陽令唐蒙上書曰：番音婆。(番陽，即今江西鄱陽縣。)「南越王名爲外臣，(南越王都南海，今廣東廣州市。)實一州主也。今以長沙、豫章往，(長沙，今湖南長沙市。豫章郡治南昌縣，在今江西南昌市。)水道多絕。竊聞夜郎精兵可十餘萬，(夜郎國，有今貴州西部地。)浮船牂柯，夜郎臨牂柯江。(牂柯江，今名濛江，出貴州惠水縣西北，南至羅甸縣入盤江，經廣西入廣東爲西江。)出其不意，此制越一奇也。請通夜郎道，爲置吏。」上乃拜蒙爲中郎將，將千人，從筰關入，筰音昨。(筰關，在今四川滎經縣南。)見夜郎侯多同，多同，名也。厚賜之，約爲置吏。多同聽約。蒙還報，上以爲犍爲郡。

時邛、筰君長聞南夷得賞賜多，邛音窮。邛、筰，二國名。(邛在今四川西昌縣東南，筰在今四川漢源縣東

司馬相如通西夷

東方朔諫納董偃

南。）欲請吏。上問司馬相如，相如曰：「邛、筰、冉、駹近蜀，駹音龐。冉、駹，西夷二族。（蜀，今四川成都市。）易通；爲置郡縣，愈於南夷。」上乃拜相如爲中郎將，建節往使，因巴、蜀吏幣物以賂西夷，皆請爲內臣。除邊關；通關去塞。關益斥，開拓也。西至沫、若水，（沫水卽今大渡河，南流至今四川石棉縣折東流，至樂山縣入岷江。若水卽今鴉礱江，在四川雅江縣城西。）南至牂柯爲徼，（漢牂柯郡治且蘭，在今貴州都勻市北。）徼音敎，邊也。東北曰塞，西南曰徼。爲置一都尉。

綱 秋七月，大風拔木。

綱 皇后陳氏廢。

目 后以祠祭厭勝，媚道；事覺，册收璽綬，退居長門宮，供奉如法。竇太主慙懼，竇太主，帝之姑館陶公主。（卽陳皇后母。）稽顙謝，上慰諭之。

初，上嘗置酒主家，主見所幸賣珠兒董偃，上使之侍飲，常從遊戲、馳逐，觀雞、鞠，雞，鬥雞。鞠，蹋鞠。鞠以革爲圓囊，實以毛髮，蹴蹋爲戲。角狗、馬，上大歡樂之。因爲主置酒宣室，宣室，未央宮前殿正室也。使謁者引內偃。內音納。中郎東方朔辟戟而前，辟，捐也。朔是時陛戟殿下；辟戟者，謂以戟置地也。曰：「董偃有斬罪三，安得入乎！」上曰：「何也？」朔曰：「偃以人臣私侍公主，一也。敗男女之化，亂婚姻之禮，傷王制，二也。陛下富於春秋，方積思於六經，而偃以靡麗奢侈，極耳目之欲，乃國家之大賊，人主之大蜮，蜮音域，短狐也，江、淮水皆有之，能含沙以射水中人影；其人輒病，而不見其形。三也。」上默然，良久曰：「吾業已設飲，後而自改。」朔曰：「不可。夫

作見知法

以公孫弘爲博士

公孫弘對策

宣室者，先帝之正處也，非法度之政，不得入焉。淫亂之漸，其變爲篡。」上曰：「善。」詔更置酒北宮，在未央殿北。引偃從東司馬門入；賜朔黃金三十斤。偃寵由是日衰。

綱 詔大中大夫張湯、中大夫趙禹定律令。

目 上使張湯、趙禹共定律令，務在深文。拘守職之吏，謂拘刻於因循守職無所改作之吏。作見知法，吏見知人犯法不舉告是爲故縱，則以其罪罪之。吏傳相監司。用法益刻自此始。

綱 八月，螟。螟，食苗心蟲。

綱 以公孫弘爲博士。

目 是時徵吏民有明當世之務，習先聖之術者，縣次續食，各縣依次接續飲食之。令與計偕。計，郡國每歲遣詣京師上計簿使也。偕，俱也。言使所徵者，與上計使者偕來也。菑川人公孫弘對策曰：（菑川國都劇，在今山東壽光縣東南。公孫弘菑川薛縣人，即今山東滕縣。）「臣聞堯、舜之時，不貴爵賞而民勸善，不重刑罰而民不犯，躬率以正而遇民信也。是故因能任官，則分職治；去無用之言，則事情得；不作無用之器，則賦斂省；不奪農時，不妨民力，則百姓富；有德者進，無德者退，則朝廷尊；有功者上，無功者下，則羣臣逡；言有次第也。罰當罪，則姦邪止；賞當賢，則臣下勸。凡此八者，治之本也。故民者，業之則不爭，理得則不怨，有禮則不暴，愛之則親上，此有天下之急者也。禮義者，民之所服也，而賞罰順之，則民不犯禁矣。氣同則從，聲比則應。比讀如避，合也。今人主和德於上，百姓和合於下，和合，與上合德。故心和則氣和，氣和

轅固斥公孫弘　汲黯廷詰公孫弘　初算商車　衛青擊匈奴

則形和，形和則聲和，聲和則天地之和應矣。故陰陽和，風雨時，五穀登，六畜蕃，山不童，山無草木曰童。澤不涸，此和之至也。臣聞：仁者，愛也；義者，宜也；禮者，所履也；智者，術之原也。四者，治之本也，得其要則天下安樂，不得其術則主蔽於上，官亂於下，此事之情也。」策奏，天子擢爲第一，拜博士，待詔金馬門。徵召之人，未有正官，故稱待詔。金馬門者，宦署門也。時有善相馬者東門京，鑄銅馬法獻之；詔立馬於魯般門，故更名金馬門。

齊人轅固，年九十餘，亦以賢良徵。弘仄目事固，固曰：「公孫子，務正學以言，無曲學以阿世！」諸儒多疾毁固，遂以老罷歸。

弘每朝會議，開陳其端，使人主自擇，不肯面折廷爭。於是上大悅之。嘗與汲黯請閒，請空閒處語，不於衆中顯論也。黯先發之，弘推其後，天子常悅其言，皆聽弘。嘗與公卿約議，至上前，皆倍其約以順上旨。汲黯廷詰弘多詐不忠。弘謝曰：「知臣者以臣爲忠，不知臣者以臣爲不忠。」上益厚遇之。

綱　壬子，六年，（前一二九）冬，初算商車。起商賈車稅。

綱　春，匈奴寇上谷，（上谷郡治沮陽縣，在今河北懷來縣西南。）遣車騎將軍衛青等將兵擊却之。

目　匈奴寇上谷，遣衛青等四將軍擊之。李廣軍敗，爲胡所得，絡盛置兩馬閒。廣佯死，暫騰而上胡兒馬，暫，猝也。奪其弓，鞭馬南馳，遂得歸。下吏，當死，贖爲庶人。兩將軍亦無功，唯青得首虜多，賜爵關內侯。青雖出於奴虜，（衞青爲平陽侯家騎奴。）然善騎射，材力絕人，遇士大夫以禮，與士卒有恩，衆樂爲用，有將帥材，故每出輒有功。

綱　夏，大旱，蝗。

定二千石不舉孝廉罪法

綱　癸丑，元朔元年，（前一二八）冬，定二千石不舉孝、廉罪法。（二千石，謂郡、國守、相。）

目　詔曰：「朕深詔執事，興廉，舉孝，庶幾成風，紹休聖緒。夫十室之邑，必有忠信，三人並行，厥有我師。今或至闔郡而不薦一人，是化不下究，而積行之君子壅於上聞也。且進賢受上賞，蔽賢蒙顯戮，古之道也。其議二千石不舉者罪！」有司奏：「不舉孝，不奉詔，當以不敬論。不察廉，不勝任也，當免。」奏可。

皇子據生

綱　皇子據生。春三月，立夫人衞氏爲皇后，赦。

李廣爲右北平守

綱　秋，匈奴入寇，以李廣爲右北平太守。（右北平郡治平剛，即今河北平泉縣。）

目　匈奴號廣曰「漢之飛將軍」，避之，數歲不敢入右北平。

主父偃上書

綱　以主父偃、嚴安、徐樂爲郎中。（主父，複姓。）

目　臨淄人主父偃，（臨淄，在今山東益都縣西北。）上書闕下，朝奏，暮召入。所言九事，其八事爲律令；一事諫伐匈奴。其辭曰：「司馬法曰：（司馬法，見卷五周威烈王二十三年「司馬穰苴」注。）『國雖大，好戰必亡；天下雖平，忘戰必危。』夫怒者逆德也，兵者凶器也，爭者末節也。夫務戰勝窮武事者，未有不悔者也。昔秦吞戰國，務勝不休，使蒙恬將兵攻胡，（見卷八秦始皇帝三十三年「蒙恬收河南地」目。）辟地千里。百姓靡敝，不能相養，蓋天下始畔秦也。夫匈奴難得而制，非一世也；行盜侵驅，天性固然。虞、夏、殷、周，固弗程督。今上不觀虞、夏、殷、周之統，而下循近世之失，此臣之所大憂，百姓之所疾苦也。」

嚴安上書

偃同郡嚴安亦上書曰：「今人用財侈靡，逐利無已，犯法者衆。臣願爲民制度，以防其淫。昔秦王意廣心逸，欲威海內，北攻胡，南攻越。天下大畔，滅世絶祀，窮兵之禍也。今徇西南夷，（行定曰徇。）建城邑，深入匈奴，燔其龍城；（西胡皆事龍神，名大會處爲龍城。）此人臣之利，非天下之長策也。」

徐樂上書

無終徐樂上書曰：（無終即今河北薊縣。）「臣聞天下之患，在土崩，（若宇土崩頹。）不在瓦解。（若屋瓦解散。）陳涉起窮巷，奮棘矜，（矜同獾，音芹。棘同戟，柄也。時秦銷兵器，故但持戟柄耳。）偏袒大呼，天下從風。此其故何也？由民困而主不恤，下怨而上不知，俗已亂而政不脩。此三者，涉之所以爲資也，此之謂土崩。吳、楚七國，（景帝三年，吳王濞、膠西王卬、膠東王雄渠、菑川王賢、濟南王辟光、楚王戊、趙王遂等反。）號皆萬乘，威足以嚴其境內，財足以勸其士民；然不能西攘尺寸之地，而身爲禽者，（禽同擒。）此其故何也？當是之時，先帝之德未衰，而安土樂俗之民衆，故諸侯無境外之助，此之謂瓦解。閒者，（閒，近也。）關東穀數不登，民多窮困，重之以邊境之事，推數循理而觀之，民宜有不安其處者矣。不安，故易動；易動者，土崩之勢也。故賢主獨觀萬化之原，明於安危之機，脩之廟堂之上，而銷未形之患，其要期使天下無土崩之勢而已

詔諸侯王得分國邑封子弟

徙郡國豪傑於茂陵

郭解

矣。」

書奏，召見，謂曰：「公等皆安在，何相見之晚也！」皆拜爲郎中。偃尤親幸，一歲中凡四遷，爲中大夫。大臣畏其口，賂遺累千金。或謂偃曰：「太橫矣！」偃曰：「吾生不五鼎食，（牛、羊、豕、魚、麋。）死即五鼎烹耳！」（謂被鼎鑊之誅。）

綱　甲寅，二年，（前一二七）冬，賜淮南王安几、杖，毋朝。

綱　春正月，詔諸侯王得分國邑封子弟爲列侯。

目　主父偃說上曰：「古者諸侯不過百里，彊弱之形易制。今諸侯或連城數十，地方千里，緩則驕奢，易爲淫亂；急則阻其彊，而合從以逆京師。以法割削之，則逆節萌起。然諸侯子弟或十數，而適嗣代立，（適同嫡。）餘無尺寸之封，則仁孝之道不宣。願陛下令諸侯得推恩分子弟，以地侯之，彼人人喜得所願；上以德施，實分其國，不削而稍弱矣。」上從之。

綱　匈奴入寇，遣衞青等將兵擊走之；遂取河南地，立朔方郡，（治朔方縣，即今內蒙古杭錦旗。）募民徙之。

綱　三月，徙郡國豪傑於茂陵。

目　主父偃說上曰：「天下豪傑幷兼亂衆之民，皆可徙茂陵；內實京師，外銷姦猾，此所謂不誅而害除。」上從之。軹人郭解，（軹縣，在今河南濟源縣東南。）關東大俠也，（俠，任俠也。相與信爲任，同是非爲俠，所謂權行州里，力折公卿者也。）亦在徙中。衞青爲言：「郭解家貧，不中徙。」上曰：「解，布衣，權至使將軍爲言，此其家不貧。」卒徙解家。解平生睚眦殺人甚衆，（睚眦，舉目相忤貌。言舉目相忤者亦殺之。）上聞之，下吏捕治，所殺皆在赦前。軹有儒生侍使者坐，客譽郭解。生曰：「解專以奸犯公法，何謂賢！」解客聞，殺此生，斷其舌。吏以此責解，解實不知。吏奏解無罪，公孫弘議曰：「解，布衣，爲任俠行權，以睚眦殺人；解雖不知，此罪甚於解殺之，當大逆無道。」遂族郭解。

誅主父偃

綱　燕王定國、齊王次昌皆有罪，自殺，國除。誅齊相主父偃，夷其族。

目　燕王定國與父姬姦，奪弟妻。殺肥如令郢人，（肥如縣，在今河北昌黎縣西北。）郢人家告之，主父偃從中發其事。公卿請誅之，定國自殺，國除。齊厲王次昌亦與姊通。偃嘗欲納女於齊王，不許。因言於上曰：「臨淄殷富，（臨淄，齊都。）非親愛子弟不得王。今齊王屬疏，又與姊通，請治之。」於是拜偃爲齊相。至齊，急治王後宮宦者，辭及王；王懼，自殺。上聞，大怒，以爲偃劫其王令自殺，乃徵下吏。偃辭不服，上欲弗誅，公孫弘曰：「齊王自殺，國除，偃本首惡，不誅之無以謝天下。」乃族誅之。

孔臧乞爲太常

綱　以孔臧爲太常。（孔臧，孔子十二世孫。）

目　上欲以孔臧爲御史大夫，辭曰：「臣世以經學爲業，乞爲太常，典臣家業，與從弟侍中安國，綱紀古訓，使永垂來嗣。」上乃以爲太常，其禮賜如三公。

綱　乙卯，三年，（前一二六）以公孫弘爲御史大夫。春，罷蒼海郡。（在今遼寧鴨綠江與遼陽市間。或說在朝鮮南部。）

目 時通西南夷，東置蒼海，北築朔方之郡。公孫弘數諫，以爲罷敝中國以奉無用之地，（罷同疲。）願罷之。天子使朱買臣等難以置朔方之便，發十策，弘不得一。乃謝曰：「山東鄙人，不知其便若是，願罷西南夷、蒼海，而專奉朔方。」上乃許之。

公孫弘爲布被

弘爲布被，食不重肉。汲黯曰：「弘位三公，奉祿甚多；爲此，詐也。」上問弘，弘謝曰：「有之。臣誠飾詐，欲以釣名；且無黯忠，陛下安得聞此言！」上以爲謙讓，愈益厚之。

綱 以張騫爲大中大夫。

綱 夏六月，皇太后崩。（武帝母王太后。）

以張湯爲廷尉

綱 秋，以張湯爲廷尉。

汲黯質責張湯

目 湯爲人多詐，舞智以御人。汲黯數質責湯於上前，（質，對也。）曰：「君爲正卿，上不能褒先帝之功業，下不能抑天下之邪心，安國富民，使囹圄空虛，何空取高皇帝約束紛更之爲！」黯時與湯論議，湯辨常在文深小苛；（深，刻深。苛，繁苛。）黯伉厲守高，（伉，直也。）不能屈，忿發，罵曰：「天下謂刀筆吏不可以爲公卿，果然！必湯也，令天下重足而立，側目而視矣！」

綱 罷西夷。

公孫弘相

綱 丁巳，五年，（前一二四）冬十一月，丞相澤免，（薛澤。）以公孫弘爲丞相，封平津侯。（平津，在今河北鹽山縣南。）

目　丞相封侯自弘始。時上方興功業，弘於是開東閤以延賢人。閤，小門也。東向開之，避當庭門而引接賓客，以別於掾史官屬。弘外寬內深。諸嘗有隙，無遠近，雖陽與善，後竟報之。汲黯常面觸弘，弘欲誅之以事，乃言上曰：「右內史界部中多貴人、宗室，（右內史卽後之右扶風，爲三輔之一，治長安，今陝西西安市西北。）難治，非素重臣不能任，請徙黯爲右內史。」上從之。

衞青爲大將軍

綱　春，匈奴寇朔方，遣衞青率六將軍擊之；還，以青爲大將軍。

目　匈奴右賢王數侵擾朔方，天子令將軍衞青等出右北平擊之。右賢王飲，醉。青等夜至，圍之。右賢王驚，潰圍北去。得裨王十餘人，裨王，小王也。衆萬五千餘人，畜數十百萬，於是引兵還。天子使使者持大將軍印，卽軍中拜青爲大將軍，諸將皆屬。尊寵於羣臣無二，公卿以下皆卑奉之，獨汲黯與亢禮。人或說黯曰：「大將軍尊重，君不可以不拜。」黯曰：「夫以大將軍有揖客，反不重邪！」青聞，愈賢黯，數請問國家朝廷所疑，遇黯加於平日。

武帝不冠不見汲黯

青雖貴，有時侍中，上踞廁而視之；廁，謂牀邊側也。古者見大臣則御坐爲起，然則踞廁者，蓋輕之也。丞相弘燕見，上或時不冠。至如汲黯見，上不冠不見也。上嘗坐武帳中，帳織爲武士之象也。黯前奏事，上不冠；望見黯，避帷中，使人可其奏。其見敬禮如此。

置博士弟子

綱　夏六月，爲博士置弟子五十人。

目　詔曰：「蓋聞導民以禮，風之以樂。今禮壞樂崩，朕甚憫焉。其令禮官勸學興禮，以爲天下先！」於是丞相弘等奏：「請爲博士官置弟子五十人，復其身；（復除其賦役。）第其高下，以補郎中、文學掌故；（郎中，主宮殿門戶。掌故，治禮之官，主故事者；以有文學習禮儀者爲之，故云。）郎有秀才異等，輒以名聞。又吏通一藝以上者，請皆選擇以補右職。」上從之。自此公卿、大夫、士、吏彬彬多文學之士矣。

賜衡山王賜書不朝

綱 秋，削淮南二縣。賜衡山王賜書，不朝。

目 初，淮南王安好讀書屬文，招致賓客多輕薄士，常以厲王遷死感激安。（厲王，淮南王長。遷死，見卷十一文帝前六年「淮南王長謀反廢徙蜀」目。）安乃治戰具，積金錢。郎中雷被願奮擊匈奴，安斥免之。是歲，被亡之長安，（京師。）上書自明。事下廷尉，蹤跡連安，詔削二縣。安恥之，爲反謀益甚。安與衡山王賜相責望，禮節閒不相能。（不相善也。）賜聞安有反謀，恐爲所幷，亦結賓客爲反具。當入朝，過淮南，爲昆弟語，（衡山王賜，即淮南王安弟。）除前隙，約束反具。上書謝病；上賜書，不朝。

衞青擊匈奴

綱 戊午，六年，（前一二三）春二月，遣衞青率六將軍擊匈奴。

目 大將軍青出定襄，（郡名，治成樂縣，即今內蒙古和林格爾縣。）公孫敖、公孫賀、趙信、蘇建、李廣、李沮咸屬；斬首數千級而還。

衞青復擊匈奴

綱 夏四月，衞青復率六將軍擊匈奴，前將軍趙信敗降匈奴。

目 青復將六將軍出定襄，擊匈奴，斬首虜萬餘人。右將軍建、前將軍信幷軍逢單于兵，與戰一日餘，漢兵且盡。信將其餘騎降匈奴。建盡亡其軍，脫身亡，自歸。議郎周霸曰：「自大將軍出，未嘗斬裨將。裨將，偏將。今建棄軍，可斬以明威。」青曰：「青幸得以肺腑待罪行間，肺同柿，音費，木札也。腑音附，樹皮也。以喻人主疏末之親，如木札出於木，樹皮附於樹也。不患無威。職雖當斬將，然以臣之尊寵，而不敢自擅誅於境外，於以見爲人臣不敢專權，不亦可乎？」遂囚建詣行在所，天子稱乘輿，所至曰行在。詔贖爲庶人。

霍去病

青姊子霍去病，年十八，善騎射，爲票姚校尉，票姚，勁疾貌。與輕勇騎八百，直棄大軍數百里赴利，赴，奔趨。利，便利。斬捕首虜過當。所將人數少，斬首捕虜爲數多，過於所當。於是封爲冠軍侯。（漢南陽郡有冠軍縣，武帝置，在今河南鄧縣西北。）校尉張騫以知水草處，軍得不乏，封博望侯（博望縣，屬南陽郡，在今河南南陽市東北。）信教單于益北絕幕，益北，愈向北也。幕同漠。直度曰絕。漠，北方流沙也，匈奴南界。以誘罷漢兵，罷同疲。徼極而取之，徼音驕，要也。要漢兵，令其罷極，然後取之。毋近塞。單于從之。

詔民得買爵贖罪

綱　六月，詔民得買爵贖罪。置武功爵。

武功爵

目　是時漢比歲擊胡，比歲，連年也。斬捕首虜之士受賜黃金二十餘萬斤，而漢軍士馬死者十餘萬，兵甲轉漕之費不與焉。轉，陸運。漕，水運。與音預。於是大司農經用竭，不足以奉戰士。乃詔令民得買爵贖罪，置賞官，名曰武功爵，級十七。買爵至千夫者，得先除爲吏。吏道雜而多端，官職耗廢矣。耗音帽，亂也。

獲一角獸
始以天瑞紀元

綱鑑易知錄卷十四

漢紀

孝武皇帝

綱 己未，元狩元年，（前一二二）冬十月，祠五時，（五時見卷十二景帝中六年「五時」注。）獲一角獸，以燎。燒柴焚燎以祭天。始以天瑞紀元。

目 行幸雍，祠五時，獲獸，一角而足有五蹄。有司言：「陛下肅祇郊祀，上帝報享，錫一角獸，蓋麟云。」蓋，疑辭。麟，麕身，牛尾，馬蹄，一角，毛蟲之長，王者之瑞。於是以薦五時，時加一牛，以燎。有司又言：「元宜以天瑞命，命，名也。一元曰建，自古無年號，始建於此。（武帝即位爲建元元年，故曰「一元曰建」。）二元以長星曰光，（建元六年有星長竟天，次年改元元光。）今元以郊得一角獸曰狩云。」

綱 淮南王安、衡山王賜謀反，自殺。

目 淮南王安與賓客左吳等，日夜爲反謀。召中郎伍被與謀反事，且曰：「漢廷大臣獨汲黯好直諫，守節死義，難惑以非。至如說丞相弘等，弘，公孫弘。如發蒙振落耳！」發去物上之蒙，振落樹上之葉，言易也。被自詣吏，告與安謀如此。上使宗正治安，未至，安自剄。諸所與謀反者皆族。捕得陳喜於衡山王子孝家。孝聞律：先自告，除其罪；即先自告所與謀反者陳喜等。公卿請逮捕賜治，賜自剄死。

綱　夏四月，立子據爲皇太子。

綱　五月晦，日食。

綱　遣博望侯張騫使西域。始通滇國，（滇，西南夷，因滇池名。滇池，在今雲南昆明市南。）復事西南夷。

張騫使西域

目　初，張騫自月氏還，月氏，西域國，在蔥嶺西，安息東。後分大小兩種。具爲天子言西域諸國風俗：「大宛在漢正西，可萬里，其俗土著，著土地而有常居，非行國隨畜牧遷徙者比。畊田，多善馬，有城郭、室屋。其東北則烏孫，東則于窴。于窴之西，則水皆西流注西海；其東，水東流注鹽澤。鹽澤潛行地下，其南則河源出焉。鹽澤去長安可五千里。匈奴右方居鹽澤以東，至隴西長城，（秦始皇築長城，起臨洮至遼東，隴西長城即謂臨洮。）南接羌，鬲漢道焉。鬲同隔，隔絕漢之路道。烏孫、康居、奄蔡、大月氏，奄蔡一名闔蘇。皆行國，隨畜牧，與匈奴同俗。大夏在大宛西南，與大宛同俗。臣在大夏時，見邛竹杖，邛音窮。邛竹杖，其竹節高中實，可作杖。（邛杖出邛都邛山。邛都即邛國，西南夷國，在今四川西昌縣東南。）蜀布，土蘆布也。問：『安得此？』曰：『市之身毒。』身音捐，又音乾。毒音篤。身毒一名天篤，今稱天竺，蓋「身毒」聲轉爲「天篤」，「篤」省文作「竺」，又轉爲「竹」音也。其國地方三萬里，佛道所出。其人脩浮屠道，不殺伐，遂以成俗。身毒在大夏東南可數千里，其俗土著，與大夏同。度大夏去

大宛

烏孫于窴

康居奄蔡大月氏大夏

身毒

漢萬二千里，居漢西南；今身毒又居大夏東南數千里，有蜀物，此其去蜀不遠矣。今使大夏，從羌中，險；少北，則爲匈奴所得；從蜀，宜徑，又無寇。」天子既聞諸國多奇物，而兵弱，貴漢財物，誠得而以義屬之，則廣地萬里，重九譯，致殊俗，威德徧於四海，欣然以騫言爲然。乃令騫因蜀、犍爲，發閒使四道並出，求身毒國；各行一二千里，終莫得通。於是始通滇國，乃復事西南夷。

李蔡相張湯爲御史大夫

綱 庚申，二年，（前一二一）春三月，丞相弘卒。弘，公孫弘。以李蔡爲丞相，張湯爲御史大夫。

霍去病擊匈奴

綱 以霍去病爲票騎將軍，擊匈奴。敗之，過焉支，（一名燕支山，在今甘肅山丹縣東，南接永昌縣界。）至祁連山而還。祁連山，匈奴呼天爲祁連，故名。（一名天山，在今甘肅酒泉市南，南接青海界。）

目 霍去病爲票騎將軍，將萬騎出隴西，擊匈奴。轉戰六日，過焉支山千餘里，斬首虜獲甚衆。夏，去病復深入二千餘里，至祁連山，斬首虜獲尤多。益封五千戶。是時諸宿將皆不如去病，由此去病日以親貴，比大將軍矣。

匈奴渾邪王降

綱 秋，匈奴渾邪王降，置五屬國以處其衆。

目 匈奴單于怒渾邪、休屠王爲漢所殺虜數萬人，渾邪、休屠，俱匈奴之屬，爲王者之號。欲召誅之。渾邪王與休屠王恐，謀降漢。休屠王後悔，渾邪王殺之，并其衆以降漢。發車二萬乘迎之，縣官無錢，從民貰馬，民或匿馬，馬不具。上怒欲斬長安令，右內史汲黯曰：「長安令無罪，獨斬臣黯，民乃肯出馬。且匈奴畔其主而降漢，何至罷敝中國以事夷狄之人乎！」罷同疲。上默然，曰：「吾久不聞汲黯之言，今又復妄發矣！」居頃之，乃分徙降者邊五郡故塞外，邊，近也。五郡，隴西、北地、上郡、朔方、雲中。因其故俗爲五屬國。存其國號而屬於漢朝，故曰屬國。休屠王太子日磾沒入官，日磾，音密低。輸黃門養馬。帝遊宴見馬，後宮滿側，日磾等數十人牽馬過殿下，莫不竊視，至日磾獨不敢。日磾長八尺二寸，容貌甚嚴，馬又肥大，上奇焉，即日拜爲馬監，遷侍中、駙馬都尉、光祿大夫，甚信愛之。貴戚多竊怨曰：「陛下妄得一胡兒，反貴重之。」上愈厚焉。以休屠作金人爲祭天主，故賜日磾姓金氏。

綱 辛酉，三年，（前一二〇）春，有星孛于東方。

綱 秋，山東大水，徙其貧民於關西、朔方。關西，謂隴西、北地、西河、上郡四郡地。（朔方郡治朔方縣，即今內蒙古杭錦旗。）

作昆明池

綱 作昆明池。（故址一說在今陝西西安市西北，一說在西安市南鶴鵲莊。）

目 上將討昆明，西南夷國名，即滇國也。（昆明，即今雲南昆明市。）以昆明有滇池，方三百里，乃作昆明池以習水戰。

得神馬

綱 得神馬於渥洼水中。李斐曰：「南陽新野人暴利長屯田郡界，數於此水旁見羣野馬。中有奇者，與凡馬異，來飲此水。利長先作土人持勒絆立水旁，後馬玩習久之，乃代土人持勒絆，收得其馬，獻之。欲神異此馬，故云從水中出。」（渥洼水，在今甘肅安西縣境。）

汲黯諫誅賢才

白鹿皮幣

白金三品

三銖錢

鹽鐵官

目　是歲得神馬於渥洼水中。上方立樂府，及得神馬，次以爲歌。次，撰述也。其辭曰：「太一貢兮天馬下，霑赤汗兮沫流赭。騁容與兮跇萬里，今安匹兮龍與友！」汲黯曰：「凡王者作樂，上以承祖宗，下以化兆民。今陛下得馬，詩以爲歌，協於宗廟，先帝百姓豈能知其音邪？」上默然不悅。

上招延士大夫，常如不足；然性嚴峻，雖素所愛信者，小有犯法，輒按誅之。汲黯諫曰：「陛下求賢甚勞，未盡其用，輒已殺之。以有限之士，恣無已之誅，臣恐天下賢才將盡，陛下誰與共爲治乎！」上曰：「何世無才，患人不能識之耳。且才，猶有用之器也，有才而不肯盡用，與無才同，不殺何施！」黯曰：「臣雖不能以言屈陛下，而心猶以爲非。願陛下自今改之，無以臣爲愚而不知理也。」居久之，坐法免。

綱　壬戌，四年，（前一一九）冬，造皮幣、白金，鑄三銖錢，（武帝建元元年行三銖錢，五年罷三銖錢行半兩錢，今又鑄三銖錢。）置鹽、鐵官，算緡錢、舟車。算，稅也。緡，錢貫也。

目　有司言：「縣官用度大空，請更錢造幣以贍用。」時禁苑有白鹿，而少府多銀、錫，乃以白鹿皮方尺，緣以藻繢，緣，飾也。藻繢，五采繡也。爲皮幣，直四十萬。朝覲聘享，必以皮幣薦璧，薦，藉也。然後得行。又造銀、錫爲白金三品，雜鑄銀、錫爲白金，其一重八兩，圓之，以象天，其文龍；二重差小，方之，以象地，其文馬；三復小，楕之，以象人，其文龜。大者直三千，次直五百，小直三百。銷半兩錢，更鑄三銖錢。

於是以齊大煑鹽東郭咸陽、南陽大冶孔僅爲大農丞，東郭，複姓。領鹽鐵事。洛陽賈人

算緡錢

算舟車

子桑弘羊以心計，言不用籌算。年十三，侍中。三人言利事析秋毫矣。又令諸賈人末作，各以其物自占，占，隱度也。各自隱度其家財多少，爲文簿送之官。率緡錢二千而一算，及有船車者，皆有算。匿不自占，占不悉，沒入緡錢。有能告者，以其半與之。其法大抵出張湯，百姓咸指怨之。

卜式輸財助邊

綱　以卜式爲中郎，賜爵左庶長。

目　初，河南人卜式數輸財縣官以助邊。不敢指斥天子，故稱縣官。天子使使問式：「欲官乎？」式曰：「臣少田牧，不習仕宦，不願也。」使者問曰：「家豈有冤，欲言事乎？」式曰：「臣生與人無分爭，邑人貧者貸之，不善者教之，何故有冤！無所欲言也。」使者曰：「苟如此，子何欲？」式曰：「天子擊匈奴，愚以爲賢者宜死節於邊，有財者宜輸委也。」上以問公孫弘，弘曰：「此非人情。不軌之臣，不可以爲化。」至是上以式終長者，欲尊顯以風百姓，乃召拜式爲中郎，賜爵左庶長。

綱　春，有星孛于東北。

綱　夏，長星出西北。

衞霍擊匈奴

綱　遣衞青、霍去病擊匈奴。青部前將軍李廣失道，自殺。去病封狼居胥山而還。封，積土增山以祭。（狼居胥山，在今內蒙古五原縣西北。）詔以青、去病皆爲大司馬。

目　上與諸將議曰：「趙信爲單于畫計，（趙信，見卷十三元朔六年「前將軍趙信敗降匈奴」目。）常以

李廣後期自剄

爲漢兵不能度幕輕留，幕同漢，北方流沙也。令大發士卒，其勢必得所欲。」乃令大將軍青、票騎將軍去病各將五萬騎，而敢力戰深入之士皆屬去病。去病出代郡，（治桑乾縣，在今河北蔚縣東北。）青出定襄。（治成樂縣，即今內蒙古和林格爾縣。）李廣爲前將軍，公孫賀爲左將軍，趙食其爲右將軍，曹襄爲後將軍，皆屬大將軍。

青既出塞，捕虜知單于所居，乃自以精兵走之，而令前將軍廣幷於右將軍，軍出東道。廣自請曰：「臣部爲前將軍，且結髮而與匈奴戰，今乃一得當單于，願置前先死。」青陰受上誡，以爲廣老，數奇，數奇，命不偶也。毋令當單于。廣固自辭於青，青不聽。廣不謝而起行，意甚慍怒。

青度幕，見單于兵陳而待。會日且入，大風起，砂礫擊面，礫音力，小石。兩軍不相見，漢益縱左右翼繞單于。單于冒圍而去，漢發輕騎夜追之，不得單于，捕斬萬九千級。

廣、食其軍無導，惑失道，後期。青使長史急責廣之幕府對簿。古者出征，以帳幕爲府署，故曰幕府。對簿，以文簿次第一一責之，令其對詞。廣謂其麾下曰：「廣年六十餘矣，終不能復對刀筆之吏！」遂自剄。廣爲人廉，得賞賜輒分其麾下，飲食與士共之，士以此愛樂爲用。食其下吏，當死，贖爲庶人。

去病出代、右北平二千餘里，（右北平郡治平剛縣，即今河北平泉縣。）封狼居胥山，禪於姑衍，禪，除地爲墠以祭。姑衍，匈奴中小山。登臨瀚海，登臨，登海邊山以望。瀚海，大海名，在沙漠北，羣鳥解羽，伏乳於此，

置大司馬位

因名焉。（瀚海即指今內蒙古西部巴彥淖爾盟沙漠。）斬七萬級。

兩軍出塞，塞閱官、私馬凡十四萬匹，而復入塞者不滿三萬匹。乃益置大司馬位，青、去病皆爲之。自是之後，青日退而去病日益貴。青故人、門下士，多去事去病，獨任安不肯。

去病爲人，少言不泄，有氣敢往。天子嘗欲教之孫、吳兵法，對曰：「顧方略何如耳，不至學古兵法。」然少貴，不省士，其從軍，天子爲遣太官齎數十乘；太官，少府屬官，主膳食。齎音濟，平聲。既還，重車餘棄粱肉，而士有飢者。其在塞外，卒乏糧，或不能自振，而去病尚穿域蹋鞠。穿地爲營域作鞠室也。（蹋鞠，見卷十三元光五年「觀雞、鞠」注。）事多此類。青爲人仁，喜士，退讓，以和柔自媚於上。兩人志操如此。

是時漢所殺虜匈奴合八九萬，而漢士卒物故亦數萬。是後匈奴遠遁，而幕南無王庭。幕南，沙漠之南。穹廬前地若庭，故云王庭。

綱　匈奴請和親，遣使報之，單于留不遣。

目　匈奴用趙信計，遣使於漢，好辭請和親。天子下其議，丞相長史任敞曰：「匈奴新破困，宜可使爲外臣。」漢使敞於單于，單于大怒，留之不遣。博士狄山議以爲和親便，張湯曰：「此愚儒無知。」山曰：「臣固愚，愚忠；若湯，乃詐忠。」於是上作色曰：「吾使生居一郡，能無使虜入盜乎？」曰：「不能。」曰：「居一縣。」對曰：「不能。」復曰：「居一障閒。」障，山中小城，也。（漢制，每塞上要害處，別築爲城，因置吏士，而爲障蔽以扞寇，謂之候城，此卽障也。）山自度，辯窮且下吏，曰：「能。」於是上遣山乘障。至月餘，匈奴斬山頭而去。自是羣臣震慴，無敢忤湯者。

【綱】以義縱爲右內史，王溫舒爲中尉。

義縱

【目】先是，甯成爲關都尉，吏民出入關者號曰：「寧見乳虎，（產乳之虎，搏噬過當。）無值甯成之怒。」及義縱爲南陽太守，（南陽郡治宛，卽今河南南陽市。）至關，成側行送迎，縱不爲禮；至郡，遂按甯氏，破碎其家，南陽吏民重足斂迹。後徙定襄太守，初至，掩獄中重罪輕繫，（乘其不備而覆之曰掩。）一日皆報，（論決爲報。）殺四百餘人，其後郡中不寒而栗。時趙禹、張湯以深刻爲九卿，然其治尚輔法而行；縱專以鷹擊爲治。（如鷹鸇之搏擊。）是歲，汲黯坐法免，乃以縱爲右內史。

王溫舒

王溫舒始爲廣平都尉，（廣平，在今河北曲周縣北舊城村。）擇郡中豪敢往吏十餘人，（豪敢往，豪猾而果敢，一往無所顧也。）以爲爪牙。縱使督盜賊，盜賊不敢近廣平。遷河內太守，（河內郡治懷縣，在今河南武陟縣西南。）捕郡中豪猾，相連坐千餘家。上書請，大者至族，小者乃死。論報，至流血十餘里。會春，溫舒頓足歎曰：「嗟乎！令冬月益展一月，（展，轉也。）足吾事矣！」（立春之後，不復行刑，故云。）上以爲能，擢爲中尉。

【綱】方士文成將軍少翁伏誅。

【目】齊人少翁，以鬼神方見上。上有所幸王夫人卒，少翁以方夜致鬼，如王夫人貌，天

文成將軍　鑄五銖錢　以汲黯爲淮陽太守　莊青翟相　遣使治郡國緡錢　楊可告緡錢

子自帷中望焉。於是乃拜少翁爲文成將軍，以客禮之。文成又勸上爲臺室，而置祭具，以致天神。居歲餘，其方益衰，乃爲帛書以飯牛，言曰：「此牛腹中有奇。」殺視得書，書言甚怪，天子識其手書，於是誅之。

【綱】癸亥，五年，（前一一八）春三月，丞相蔡有罪，（蔡，李蔡。）自殺。

【目】坐盜孝景園堧地也。

【綱】罷三銖錢，鑄五銖錢。

【綱】以汲黯爲淮陽太守。（淮陽，今河南淮陽縣。）

【目】於是民多鑄錢，楚地尤甚，乃召拜汲黯爲淮陽太守。黯爲上泣曰：「臣常有狗馬之心，（思報効也。）病力不能任郡事。（力，甚也。）臣願爲中郎，出入禁闥，補過拾遺，臣之願也。」上曰：「君薄淮陽耶？吾今召君矣。（言不久即召君來。）顧淮陽吏民不相得，吾徒得君之重，臥而治之。」黯既辭行，過大行李息曰：「黯棄逐居郡，不得與朝廷議矣。」後上使黯以諸侯相秩居淮陽，十歲而卒。

【綱】夏四月，以莊青翟爲丞相。

【綱】甲子，六年，（前一一七）冬十月，雨水，無冰。

【綱】遣使治郡國緡錢，殺右內史義縱。

【目】上既下緡錢令，而尊卜式，百姓終莫分財佐縣官。於是楊可告緡錢縱矣。（楊可時主

杜周治告緡

告緡令。可告緡徧天下，中家以上，大抵皆遇告。杜周治之，少反者。反，平反也。分遣御史、廷尉正監，卽治郡國緡錢，卽，就也。得民財物奴婢以億萬計，田宅亦如之。於是，商賈中家以上皆破，民媮食好衣，媮音偸。不事畜業。內史義縱以爲此亂民，部吏捕其爲可使者。部，統率也。上以縱爲廢格沮事，格音閣，廢格詔書，沮事，沮敗成事。棄縱市。

霍去病卒

綱 秋九月，大司馬，票騎大將軍、冠軍侯霍去病卒。

綱 殺大農令顏異。

目 初，異以廉直，至九卿。上旣造白鹿皮幣，問異，異曰：「今王侯朝賀以蒼璧，直數千，而其皮薦反四十萬，本末不相稱。」上不悅。人有告異他事，下張湯治。異與客語初令下有不便者，令，緡錢等令。異不應，微反脣。反音翻。湯奏當：「異見令不便，不入言而腹誹，論死。」自是之後，有腹誹之法比，比音避，比則例也。而公卿大夫多諂諛取容矣。

腹誹法

綱 乙丑，元鼎元年，(前一一六)夏，赦。

綱 丙寅，二年，(前一一五)冬，十一月，張湯有罪，自殺。十二月，丞相青翟下獄，莊青翟。自殺。

目 初，御史中丞李文與湯有郤，郤同隙。湯所厚吏魯謁居陰使人告文奸事，事下湯治，論殺之。上問：「變事蹤跡安起？」湯佯驚曰：「此殆文故人怨之。」謁居病，湯親爲之摩足。趙王告：「湯大臣，乃與吏摩足，疑與爲大姦。」事下廷尉。謁居病死，事連其弟。弟告湯與謁居謀共變告李文，變告者，謂以非常之事上告也。事下減宣，窮竟，未奏。會盜發孝文園瘞錢，瘞音意，埋也。埋錢於園陵以贈死者。丞相靑翟朝，與湯約俱謝，至前，湯獨不謝。上使御史案丞相，湯欲致其文「丞相見知」。丞相長史朱買臣、王朝、邊通皆素怨湯，欲死之，乃與丞相謀，使吏捕案賈人田信等，曰：「湯且欲奏請，信輒先知之，居物致富，與湯分之。」事辭頗聞。上問湯曰：「吾所爲，賈人輒先知之，益居其物，是類有以吾謀告之者。」湯不謝，又佯驚曰：「固宜有。」減宣亦奏謁居等事。上以湯懷詐面欺，使趙禹切責湯，湯乃爲書謝，因曰：「陷臣者，三長史也。」遂自殺。湯旣死，家產直不過五百金。昆弟諸子欲厚葬湯，母曰：「湯爲天子大臣，被汙惡言而死，何厚葬乎！」載以牛車，有棺無椁。上聞之，乃盡案誅三長史；丞相靑翟下獄，自殺。

綱　春，起柏梁臺，柏梁臺，以香柏爲梁故名。作承露盤。

目　盤高二十丈，大七圍，以銅爲之，上有仙人掌以承露，和玉屑飮之，云可以長生。宮室之脩，自此日盛。

趙周相

綱　以趙周爲丞相。

綱　三月，大雨雪。

綱　夏，大水，人餓死。

綱　置均輸。諸州郡所當輸於官者，皆令輸其土地所饒，平其所在時價，官自轉還於所無之地賣之。輸者既便，而官有利，故曰均輸。禁郡國鑄錢。自文帝五年除盜鑄令，於是六十一年始禁。

置均輸
三官錢

目 孔僅爲大農令，而桑弘羊爲大農中丞，稍置均輸，以通貨物。悉禁郡國無鑄錢，專令上林三官鑄，武帝置水衡都司，主上林苑，屬官有上林均輸、鐘官、辨銅令，是爲上林三官。非三官錢不得行。

西域始通

綱 西域始通，置酒泉、武威郡。（酒泉郡治福祿縣，即今甘肅酒泉市。武威郡治姑臧，即今甘肅武威縣。）

目 張騫建言：「以厚幣招烏孫以益東，居故渾邪之地，渾邪，匈奴之屬，爲王者之號。則是斷匈奴右臂也。既連烏孫，自其西大夏之屬，皆可招來而爲外臣。」上以爲然，使騫使烏孫，因分遣副使使大宛、康居、大月氏、大夏、安息、身毒、于闐及諸旁國，安息在大月氏西可數千里。於是西域始通於漢矣。漢乃於渾邪王故地置酒泉郡，後又分置武威郡，以絕匈奴與羌通之道。

上得宛汗血馬，愛之，名曰「天馬」，大宛多善馬，汗從前肩髆出如血，言其先天馬子也。使者相望於道以求之。

徙函谷關於新安

綱 丁卯，三年，（前一一四）冬，徙函谷關於新安。（函谷關，在今河南靈寶縣西南。新安，即今河南新安縣，縣南有函谷新關。）

綱 夏，令株送徒入財補郎。諸坐博戲等事，決爲徒役者，名爲株送。株，根本也。送，引也。先至之人，令之相引，似若得其根本，則枝葉自窮，故曰株送徒。

目　所忠言：諫大夫，姓所，名忠。「世家子弟、富人亂齊民。」齊等之民也。言世家子弟及富人，鬬雞、走狗馬、弋獵、博戲，以亂百姓。乃徵諸犯令相引數千人，名曰株送徒，入財者得補郎。贖罪買爵兩得之。郎選衰矣。

綱　關東饑，人相食。

綱　戊辰，四年，（前一一三）冬十一月，立后土祠於汾陰脽上，（汾陰，在今山西萬榮縣西。）脽，岸上高堆，以形高起，如人臀脽，故名。親祠之。始巡郡國，至滎陽而還。（滎陽，在今河南滎陽縣西南。）

綱　封周後姬嘉爲子南君。封姬嘉以奉周祀，號子南君。

綱　春，以方士欒大爲五利將軍，尚公主。

目　方士欒大，敢爲大言，處之不疑。見上言曰：「臣常往來海上，見安期、羨門之屬，（安期，見卷十一元光二年「求蓬萊安期生之屬」注。羨門，古仙人，名子高。）曰：『黄金可成，而河決可塞，不死之藥可得，仙人可致也。』然臣師非有求人，人者求之。陛下必欲致之，則貴其使者，令爲親屬，以客禮待之，則可使通言也。」乃拜大爲五利將軍，封樂通侯，以衞長公主妻之，貴震天下。於是海上燕、齊之閒，莫不搤腕自言有禁方，能神仙矣。

綱　夏六月，汾陰得大鼎。

目　迎至甘泉，（山名，在今陝西三原縣西北。）薦之郊廟，羣臣皆賀。

綱　以兒寬爲左內史。兒音倪。（武帝分秦內史爲左、右內史，左內史後更名左馮翊，治長安城中。）

株送徒

巡郡國

封周後

方士欒大

汾陰得鼎

以兒寬爲左內史

目　是時吏治皆以慘刻相尚，獨左內史兒寬，勸農桑，緩刑罰，理獄訟，務在得人心；擇用仁厚士，推情與下，不求名聲，吏民大信愛之。收租稅時，裁闊狹，與民相假貸，以故租多不入。後有軍發，左內史以負租課殿，（殿音顚，去聲。課，試也。上功曰最，下功曰殿。）當免；民聞當免，皆恐失之，大家牛車、小家擔負輸租，繦屬不絕，（繦，索也。屬，聯也。言輸租者，若繩索之相聯屬也。）課更以最。上由此愈奇寬。

綱　以方士公孫卿爲郞。

目　上幸雍，且郊，齊人公孫卿曰：「漢興，復當黃帝之時，寶鼎出而與神通。黃帝採首山銅，（首山卽雷首山，在今河南偃師縣西北。）鑄鼎於荊山下，（荊山一名覆釜山，在今河南靈寶縣西閿鄉鎭南。）鼎既成，有龍垂胡䫇下迎，（胡，頷下懸皮也。䫇，頰鬚也。䫇音冉。）黃帝上騎龍，與羣臣後宮七十餘人俱登天。」於是上曰：「嗟乎！誠得如黃帝，吾視去妻子如脫屣耳！」拜卿爲郞。

綱　遣使喩南越入朝。

綱　己巳，五年，（前一一二）冬十月，帝祠五畤，遂獵新秦中，（在漢朔方郡北，卽今內蒙古伊克昭盟北部。）以勤邊兵。

綱　立泰乙及五帝祠壇於甘泉。（泰乙，見卷十三元光二年「立太一祠」注。）十一月朔，冬至，親郊見。

目　是爲泰畤。自是，三歲天子一郊見。

綱　南越相呂嘉殺使者及其王興，更立建德爲王，發兵反。

擊南越

綱　秋，遣將軍路博德等將兵擊南越。

目　遣伏波將軍路博德、樓船將軍楊僕等擊之。

綱　賜卜式爵關內侯。

目　齊相卜式上書，請父子與齊習船者往死南越。詔褒美式，賜爵關內侯，布告天下；天下莫應。

嘗酎

綱　九月，嘗酎，酎，醇酒也。漢制：正月旦作酒，八月乃熟，名曰酎，以獻宗廟。武帝因九月嘗酎，會諸侯廟中，出金助祭，謂之酎金。列侯百有六人皆奪爵，丞相周下獄，自殺。

酎金

目　時列侯以百數，皆莫求從軍擊越。會九月，嘗酎，祭宗廟，列侯以令獻金助祭。少府省金，金有輕及色惡者，上皆令劾以不敬，奪爵者百六人。丞相趙周，坐知列侯酎金輕，下獄，自殺。

石慶相

綱　以石慶爲丞相。

目　時國家多事，桑弘羊等致利，王溫舒之屬峻法，而兒寬等推文學，皆爲九卿，更進用事；事不關決於丞相，慶醇謹而已。

綱　欒大伏誅。

目　大裝，治行李也。爲入海求其師，乃之泰山。上使人隨驗，無所見。而大妄言見其

平南越置九郡

帝如緱氏觀大人跡

平西南夷置五郡

師，方又多不售，售音酬。不售，無驗也。坐誣罔，腰斬。

綱 庚午，六年，（前一一一）冬，路博德等平南越，獲建德、呂嘉，置九郡。

目 南越平，遂以其地爲南海、蒼梧、鬱林、合浦、交趾、九眞、日南、珠崖、儋耳郡。（南海郡治番禺，在今廣州市內。蒼梧郡治廣信，即今廣西梧州市。鬱林郡治布山，在今廣西貴縣東。合浦郡治合浦，即今廣東合浦縣。交趾郡治羸𨻻，日南郡治西捲，九眞郡治胥浦，均在今越南民主共和國境。珠崖郡治瞫都，在今廣東瓊山縣東南。儋耳郡治未詳，或說即今廣東儋縣。）

綱 帝如緱氏觀大人跡。（緱氏，在今河南偃師縣南。）

目 公孫卿言見仙人跡緱氏城上。上親往觀，問卿：「得毋效文成、五利乎？」卿曰：「仙者非有求人主，人主自求之。其道非寬假，神不來，積以歲月，乃可致也。」上信之，於是郡國各除道，繕治宮觀、名山、神祠，以望幸焉。

綱 平西南夷，置五郡。

目 平南夷爲牂柯郡。（郡治且蘭，在今貴州都勻市北。）夜郎侯入朝，上以爲夜郎王。西夷冉、駹之屬皆振恐，（夜郎、冉、駹，見卷十三元光四年「通南夷」目及注。）請臣置吏，乃以邛都爲越嶲郡，（郡治邛都，在今四川西昌縣東南。）嶲音雖，上聲。筰都爲沈黎郡，（在今四川漢源縣東南，即筰都。）冉、駹爲汶山郡，（郡治汶江縣，在今四川茂汶羌族自治縣東北。）廣漢西白馬爲武都郡。（廣漢郡治乘鄉，在今四川廣漢縣北。武都郡治武都，在今甘肅徽成縣西嶓冢山麓。）

【綱】置張掖、敦煌郡。(張掖郡治觻得,在今甘肅張掖市西北。敦煌郡治敦煌,在今甘肅敦煌縣。)

【目】分武威、酒泉地置張掖、敦煌郡。

【綱】以卜式爲御史大夫。

【目】式既在位,乃言「郡國多不便縣官作鹽鐵,苦惡價貴,(鹽苦,鐵惡。)或彊令民買之;而船有算,商者少,物貴。」上由是不悅。

帝自制封禪儀

【綱】帝自制封禪儀。

【目】初,司馬相如病且死,有遺書勸上封泰山。會得寶鼎,上乃令諸儒草封禪儀,數年不成。以問兒寬,寬曰:「封泰山,禪梁父,昭姓考瑞,(諸侯有同姓異姓,昭姓,謂昭顯其姓氏也。瑞,信也。以玉爲信曰瑞,謂圭璧也。考瑞,即虞書所謂「輯五瑞」,言徵集五等諸侯之瑞,使之來朝也。)帝王之盛節也;然享薦之儀,不著於經,非羣臣之所能列。唯天子建中和之極,兼總條貫,金聲而玉振之,以順成天慶,垂萬世之基。」上乃自制儀,頗采儒術以文之,盡罷諸儒不用。

武帝勒兵巡邊

【綱】辛未,元封元年,(前一一〇)冬十月,帝出長城,登單于臺,勒兵而還。

【目】上又以古者先振兵釋旅,然後封禪,乃行自雲陽歷五原,(雲陽,在今陝西三原縣西。五原郡,即今內蒙古五原縣。)出長城,北登單于臺,勒兵十八萬騎,旌旗徑千餘里。遣郭吉告單于令臣於漢。單于怒,留吉。上乃還,祭黃帝冢,(今陝西黃陵縣,縣西北橋山上有黃帝冢。)而釋兵。

【綱】貶卜式爲太子太傅,以兒寬爲御史大夫。

封禪　東方朔諫求蓬萊　賜桑弘羊爵左庶長

綱　東越殺王餘善以降，去年東越王餘善反，遣將軍楊僕等將兵擊之。徙其民江、淮閒。

目　上以閩地險阻，（閩地，即今福建省。）數反覆，終爲後世患。乃悉徙其民於江、淮之閒，遂虛其地。

綱　春正月，帝如緱氏，祭中嶽。（中嶽嵩山，在今河南登封縣北。）遂東巡海上求神仙。夏四月，封泰山，禪肅然，（山名，在今山東萊蕪縣西北，泰山之東麓。）復東北至碣石而還。（碣石，見卷八秦始皇帝三十二年「初始皇之碣石」注。）五月，至甘泉。

目　正月，上幸緱氏，禮祭中嶽，從官在山下，聞若有言「萬歲」者三。

上遂東巡海上，益發船求蓬萊，及與方士求神仙。四月，還至奉高，（在今山東泰安市東北。）封泰山。封下有玉牒書，鏤白玉之牒，長尺三寸，廣厚各五寸，藏於山上；以方石三枚爲再累，緘以金繩，封以石泥，印以受命之璽。書祕。明日，禪泰山下阯東北肅然山。山之基足曰阯。祠，夜若有光，晝有白雲出封中。天子還坐明堂，在泰山下，即古帝王東巡狩朝諸侯之所。羣臣上壽，上酒曰稱壽。下詔改元。

天子既已封泰山，無風雨，而方士更言蓬萊諸神若將可得。於是上欣然庶幾遇之，復東至海上，欲自浮海求蓬萊。東方朔諫曰：「夫仙者，得之自然，不必躁求。若其有道，不憂不得；若其無道，雖至蓬萊見仙人，亦無益也。臣願陛下第還宮靜處以須之，須，待也。仙人將自至。」上乃還。是行凡周行萬八千里云。

綱　賜桑弘羊爵左庶長。

置平準

目　先是桑弘羊領大農，盡斡天下鹽鐵。斡同管，專主之也。令遠方各以其物如異時商賈所轉販者爲賦，而相灌輸。互相灌注輸送。置平準于京師，平準，官名，屬大農，有令、丞。都受天下委輸，委積輸送之物。貴卽賣之，賤卽買之，欲使富商大賈無所牟大利，牟，侵取也。而萬物不得騰踊。至是，巡狩所過，賞賜用帛百餘萬匹，錢金以鉅萬計，皆取足大農。弘羊又請令吏得入粟補官及罪人贖罪，民不益賦而天下用饒。於是賜弘羊爵左庶長。是時小旱，上令官求雨。卜式言曰：「縣官當食租衣稅而已，今弘羊令吏坐市列肆，販物求利。亨弘羊，天乃雨。」

綱　秋，有星孛于東井，又孛于三台。

目　望氣王朔言：「候獨見塡星出如瓜，候，推測也。塡音鎭。塡星，土星也，卽德星。食頃，復入。」有司皆曰：「陛下建漢家封禪，天其報德星云。」

綱　壬申，二年，（前一〇九）冬十月，帝祠五時，還祠泰乙，以拜德星。

綱　春，如東萊。（郡治掖縣，卽今山東掖縣。）

目　公孫卿言：「見神人東萊山，若云欲見天子。」於是幸東萊，留宿數日，無所見。時歲旱，天子旣出無名，乃禱萬里沙。（神祠名，在今山東掖縣東北。）還，過祠泰山。東泰山也，其山卑小。（東泰山，卽今山東臨朐縣南沂山支脈。）

塡決河

綱　夏，還，臨塞決河，築宣防宮。

目　初，河決瓠子，（瓠子河，在今河南濮陽縣南。）二十餘歲不塞，是歲發卒數萬人塞之。上

作蜚廉桂觀通天莖臺

甘泉產芝

作明堂於汶上以杜周爲廷尉

自泰山還，自臨決河，沉白馬、玉璧，令羣臣負薪，卒塡決河，築宮其上，瓠子口上。名曰宣防。義取宣導防壅也。

綱 至長安，（今陝西西安市西北長安故城。）立越祠。

目 越人勇之言：勇之，名也。「越俗祠，皆見鬼有效，東甌王敬鬼得壽。」（東甌，見卷十三建元三年「閩越擊東甌」注。）乃令立越祠，亦祠天神、上帝、百鬼，而用雞卜。越俗用雞卜。

綱 作蜚廉、桂觀、通天莖臺。蜚廉，神禽也，身如鹿，頭如雀，有角而蛇尾、豹文。武帝以銅鑄像，置觀上，因名蜚廉觀。桂觀卽桂宮，俱在長安城中。通天莖臺，高百餘丈，若與天通，故名通天臺。上有承露盤、仙人掌、擎玉杯，以承雲表之露。西都賦云「抗仙掌以承露，擢雙立之金莖」，注：「金莖，銅柱也。」史記索隱曰：「漢書並無『莖』字，疑衍也。」

目 公孫卿言仙人好樓居，於是上令長安、甘泉作諸臺、觀而候神人。

綱 甘泉房中產芝九莖；莖，榦也。赦。

綱 旱。

目 上以旱爲憂，公孫卿曰：「黃帝時，封則天旱，乾封三年。」上乃下詔曰：「天旱，意乾封乎！」天旱之意，其欲新封之土乾燥乎。

綱 秋，作明堂於汶上。（卽今山東汶上縣。）

綱 以杜周爲廷尉。

目 周外寬，內深次骨，次，至也；其用法深刻至骨。其治大放張湯。時詔獄益多，一歲至千餘章，逮至六、七萬人，吏所增加十餘萬人。

綱 癸酉，三年，（前一〇八）冬十二月，雷；雨雹。

目 雹大如馬頭。

趙破奴擊樓蘭

綱 遣將軍趙破奴擊樓蘭，西域國名。（樓蘭後更名鄯善，在今新疆鄯善縣東南戈壁中。）虜其王姑師；遂擊車師，車師亦西域國。（車師分前後王，前王治交河城，在今新疆吐魯番縣西；後王治務塗谷，在今阜康縣東。）破之。

目 樓蘭王姑師攻劫漢使，爲匈奴耳目，上遣趙破奴擊之。破奴以七百騎虜樓蘭王，遂破車師，因舉兵威以困烏孫、大宛之屬。封破奴浞野侯。浞野，地名。（浞野地無考。）於是酒泉列亭障至玉門矣。亭，望敵之所也。障，山中小城也。玉門，關名。（在今甘肅敦煌縣西。）

衞青卒

綱 乙亥，五年，（前一〇六）夏四月，大司馬、大將軍、長平侯衞青卒。（長平，在今河南西華縣東北。）

目 青凡七出擊匈奴，再益封，并三子，凡二萬二百戶。後尚長公主。蘇建嘗責青以招選賢者，青曰：「招賢絀不肖，絀同黜。人主之柄也。人臣奉法，何與招士！」霍去病亦放此意。

初置刺史

綱 初置刺史。

目 冀、幽、并、兖、徐、青、揚、荆、豫、益、涼州及朔方、交阯，凡十三部。

舉茂材異等詔

綱 詔舉茂材、異等，可爲將相、使絕域者。

目 上以名臣文武欲盡，乃下詔曰：「蓋有非常之功，必待非常之人。故馬或奔踶而致千里，奔踶，乘之卽奔，立則踶人。士或有負俗之累而立功名。負俗之累，謂被世譏論也。夫泛駕之馬，泛同覂，音捧，覆也。言馬有逸氣，不循軌轍也。跅弛之士，跅音託，跅落無檢局。弛，弛廢不遵禮。亦在御之而已。其令州、郡察吏、民有茂材、異等，可爲將相及使絕國者。」

作建章宮

綱 丁丑，太初元年，(前一〇四)冬十一月，柏梁臺災。

綱 春，作建章宮。(故址在今陝西西安市西南。)

造太初曆

兒寬請用夏正

綱 夏五月，造太初歷，歷同曆。以正月爲歲首。始用夏正也。

目 大中大夫公孫卿、壺遂、太史令司馬遷等言：「歷紀壞廢，宜改正朔。」兒寬議以爲宜用夏正。乃詔卿等造漢太初歷，以正月爲歲首，色尙黃，數用五，五，土數也。定官名，協音律。

遣李廣利伐宛

綱 秋，遣將軍李廣利將兵伐宛。

目 漢使入西域，言宛有善馬，在貳師城。城在大宛國。上使壯士持千金及金馬以請之，宛王不肯。漢使怒，擕金馬而去，宛貴人令其東邊郁成王遮殺之。貴人，宛官名。郁成，大宛支國。於是上欲侯寵姬李氏，乃拜其兄廣利爲貳師將軍，以伐宛，期至貳師城取善馬，故以爲號。

綱 關東蝗起，飛至敦煌。

王溫舒罪至五族　公孫賀相　起明光宮

綱 中尉王溫舒有罪，自殺，夷三族。

目 溫舒少文，居廷惛惛不辨，爲中尉則心開。素習關中俗，豪惡吏皆爲用。舞文巧請，舞文，舞弄文法。巧，穿鑿。請，奏請。行論無出者。行論，行法論罪。至是坐爲姦利，當族，自殺。時兩弟及婚家，亦坐他罪族。光祿勳徐自爲曰：「古有三族，而溫舒罪至五族乎！」

綱 戊寅，二年，（前一〇三）春正月，丞相慶卒，以公孫賀爲丞相。

目 時朝廷多事，督責大臣，丞相比坐事死。賀引拜，不受印綬，頓首涕泣。上起去，賀不得已拜，曰：「我從是殆矣！」

綱 己卯，三年，（前一〇二）秋，睢陽侯張昌有罪，（睢陽，在今河南商丘市南。）國除。

目 初，高祖封功臣爲列侯，百四十有三人。時兵革之餘，民人散亡，大侯不過萬家，小者五六百戶。其封爵之誓曰：「使黃河如帶，泰山若礪，國以永存，爰及苗裔。」逮文、景間，流民既歸，戶口亦息，列侯大者至三四萬戶，小國自倍，富厚如之。子孫驕逸，多抵法禁，隕身失國。至是昌坐爲太常乏祠，國除。見侯纔四人，（即贊侯蕭壽成，繆侯酈世宗，汾陽侯靳石封，並睢陽侯張昌。）網亦少密焉。言禁防如網之密也。

綱 大發兵從李廣利圍宛。宛殺其王毋寡以降，得善馬數十匹。

綱 庚辰，四年，（前一〇一）春，封李廣利爲海西侯。

綱 秋，起明光宮。

綱 冬，匈奴呴犂湖單于死，弟且鞮侯單于立，使使來獻。

目 上欲因伐宛之威遂困胡，乃下詔曰：「高皇帝遺朕平城之憂；高后時，單于書絕悖逆。昔齊襄公復九世之讎，春秋大之。」春秋莊公四年：「紀侯大去其國。」公羊傳：「大去者何？滅也。孰滅之？齊滅之。曷爲不言齊滅之？爲襄公諱也。春秋爲賢者諱，何賢乎襄公？復讎也。何讎爾？遠祖也。哀公亨乎周，紀侯譖之。遠祖者幾世乎？九世矣。九世猶可以復讎乎？雖百世可也。」且鞮侯初立，恐漢襲之，乃曰：「我兒子，安敢望漢天子！漢天子，我丈人行也。」丈人，尊者之稱。因盡歸漢使之不降者路充國等，使使來獻。

蘇武使匈奴

綱 辛巳，天漢元年，（前一〇〇）春三月，遣中郎將蘇武使匈奴。蘇武，蘇建子。

目 上嘉單于之義，遣蘇武送匈奴使留在漢者。既至，單于使衞律召武，衞律，青從弟子，降匈奴，時爲丁靈王。欲降之。武謂假吏常惠等曰：「屈節辱命，雖生，何面目以歸漢！」引佩刀自刺。衞律驚，自抱持之。武氣絕，半日復息。單于壯其節，朝夕遣人候問武，而收繫武副張勝，勝請降。

衞律說蘇武

律謂武曰：「蘇君！律前負漢歸匈奴，幸蒙大恩，賜號稱王，擁衆數萬，馬畜彌山，富貴如此！蘇君今日降，明日復然；空以身膏草野，誰復知之！」武不應。律曰：「今不聽吾計，後雖欲復見我，尚可得乎！」武罵律曰：「汝爲人臣子，不顧恩義，畔主背親，爲降虜於蠻夷，何以汝爲見！」律白單于，愈欲降之。乃幽武置大窖中，窖音教，地藏也。絕不飲食；天雨雪，

徙武北海牧羝

武齧雪與旃毛并咽之，數日不死。匈奴以爲神，乃徙武北海上無人處，使牧羝，羝，牡羊也。曰：「羝乳乃得歸。」產子曰乳。別其官屬，各置他所。

綱　雨白氂。氂，毛之強曲者。

綱　壬午，二年，(前九九)夏，遣李廣利將兵擊匈奴，別將李陵戰敗降虜。

目　貳師出酒泉，擊匈奴，斬萬餘級。師還，匈奴大圍之，假司馬趙充國與壯士百餘人潰圍陷陳，陳同陣。貳師引兵隨之，遂得解。漢兵物故什六七。詔拜充國爲中郎。

李陵

初，李廣有孫陵，善騎射，愛人下士。帝以爲有廣之風，拜騎都尉，使將丹陽楚人五千人，(丹陽郡治宛陵，即今安徽宣城縣。丹陽故屬楚國，故云「丹陽楚人」。)教射酒泉、張掖以備胡。至是，上欲使爲貳師將輜重，載衣物車。陵曰：「臣所將皆荊楚勇士，奇材劍客，力扼虎，射命中，命，必也。願得自當一隊，分單于兵，毋令專鄉貳師軍。」上曰：「吾發軍多，無騎予汝。」陵對：「無所事騎，臣願以步兵五千人，涉單于庭。」上壯而許之。陵於是出居延，(居延縣，在今內蒙古額納濟旗。)至浚稽山，在匈奴國中。(浚稽山，在今蒙古人民共和國烏蘭巴托西北鄂爾渾河西岸。)與單于相值，殺數千人。單于大驚，欲去，會軍候管敢亡降匈奴，具言陵軍無救，矢且盡。單于大喜，遮道急攻。

陵兵敗降匈奴

陵軍南行，一日五十萬矢俱盡。陵曰：「無面目報陛下！」遂降。

司馬遷論李陵

上聞陵降，怒甚，羣臣皆罪陵，惟太史令司馬遷盛言「陵事親孝，與士信，常奮不顧身以徇國家之急，其素所畜積也，有國士之風。今舉事一不幸，全軀保妻子之臣隨而媒糵其

繡衣直指使者

作沉命法

雋不疑戒暴勝之

短，媒同酶，酒教也。蘖音孽，麴也。喻釀成其禍也。誠可痛也！且陵提步卒不滿五千，深蹂戎馬之地，蹂，踐也。抑數萬之師，虜救死扶傷不暇，悉舉引弓之民共攻圍之，轉鬭千里，矢盡道窮，士張空弮，弮音圈，弩弓也。冒白刃，北首爭死敵，得人之死力，雖古名將不過也。身雖陷敗，然其所摧敗亦足暴於天下。彼之不死，宜欲得當以報漢也。」意欲於匈奴立功而歸，以當其破敗之罪。上以遷爲誣罔，欲沮貳師，爲陵遊說，下遷腐刑。宮刑也，男子割勢，女子幽閉。宮刑腐臭，故曰腐刑。

綱 遣繡衣直指使者，直指，謂指事而行無阿私也。衣繡衣，尊寵之。發兵擊東方盜賊。

目 上好尊用酷吏，吏民益輕犯法。東方盜賊滋起，上始使御史中丞、丞相長史督之，弗能禁，乃使光祿大夫范昆等，衣繡衣，持節，虎符，（持節，見卷八秦始皇三十六年「節旗皆尙黑」注。虎符，兵符也，見卷七周赧王五十七年「奪晉鄙兵符」注。）發兵以興擊。所至得擅斬二千石以下，誅殺甚衆，一郡多至萬餘人。散亡復聚，無可奈何，於是作沉命法，沉，沒也。敢蔽匿盜賊者，沒其命。曰：「盜起不發覺，發覺而捕弗滿品者，二千石以下至小吏，主者皆死。」其後，雖有盜不敢發，上下相爲匿，以文辭避法焉。

時暴勝之爲直指使者，衣繡杖斧，得專斷。所誅殺二千石以下尤多，威振州郡。至渤海，（渤海郡治浮陽縣，在今河北滄縣東南。）聞郡人雋不疑賢，請與相見。不疑曰：「凡爲吏，太剛則折，太柔則廢，威行，施之以恩，然後樹功揚名，永終天祿。」勝之深納其戒；及還，表薦，召拜靑

初榷酒酤

令死罪入贖

皇子弗陵生

以江充爲水衡都尉

州刺史。（青州治臨淄，在今山東益都縣西北。）

王賀亦爲繡衣御史，逐捕羣盜，多所縱捨，以奉使不稱免。歎曰：「吾聞活千人，子孫有封。吾所活者萬餘人，後世其興乎！」

綱　癸未，三年，（前九八）春二月，初榷酒酤。榷音角，水上横木，所以渡人者。謂禁民酤釀，官自開置，上獨取利，下無由得，有如道路設木爲榷，因名焉。

綱　甲申，四年，（前九七）春正月，遣李廣利等擊匈奴，不利。族誅李陵家。

綱　夏四月，立子髆爲昌邑王。（昌邑國都昌邑縣，在今山東金鄉縣之西。）

綱　令死罪入贖。

綱　乙酉，太始元年，（前九六）春正月，徙豪傑于茂陵。

綱　丁亥，三年，（前九四）春正月，皇子弗陵生。

目　弗陵母曰河閒趙倢伃，倢音接，伃音于。倢伃，婦官。倢，言接幸於上；伃，美稱也。（河閒國都樂成縣，在今河北獻縣東南。趙倢伃即鉤弋夫人。）居鉤弋宮，趙倢伃手可反屈如鉤，故以名宮。任身十四月而生。任身，懷孕也。上曰「聞昔堯十四月而生」，乃命門曰堯母門。

綱　以江充爲水衡都尉。主都水及上林苑。

目　初，充爲趙王客，趙王名彭祖，景帝第八子。得罪，亡；詣闕告趙太子陰事，太子坐廢。上召充與語，大悅之，拜爲直指繡衣使者，使督察貴戚、近臣。嘗從上甘泉，逢太子家使乘車馬行馳道中，家使，即家令也。充以屬吏。屬，付也。太子使人謝充曰：「非愛車馬，時貴戚、近臣被舉劾者，皆沒入車馬。誠不欲令上聞之，以教敕無素者；唯江君寬之！」充不聽，遂白上。上曰：「人臣當如是矣！」大見信用，威震京師。

綱　己丑，征和元年，（前九二）春三月，趙王彭祖卒。立武始侯昌爲趙王。（昌，彭祖子。）

大搜長安十日

綱　冬十一月，大搜長安十日。

巫蠱始起

目　上居建章宮，見一男子帶劍入中龍華門，命收之，弗獲。上怒，斬門候，門候，司啓閉出入。發三輔騎士搜上林，武帝立京兆尹、左馮翊、右扶風爲三輔。索長安中，十一日乃解。巫蠱始起。蠱音古。女能事無形以舞降神曰巫，執左道以亂政惑人曰蠱。

綱　庚寅，二年，（前九一）春正月，丞相賀有罪，公孫賀。下獄死，夷其族。

目　賀子敬聲爲太僕，驕奢不奉法，擅用北軍錢，時貴戚、近臣被舉劾者，許以錢贖罪，輸入北軍，凡數千萬。發覺，下獄。時詔捕陽陵大俠朱安世甚急，（大俠，見卷十三元朔二年「郭解關東大俠也」注。）賀自請逐捕安世以贖敬聲罪。果得安世。安世笑曰：「丞相禍及宗矣！」遂從獄中上書，告敬聲與陽石公主私通，陽石公主即長公主。祝詛上，祝音晝。有惡言。遂下賀獄，父子死獄中，家族。

劉屈氂相

綱　以劉屈氂爲左丞相。

綱　夏四月，大風，發屋折木。

綱　諸邑、陽石公主及長平侯衛伉皆坐巫蠱死。（諸邑，在今山東諸城縣西南。陽石縣，在今山東掖縣南。諸邑公主、陽石公主，皆衛皇后女。）

綱　帝如甘泉。秋七月，皇太子據殺使者江充，白皇后，發兵反。詔丞相屈氂討之。據敗走湖，（在今河南盧氏縣北。）皇后衛氏及據皆自殺。

目　初，上年二十九乃生戾太子，宣帝時追謚曰戾。（卽據。）甚愛之。及長，仁恕溫謹，上嫌其材能少，不類己。皇后、太子常不自安，上覺之，謂大將軍靑曰：「漢家庶事草創，加四夷侵陵中國，朕不變更制度，後世無法；不出師征伐，天下不安。若後世又如朕所爲，是襲亡秦之跡也。太子敦重好靜，必能安天下。欲求守文之主，安有賢於太子者乎！聞皇后與太子有不安之意，可以意曉之。」

上用法嚴；太子寬厚，多所平反，謂平其不平，而反罪人辭，使從輕也。雖得百姓心，而用法大臣皆不悅。衛靑薨後，臣下無復外家爲據，據，倚仗也。競欲構太子。

上與諸子疏，皇后希得見。太子嘗謁皇后，移日乃出。黃門蘇文告上曰：禁門曰黃闥，以中人主之，故號黃門。「太子與宮人戲。」上益太子宮人。太子知之，銜文。銜，恨也。文與小黃門宮融等常微伺太子過，凡內侍初補曰小黃門。輒增加白之。上嘗小不平，使融召太子，融言「太子有喜色」，上默然。及太子至，上察其貌，有涕泣處，而佯語笑，乃誅融。

是時，方士及諸神巫多聚京師，惑衆變幻，無所不爲。女巫往來宮中，教美人度厄，埋

江充治巫蠱

太子斬江充

木人祭祀之。更相告訐，以爲祝詛。上心既疑，嘗晝寢，夢木人數千，持杖欲擊上，上爲驚寤，因是體不平。江充見上年老，恐晏駕後爲太子所誅，因言上疾祟在巫蠱。祟，神禍也。於是上以充爲使者，治巫蠱獄。以巫蠱坐而死者，前後數萬人。充因言：「宮中有蠱氣。」上乃使充入宮。充掘地求蠱，云：「於太子宮得木人尤多，又有帛書，所言不道；當奏聞。」太子懼，問少傅石德。德懼幷誅，因曰：「今無以自明，可矯以節收捕充等繫獄，窮治其姦詐。且上疾在甘泉，皇后及家吏請問皆不報；存亡未可知，而姦臣如此，太子不念秦扶蘇事邪！」（扶蘇事，見卷八秦始皇三十七年「殺扶蘇、蒙恬」目。）太子曰：「吾人子，安得擅誅！不如歸謝，幸得無罪。」將往甘泉，而充持之急，太子不知所出，遂從德計。七月，使客詐爲使者，收捕充等，自臨斬之。罵曰：「趙虜！前亂乃國王父子不足邪？乃復亂吾父子也！」使舍人持節夜入宮，白皇后，發兵。蘇文亡歸甘泉言狀，上曰：「太子必懼，又忿充等，故有此變。」乃使使召太子，使者不敢進，歸報云：「太子反已成，欲斬臣，臣逃歸。」上大怒，賜丞相璽書曰：「捕斬反者，自有賞罰。堅閉城門，毋令反者得出！」太子宣言「帝病困，疑有變」，上於是從甘泉來，幸城西建章宮，詔發三輔近縣兵，丞相將之。太子亦矯制赦長安中都官囚徒，中都官，上林水司空，主囚徒官也。命石德及賓客張光等分將。召護北軍使者任安，與節，令發兵。安拜受節；入，閉門不出。太子引兵，毆肆市人數萬，至長樂西闕下，長樂，宮名。（太后所居，在今陝西西安市西北。）逢丞相軍，合戰五日，太子兵敗，南奔覆盎城門。司直田仁部閉城門，以爲太子父子之親，不欲急之；太子得出亡。丞相欲斬仁，御史大夫暴勝之曰：「司直，吏二千石，當先請，奈何擅斬之！」丞相釋仁。上聞大怒，下吏責問，勝之皇恐自殺。詔收皇后璽、綬，后自殺。上以爲任安老吏，欲坐觀成敗，有兩心，與田仁皆要斬。要同腰。諸太子賓客嘗出入宮門，皆坐誅；其隨太子發兵，以反法族。

壺關三老上書

上怒甚，羣下憂懼，不知所出。壺關三老茂上書曰：（壺關，在今山西長治市東。三老，見卷九漢王二年「新城三老」注。）「皇太子爲漢適嗣，適同嫡。承萬世之業，體祖宗之重，親則皇帝之宗子也。江充，布衣之人，閭閻之隸臣耳；陛下顯而用之，銜至尊之命以迫蹵皇太子，造飾姦詐，羣邪錯謬。太子進則不得見上，退則困於亂臣，獨冤結而無告，不忍忿忿之心，起而殺充，恐懼逋逃，子盜父兵，以救難自免耳，臣竊以爲無邪心。往者，江充讒殺趙太子，天下莫不聞。陛下不察，深過太子，發盛怒，舉大兵而求之，三公自將。智者不敢言，辯士不敢說，臣竊痛之！」書奏，天子感悟，然尚未顯言赦之也。太子亡，東至湖，匿泉鳩里；主人家貧，常賣屨以給太子。發覺；八月，吏圍捕太子。

太子自殺

太子自經，皇孫二人皆幷遇害。初，上爲太子立博望苑，（故址在今陝西西安市北。）使通賓客，從其所好，故賓客多以異端進。